아산재단 연구총서 제319집

정보격차 해소를 위한 창의적 정보교육 프로그램

이영준 · 임웅

집문당

머리말

정보통신기술의 발달로 현대 사회는 지식 기반 사회로 빠르게 발전해가고 있지만, 소외계층의 정보격차는 사회 각 분야에서 심각한 문제를 야기하고 있다. 특히, 정보 사회가 고도화됨에 따라 정보 취약계층은 전자정부나 고용, 교육, 의료, 복지 등과 같은 필수적 생활 정보와 서비스의 이용에 많은 제약을 받게 되고 이에 따라 이들의 삶의 질 또한 떨어지게 될 것이다. 이러한 정보격차의 문제는 부익부빈익빈의 악순환을 가속화시키며 사회통합에 막대한 지장을 초래하게 된다.

이러한 문제해결을 위해 정부는 정보격차 해소 종합계획 및 연차별 시행계획의 추진을 통해 적극 노력해왔다. 그러나 국내의 정보격차 해소를 위한 노력은 정보접근성 보장 강화에 주력하고 있어 정보접근성의 향상 이외의 실질적 성과는 미흡한 실정이다. 즉, 정보접근격차 수준에 비해 정보활용 능력 및 양적·질적 활용 수준과 관련된 격차가 극심하며, 이는 단지 정보 인프라 구축의 양적 증대가 실질적인 정보활용의 향상을 유도할 수 없음을 보여 주는 실례라고 할 수 있다. 또한, 기존의 정책은 예방이 아닌 사후 처방적 차원에서 이루어져 왔으며, 정보 취약계층의 정보활용 능력 개선을 위한 교육 내용의 취약 및 부재의 문제를 가지고 있다.

보다 근본적인 문제는 정보교육이 초·중등학교 단위에서부터 체계적으로 이루어지지 않고 있다는 점이다. 공교육 기관에서의 정보교육의 부재는 정보격차 문제의 발생 원인이 되며, 결국 해당 문제해결의 한계로 작용한다. 따라서 근본적인 정보격차 문제해결을 위해서는 교육적 차원의 처치가 이루어져야 하며, 이는 초·중등학교 단위에서부터 장기적이고 체계적으로 이루어져야 한다. 또한 정보 소외계층이 선도 집단의 수준을 넘어서려면 질적으로 차별화된 정보교육의 기회를 제공할 필요가 있다.

본 연구에서는 이러한 관점에서 초·중등학교 정보 소외계층 학습자들에게 질적으로 높은 수준의 정보교육 프로그램을 제공하고자 하였다. 즉, 정보기술 활용 능력뿐 아니라 창의적으로 문제를 해결하기 위해 새로운 정보를 창출하고 스스로 새로운 정보기술을 학습하며, 이를 통해 사회에 공헌할 수 있는 능력 향상을 위한 교육 프로그램을 개발하였다. 개발 프로그램은 실제 학교 현장 적용을 통해 효과성을 확인하고 개선사항을 도출하였다. 향후 후속 연구를 통해 본 프로그램의 지속적인 개선과 적용 연구가 이루어진다면 보다 실용적이고 효과적인 프로그램을 제공할 수 있을 것이며, 이러한 과정을 통해 극대화된 정보교육의 효과를 기대할 수 있을 것이다.

마지막으로 본 연구를 지원해 준 아산사회복지재단에 감사드리며 본 연구결과가 정보격차 해소 및 사회통합에 밑거름이 되기를 기원한다.

2011년 4월
저 자

─●차 례●─

제 4 장 창의적 문제해결력 향상을 위한 정보교육

제 5 장 창의적 정보교육 프로그램

제 6 장 현장 적용 사례

제 7 장 요약 및 결론

표 차례

• 그림 차례 •

제1장

서 론

제1장 서 론

지식 기반 사회, 정보 사회로 대표되는 현대 사회가 지닌 새로운 문제점은 소외계층의 정보격차에 관한 것이라고 볼 수 있다. 정보격차는 다양한 분야에서 사회적 문제 또는 이슈로 제기되고 있으며, 특히 계층 간 정보격차의 문제와 성별 간 정보격차의 문제가 중요한 이슈가 되고 있다.

지식 기반 사회가 고도화됨에 따라 정보 취약계층은 정보격차로 인해 전자정부나 고용, 교육, 의료, 복지관련 정보와 서비스의 이용에 제한을 받을 수밖에 없다. 이에 따라 정보취약계층의 삶의 질은 정보화 선도 집단에 비해 떨어지게 되고, 정보화로 인해 부익부빈익빈의 악순환이 가속돼 사회통합에 지장을 초래하는 등 막대한 사회적 비용을 유발하게 된다.

국내의 경우 정보화를 추진하는 과정에서 정보격차 해소에 관한 법률을 제정하고, 범정부 차원의 '정보격차 해소 종합계획(2001－2005)'과 연도별 시행계획을 수립하여 적극 추진함으로써 국내외에서 나타나고 있는 다양한 정보격차의 해소를 위해 적극 노력해 왔다. 이러한 노력을 통해, 초고속망의 구축과 정보이용시설의 설치, PC보급 등 정보화에 필요한 기본적 환경이 조성되고 정보 취약계층의 정보접근 기회가 높아지고 있는 것이 사실이다. 그러나 장애인, 저소득층, 장노년층 및 농어민 등 4대 정보 취약계층의 인터넷 이용률은 과거보다 점진적으로 나아지고 있기는 하지만 여전히 일반국민에 비해 상당한 격차가 나타나고 있다.

정부는 2006년 그동안의 정보화 성과를 바탕으로 유비쿼터스 사회로의 본격적인 진입을 준비하기 위한 u-Korea 정책의 본격 추진을 선언하였으며, 이와 더불어 2005년 12월, '제2차 정보격차 해소 종합계획(2006—2010)'을 의결하였다. 2차 종합계획은 실생활에 도움이 되는 IT 활용을 고려하여 마련된 계획이라고 할 수 있다. 이 계획의 구체적인 추진목표는 정보 접근권 보장 강화, 정보활용 여건 개선, 글로벌 정보격차 해소의 방법 제시, 정보격차에 대한 사전 대응체계 구축이다.

정보격차 해소를 위한 과거의 정책에 비해 주목할 만한 점은 정보 취약계층의 디지털 역량을 강화하여 소득창출 및 삶의 질을 제고하기 위한 정책과제를 제시하고 이를 위한 세부정책과제로 ① 인터넷 비이용자들에 대한 정보화 욕구 및 필요에 부응하여 맞춤형 교육을 통해 정보화에 대한 인식을 개선하고, ② 부가가치의 창출과 취업이 가능한 실용적 정보화교육을 통해 취약계층의 소득창출 기회를 확대하며, ③ 활용 가능한 콘텐츠의 확충 등 다양한 정보활용 여건 개선을 통해 취약계층의 삶의 질을 제고하는 것 등을 제시하고 있다.

그러나 이러한 기존의 정보격차 해소를 위한 정책이 지닌 문제점은 다음과 같다.

첫째, 인프라 구축을 통한 정보접근성에 초점을 둠으로써 정보취약계층의 정보접근의 기회를 향상시켰지만, 아직도 계층 간, 세대 간, 지역 간 정보격차는 존재하고 있으며 취약계층의 실생활에서의 실질적인 정보활용이 미흡한 실정이다.

실제로 한국정보문화진흥원[1]의 '2008 정보격차실태조사'의 접근 격차지수 대비 역량 및 양적, 질적 활용 격차지수 수준을 살펴보면, 접근(10.3점) 부문에 비해 역량(54.3점), 양적 활용(45.6점), 질적 활용(49.9점) 부문의 격차지수가 4배 이상 높게 나타났다. 2009 정보격차, 지수 및 실태조사에서는 접근, 역량, 활용 부문을 포괄하는 종합 격차지수가 2009년 30.3점으로 전년 대비 1.7점 개선된 것으로 나타났다. 부문별 정보격차지수는 접근 부문은 9.0점으로 전년 대비 1.3점 개선되었고, 역량 부문은 51.1점으로 전년 대비 3.2점 개선되었다. 양적 활용 부문은 44.3점으로 1.3점 개선되었고 질적 활용 부문은 47.79점으로 2.2점 개선되어, 활용 부문의 정보격차지수는 45.2점으로 1.7점 개선된 것으로 나타났다. 접근, 역량, 활용 부문을 포괄하는 종합격차지수가 전년도와 대비하여 일반국민과 취약계층 간 정보격차가 지속적으로 완화되고 있는 것으로 분석되고 있으나 여전히 컴퓨터나 인터넷 접근 및 보유 여부와 연관된 정보접근 격차보다 정보활용 능력 및 활용 유형(사용의 품질)과 연관된 정보활용 격차가 심하다는 것을 보여 주고 있다. 이러한 결과는 단지 정보 인프라의 양적 증대가 실질적인 정보이용의 양적·질적 향상을 유도할 수 없음을 의미한다.

국내의 기존 정보격차 해소 정책은 저소득층의 정보통신기기 보유 및 서비스 이용을 돕기 위한 지원을 강조한다. 이는 정보격차가 사회의 구조적 불평등으로 인한 현상이며, 이러한 현상의 근본적 원인을 소득 불평등에 따른 정보통신기기의 보유 및 이용능력의 만성적 부재

1) 2009년 한국정보사회진흥원과 한국정보문화진흥원이 통합하여 한국정보화진흥원으로 명칭이 개정됨.

로 보는 격차이론 지지자들의 관점과 일치한다(이원규 · 고정현, 2007). 그러나 이러한 관점의 가장 큰 문제점은 정보격차의 문제를 실질적으로 해소 가능한 문제로 보지 않는다는 점이다.

이와 달리 선진국들의 행정부가 취하는 입장은 정보격차 해소를 위한 현실적 대안 모색을 강조한다. 이러한 현실론적인 입장은 정보격차의 근본적 원인을 단지 소득 불평등 현상이라기보다 정보통신기기의 보유 및 이용능력의 일시적 부재로 본다. 또한 정보격차의 심각성은 인정하지만 이를 해결 불가능한 것으로 보지 않으며 교육사업 등 파급효과가 큰 정책적 개입을 통해 해결 가능하다고 본다.

둘째, 기존의 국내 정보격차 해소를 위한 노력은 예방적 차원이 아니라 처방적 차원에서 이루어져 왔다는 점이다. 처방적 차원의 정보격차 해소를 위한 노력의 한계는 정보 취약계층의 정보이용 능력 향상이 결국, 정보화 선도 집단의 수준을 따라가게 할 수는 있지만, 그들의 능력을 뛰어넘을 수는 없다는 것을 의미하며, 이는 궁극적으로 격차가 해소된 것으로 볼 수 없다는 점이다.

셋째, 정보 취약계층의 정보이용 능력 개선을 위한 교육 내용 취약의 문제이다. 기존의 국내 정보격차 해소를 위한 교육 내용은 주로 정보이용 능력 신장을 목표로 하고 있으며, 주로 인터넷이나 응용소프트웨어 활용 위주의 교육 내용으로 구성되어 있다. 즉, 부가가치 창출과 취업이 가능한 실용적 정보화 교육을 통해 취약계층의 소득창출 기회를 확대한다는 정책을 제시하고 있다. 그러나 정보 취약계층을 위한 교육이 이러한 '직업교육'에만 머무른다면, 이들은 여전히 소외계층으로 존재할 따름이다. 21세기의 인간이 갖추어야 할 능력은 단지 정보기술 활용의 차원을 넘어선 정보기술 유창성(Information Technology Fluency)의 증진이라고 할 수 있으며, 정보기술 유창성은 정보기술을 활용할 수 있는 능력뿐 아니라, 정보기술과 관련된 기본 개념 습득 및 그에 따른 창의성, 문제해결력과 같은 고차원적인 사고 능력 신장을 요구한다.

넷째, 정보 취약계층을 위한 교육이 초·중등학교 단위에서부터 체계적으로 이루어지고 있지 않기 때문에 근본적인 정보격차 해소에는 한계가 있다.

정보기술의 확산단계에 따라 변화하는 동적 개념인 정보격차 현상은 정보기술의 확산단계(도입기-도약기-포화기)가 진행됨에 따라 정보접근 부문에 비해 활용 부문에서 크게 나타나는 특성을 가지고 있다. 따라서 세계 최고 수준인 가구 컴퓨터 보유율 및 인터넷 이용률을 기준으로 했을 때, 현재 우리나라의 IT 확산단계는 후기 도약기 또는 포화기에 해당되므로, 접근 부문의 격차지수보다 역량 및 활용 부분의 격차지수가 크게 나타나고 있다. 따라서 향후 정보격차 해소를 위한 노력들은 이러한 질적 격차 해소를 위한 지원 및 교육 내용 개발에 초점을 두어야 하며, 초·중등학교 단계에서부터 체계적인 교육이 이루어질 수 있도록 체계적인 교육과정 개발 및 학습자 특성에 따른 교육방법 개발에 주력하여야 할 것이다.

국내의 정보격차 해소를 위한 기존의 정책적 노력들은 정보 취약계층의 정보접근성 향상에 기여하였지만, 역량 강화 및 정보이용 능력의 질적 향상 측면에서는 성과가 미흡한 실정이다. 이러한 현상의 가장 큰 원인은 정보격차 해소를 위한 노력이 예방이 아닌 처방적 차원에서 이루어졌다는 점과 정보 소외계층들을 위한 정보교육 내용이 정보사회가 요구하는 고차원적인 사고능력인 창의성과 문제해결력 신장을 위한 것이라기보다는 단지 정보통신기기의 활용이나 소프트웨어의 활용 위주로 구성되어 있기 때문이라고 할 수 있다. 또한 정보 취약계층을 위한 교육은 주로 정보기술과 관련된 산업현장의 취업을 위한 '직업교육' 형태를 추구하고 있다. 그러나 정보 취약계층을 위한 정보교육이 이러한 정보기술과 관련된 '직업교육'에 머문다면, 단기적 관점에서 취약계층의 소득기회를 창출함으로써 정보격차를 해소하는 것처럼 보이지만, 근본적으로 취약계층의 정보화 수준의 질적 향상을 기대하기는 어렵다.

정보통신기술과 풍부한 미디어 기반 환경으로 대표되는 21세기를 살아가기 위한 인간이 갖추어야 할 소양은 단지 정보기술 활용 능력이 아닌 정보기술 유창성이라고 할 수 있으며, 정보기술 유창성은 인터넷에서 정보를 검색하거나, 워드프로세서로 문서를 작성하거나, e 메일을 보내기 위해 컴퓨터를 사용하는 방법을 익히는 것뿐 아니라, 컴퓨터를 통해 새로운 의미 있는 것을 만들어내는 능력을 뜻한다(Resnick, 2002; Resnick, Kafai, & Maeda, 2003; Barron & Kafai, 2006). 따라서 정보격차 해소를 위한 교육 내용들은 단지 정보기술 활용 능력 신장의 차원에서 벗어나 이러한 정보기술 유창성 증진을 위한 교육 내용들로 전환될 필요가 있다.

또한 정보격차 해소를 위한 노력이 처방이 아닌 예방적 차원에서 이루어지기 위해서는 초·중등학교 단위에서부터 체계적인 정보교육이 이루어져야 하며, 근본적인 정보격차 해소를 위해서는 단지 정보기술의 습득이나 활용방법보다 정보기술을 통한 창의성과 문제해결력을 증진시킬 수 있는 새로운 교육 내용과 방법에 관한 연구들이 요구된다.

본 연구에서는 이러한 국내 정보격차 교육의 문제점을 해소하기 위한 방안으로 초·중등학교 단위의 정보 소외계층 학습자를 대상으로 한 정보교육 프로그램을 개발하였다. 본 연구를 통해 제시되는 정보교육의 교육 내용은 정보기술 활용 능력뿐 아니라 새로운 정보를 창출하고 스스로 새로운 정보기술을 학습할 수 있는 능력, 공동체 사회에 공헌하기 위한 정보기술의 사용 능력과 더불어 정보기술과 관련된 기본 개념 이해를 포함한다. 즉, 소외계층 학생들에게 미래 지식기반사회를 대비하기 위한 기초 능력인 정보기술을 통한 창의성 및 문제해결력 향상을 위한 차별화된 교육기회를 부여함으로써, 질적 정보격차의 근본적인 문제를 해결할 수 있을 것이다.

제 2 장

정보격차의 개념 및 현황

1. 정보격차의 개념
2. 정보격차 현황

제 2 장 정보격차의 개념 및 현황

1. 정보격차의 개념

1) 정보격차의 정의

Norris(2001)는 정보격차의 개념을 세 가지 국면에서 조우하는 다차원적인 현상으로 정의하고 이를 글로벌 정보격차(global digital divide), 사회적 정보격차(social digital divide), 민주적 정보격차(democratic digital divide)로 구분하여 제시하였다. 글로벌 정보격차는 국제 사회에서 국가 간에 발생하는 격차로 정보선진국과 정보후진국 사이에 발생하는 정보접근성의 격차를 의미한다. 사회적 정보격차는 특정 국가나 사회 내의 집단 간에 발생하는 격차이다. 민주적 정보격차는 사이버 공간에서 인터넷의 가용 자원을 효과적으로 활용하는 사람들과 그렇지 못한 사람들 간의 정치적 영향력의 차이를 의미한다. 이는 정치적 측면에서의 정보활용 능력 격차로, 사이버 공간을 통해 민주적 숙의 과정에 적극 참여하거나 자신의 정치적 의견을 실시간에 불특정 다수에게 전달할 수 있는 인터넷의 특성을 적극 활용하는 집단과 그렇지 못한 집단 간에 나타나는 격차로 볼 수 있다.

이들 중 가장 일반적으로 통용되고 있는 정보격차의 개념은 사회적 정보격차이며, 본 연구에서 제시하는 정보격차의 개념 또한 사회적 정보격차를 의미한다. 사회적 정보격차의 측면에서 바라보는 정보격차의 가장 단순한 개념은 '정보 보유자'와 '정보 미보유자' 사이에서 발생하는 경제적 · 사회적 불균형 현상을 지칭하는 개념이다. 그러나 정보가 가지는 불확정적인 성격으로 인해, 정보격차의 개념을 단순히 지식이나 정보의 소유에 따른 개념으로만 정의하는 것은 다소 제한적이다. 이에 따라 정보격차의 개념은 단순한 지식 정보의 소유에 따른 불균형 현상을 넘어, 어떤 수준의 정보를 소유하고 있는가에 의한 불평등의 정도까지 포함하는 개념으로 확대되어 가고 있다(김은정 · 이재웅 · 양희인, 2008).

정보격차의 개념 변화의 과정을 살펴보면, 초기에는 주로 개인용 컴퓨터나 네트워크에 대한 정보 접근성에 대한 격차를 의미하는 것으로 한정되었으나(Attewell, 2001), 실제 컴퓨터의 활용에 있어서 지식과 컴퓨터 관련 활용 기술의 보유 없이 정보접근성만으로는 정보격차 해소를 위한 별다른 성과를 거두기가 힘들기 때문에(Harper, 2003), 이후 각종 정보기기나 네트워크를 활용하는 역량의 격차를 포함한 개념으로 확대되었고, 최근에는 정보기기 및 네트워크 사용에 따른 경제적 생산성의 격차, 즉 정보활용 능력의 경제적 측면을 포함하게 되었다(Fairlie, 2005; Mansell, 2002). 또한 정보격차에서 지식격차(knowledge divide)로 이동하는 흐름도 나타나고 있으며(OECD, 2007), 정보 인프라 구축을 위한 혁신 시스템 관점에서 논의되고 있다(Baskaran & Muchie, 2007).

따라서 정보격차는 개인이 정보에 접근하고 정보를 활용하는 데 있어서 연령 · 소득 · 장애 유무 · 지역 등의 요인으로 인해 발생하는 개인이나 집단 간 정보 접근 및 활용 수준의 차이를 의미하는 개념으로 볼 수 있다. 일반적으로 연령이 높거나 소득이 낮은 경우, 신체적인 장애가 있는 경우, 농어촌 등의 취약지역에 거주하는 경우 정보에 대한 접근이나 활용이 어려워질 수 있으므로, 이들 집단은 정보화로부터 소외될 가능성이 크다. 이러한 정보격차는 취약계층의 소득과 삶의 질 저하, 사회참여 기회 축소 및 계층 간 빈부격차 등을 심화시켜 사회통합에 지장을 초래하기 때문에 정보화의 급속한 진전과 정보기술의 고도화에 따라 정보격차 해소의 중요성은 날로 커지고 있다 (김은정・이재웅, 2009).

2) 정보격차 관련 연구

정보격차와 관련된 기존 연구들은 크게 계층별 정보격차 현황 관련 연구, 정보격차 발생 원인과 관련된 이론과 실태 분석에 관한 연구, 정보격차 해소를 위한 정책 모델에 관한 연구로 구분된다

미국 상무성 주관으로 진행된 NTIA(1998−2000)에서는 디지털 환경에서 정보격차의 발생 원인과 영향을 밝히고 있으며, 이를 토대로 미국 교육부, OECD(2001; 2007), Mossberger 등(2003), Warschauer (2004) 등의 연구에서 정보격차 문제의 본질을 제시하고 있다. 이들 연구에서 제시하고 있는 정보격차 발생 원인은 주로 비싼 정보 인프라 구축비용, 소득격차, 정보 인프라 활용 능력 미비의 세 가지를 들고 있다.

정보격차 실태 분석과 관련된 연구를 살펴보면, Norris(2001)는 전세계 159개 국가의 인터넷 접근과 사용에 관한 연구를 통해 선진국과 중진국, 후진국 사이에 심각한 정보격차가 존재함을 제시하고, 선

진국들은 정보기술을 활용하여 공동체에 접근하여 정보창출 등의 활동을 하는 데 비해 그렇지 않은 국가들은 정보격차가 발생됨을 제시하고 있다.

Wilhelm(2006)은 대부분의 국가에서 온라인을 통한 업무와 생활이 이루어지며, 이러한 국가에서는 구직활동조차 온라인으로 이루어지기 때문에 정보격차의 발생은 개인과 사회의 심각한 불이익으로 나타날 수밖에 없다고 주장한다. 따라서 모든 국민들이 정보기술에 접근하여 활용할 수 있도록 정부시스템이 갖추어져야 한다는 점을 강조하고 있다. Mossberger 등(2003)은 정보격차가 정보 인프라에 대한 접근 수준이 아니라, 사이버 공간에서의 불평등, 즉 사회 불평등임을 강조하고 있다. 특히 정보격차에 대한 인간적 요소를 강조하고 있으며, 실질적인 정책 대안 마련의 중요성을 지적한다.

Monroe(2004)는 정보격차 해소를 위한 학교의 역할을 강조한다. 정보격차 해소를 위해서는 특히 중등학교에서의 역할이 중요하며, 읽고 쓰는 교육과 다양한 문화를 받아들이게 하는 것이 중요하다고 주장하고 있다. 정보격차 해소를 위해서는 정보역량을 갖추는 것이 매우 중요하며, 정보역량은 교육을 통해 고양될 수 있기 때문이다. 따라서 Monroe는 초·중등학교, 특히 농어촌이나 오지에 소재한 학교를 대상으로 한 정보 인프라 구축 지원, 교사의 정보역량 제고를 위한 예산 지원 등의 중요성을 강조하고 있다. 또한 컴퓨터 활용 능력이 떨어지면 구직이 더욱 어려워지므로, 학교에서 졸업 전에 컴퓨터 교육을 필수적으로 받아야 한다는 주장을 하고 있다.

교육 활동은 온라인과 오프라인 활동으로 구분할 수 있다. 특히 온라인을 통한 교육 활동은 더 많은 사람들에게 교육의 기회를 제공하고, 정보역량을 강화시킬 수 있으므로 이를 통해 정보격차가 해소될 수 있다(이기식, 2008). 이러한 맥락에서 국내뿐 아니라 세계적으로 정부 및 대학을 중심으로 한 온라인 교육을 활성화하고 있는 실정이다.

2. 정보격차 현황

정보격차 해소 전담기관인 한국정보문화진흥원은 효과적인 정보격차 해소 정책의 수립과 성과 평가 등을 체계적으로 지원하기 위해 2002년부터 연간 단위의 취약계층별 정보격차 실태조사를 실시하고 있다. 2004년부터는 정보격차 수준을 접근과 역량, 활용의 세 부문으로 세분화하여 측정하고 특성을 분석하기 위한 다차원적인 개념의 지표인 '정보격차지수'를 매년 산출하고 있다. 본 연구에서는 국내 정보격차 현상에 대한 양적, 질적 이해를 도모하고 이러한 이해를 바탕으로 효과적인 정보격차 해소를 위한 교육적 개입을 위한 방향을 모색해보고자 한다. 따라서 본 절에서는 한국정보문화진흥원에서 실시한 '정보격차지수 및 실태조사'의 주요 결과를 분석하였다.

1) 정보격차지수

정보격차지수는 접근, 역량, 활용 부문별 격차 수준 및 특성을 종합적으로 측정, 분석할 수 있는 다차원적 개념의 계량 지표로서 일반국민의 정보화 수준을 기준으로 하여 일반국민과 취약계층 간 상대적 정보격차 수준을 지수화한 것이다. 일반국민의 정보화 수준을 100으로 가정할 때 일반국민 대비 취약계층의 정보화 수준을 측정하여 일반국민과 취약계층 간 격차를 산출하는 방식으로 격차지수는 0–100(점) 범위의 값을 가지며, 100에 가까울수록 정보격차가 큰 것을 의미한다.

정보격차지수는 일반국민의 정보화 수준을 기준으로 하여 일반국민과 취약계층 간 상대적 정보격차 수준을 지수화한 지표로서 다음 수식으로 구한다.

$$\text{정보격차지수} = \left(1 - \frac{\text{취약계층별 지수 원점수}}{\text{일반국민 지수 원점수}}\right) \times 100$$

여기에서 지수 원점수는 접근, 역량, 활용 부문별 격차 수준 및 특성을 종합적으로 측정, 분석할 수 있는 종합지수로서 접근, 역량, 활용 부문의 격차지수의 가중평균으로 구한다.

$$\text{종합지수} = \text{접근지수} \times 0.3 + \text{역량지수} \times 0.2 + \text{활용지수} \times 0.5$$

각 접근지수, 역량지수, 활용지수들은 다음 수식으로 구한다.

- 접근지수 = 필요 시 접근가능성 × 0.6 + 정보기기 성능 × 0.2 + 정보기기 보유 정도 × 0.2
- 역량지수 = 컴퓨터 사용 능력 × 0.5 + 인터넷 사용 능력 × 0.5
- 활용지수 = 양적 활용지수 × 0.6 + 질적 활용지수 × 0.4
- 양적 활용지수 = PC, 인터넷 사용 여부 × 0.7 + PC, 인터넷 사용시간 × 0.3
- 질적 활용지수 = 일상생활 도움 정도 × 0.6 + 세부권장용도별

이용 정도×0.4

정보격차지수의 개념을 도식화하면 〈그림 2-1〉과 같다.

정보격차지수의 종류별 측정 개념을 나타낸 것이 〈표 2-1〉이며, 지수 구성 체계는 〈그림 2-2〉와 같다.

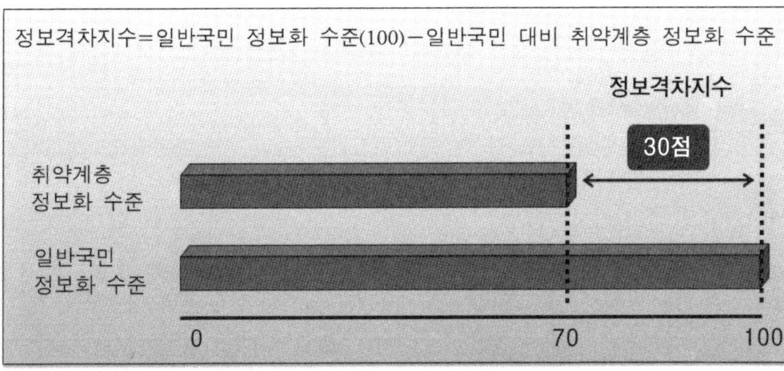

<그림 2-1> 정보격차지수 개념

<표 2-1> 정보격차지수 측정 개념

<table>
<tr><th colspan="3">종 류</th><th>측정 개념</th></tr>
<tr><td rowspan="4">종합격차지수 (접근, 역량, 활용 부문을 종합한 정보격차 측정)</td><td colspan="2">접근격차지수</td><td>컴퓨터, 인터넷 등 정보통신 인프라 접근 수준의 격차 측정: 정보통신기기 보유 정도, 주 이용 장소의 컴퓨터 기종 및 인터넷 접속 속도, 필요시 컴퓨터, 인터넷 접근 가능 정도</td></tr>
<tr><td colspan="2">역량격차지수</td><td>컴퓨터 및 인터넷 사용능력 수준의 격차 측정</td></tr>
<tr><td rowspan="2">활용격차지수</td><td>양적활용 격차지수</td><td>컴퓨터 및 인터넷의 양적 사용 수준의 격차 측정: 컴퓨터, 인터넷 이용률 및 사용 시간</td></tr>
<tr><td>질적활용 격차지수</td><td>컴퓨터 및 인터넷의 질적 사용 수준의 격차 측정: 업무(학업), 가사, 여가, 사회활동, 의사소통 및 대인관계 형성 등 일상생활 부문별 도움 정도, 세부 권장용도별 이용 정도</td></tr>
</table>

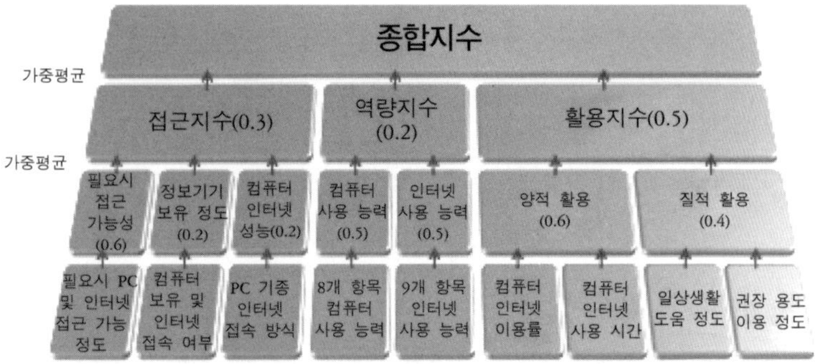

<그림 2-2> 정보격차지수 구성 체계

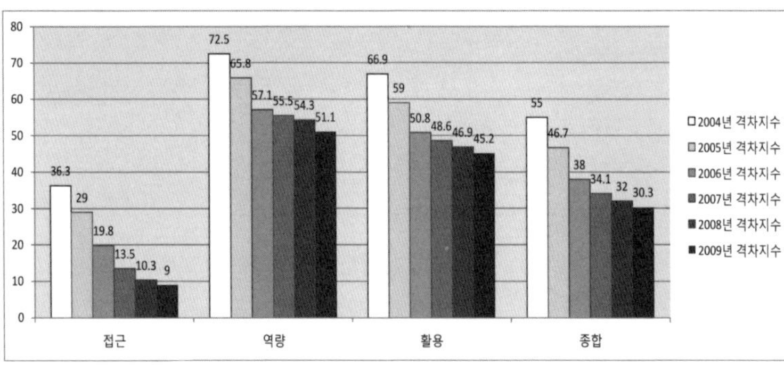

<그림 2-3> 부문별 정보격차지수(점)

2004년부터 2009년까지의 정보격차지수를 살펴보면 접근, 역량, 활용 등 모든 부문에서 정보격차지수가 지속적으로 완화되고 있는 것으로 분석된다. 모든 부문을 포괄하는 종합 격차지수는 2009년 30.3점으로 2004년 대비 24.7점 개선되었으며, 부문별로 살펴볼 경우, 접근 부문의 격차지수가 가장 많이 개선된 것으로 나타났다. 역량 부문과 활용 부문 또한 지속적으로 개선되고 있으나, 접근 부문에 비해 개선 정도가 다소 미약한 편이다. 특히 접근 부문 격차 수준이 2009

<표 2-2> 부문별 격차지수(점) 및 일반국민 대비수준(%)

구 분	2004년		2005년		2006년		2007년		2008년		2009년	
	격차지수	대비수준	격차지수	대비수준	격차지수	대비수준	격차지수	대비수준	격차지수	대비수준	격차지수	대비수준
접 근	36.3	63.7	29	71	19.8	80.2	13.5	86.5	10.3	89.7	9.0	91.0
역 량	72.5	27.5	65.8	35.2	57.1	42.9	55.5	44.5	54.3	45.7	51.1	48.9
활 용	66.9	33.1	59	41	50.8	49.2	48.6	51.4	46.9	53.1	45.2	54.8
양적 활용	65.8	34.2	57.8	42.2	49.7	50.3	47.2	52.8	45.6	54.4	44.3	55.7
질적 활용	70.4	29.6	62.3	37.7	53.6	46.4	52	48	49.9	50.1	47.7	52.3
종 합	55	45	46.7	53.3	38	62	34.1	65.9	32	68	30.3	69.7

※ 격차지수 = 일반국민 정보화 수준(100으로 가정) − 일반국민(100) 대비 소외계층 정보화 수준. 격차지수는 0−100점 범위의 값을 가지며, 100점에 가까울수록 격차가 큰 것을 의미함.
※ 대비수준은 일반국민의 정보화 수준을 100으로 가정할 때, 일반국민 대비 취약계층의 정보화 수준을 의미.

년 9.0점인 데 비하여 역량과 활용은 각각 51.1점과 45.2점으로 격차가 큰 것으로 나타났다. 따라서 향후 정보격차 해소를 위한 노력들은 이러한 질적 격차 해소를 위한 지원 및 교육 내용 개발에 초점을 두어야 하며, 초·중등학교 단계에서부터 체계적인 교육이 이루어질 수 있도록 교육과정 개발 및 학습자 특성에 따른 교육방법 개발에 주력하여야 할 것이다.

(1) 종합 정보격차 현황

접근, 역량, 활용 부문별 정보격차 수준의 종합 측정 요약치인 종합 정보격차지수 추이를 살펴보면, 정보격차지수 산출 원년인 2004년 대비 2009년에는 24.7점 감소하였다. 또한 2008년 32.0점에서 2009년 30.3점으로 전년 대비 1.7점 감소한 것으로 나타났다. 이는 일반국민 대비 취약계층의 종합 정보화 수준은 매년 지속적으로 상승

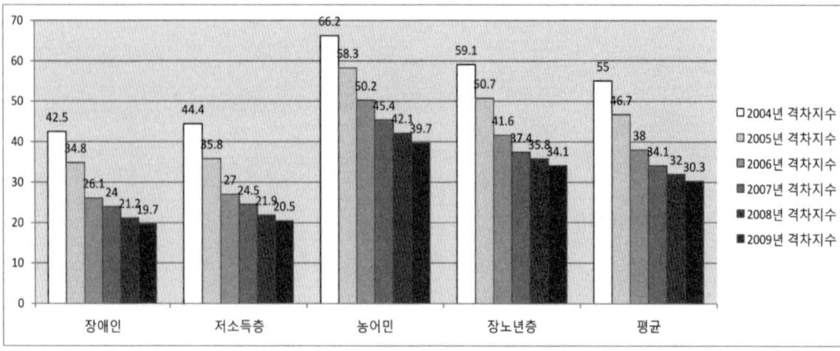

<그림 2-4> 종합 격차지수 추이

<표 2-3> 취약계층별 종합 격차지수 추이

구 분	2004년		2005년		2006년		2007년		2008년		2009년	
	격차지수	대비수준	격차지수	대비수준	격차지수	대비수준	격차지수	대비수준	격차지수	대비수준	격차지수	대비수준
장애인	42.5	57.5	34.8	65.2	26.1	73.9	24.0	76.0	21.2	78.8	19.7	80.3
저소득층	44.4	55.6	35.8	64.2	27.0	73.0	24.5	75.5	21.9	78.1	20.5	79.5
농어민	66.2	33.8	58.3	41.7	50.2	49.8	45.4	54.6	42.1	57.9	39.7	60.3
장노년층	59.1	40.9	50.7	49.3	41.6	58.4	37.4	62.6	35.8	64.2	34.1	65.9
평 균	55.0	45.0	46.7	53.3	38.0	62.0	34.1	65.9	32.0	68.0	30.3	69.7

※ 격차지수(점) = 일반국민 정보화 수준(100으로 가정) − 일반국민(100) 대비 취약계층 정보화 수준.
※ 대비수준(%)은 일반국민의 정보화 수준을 100으로 할 때, 일반국민 대비 취약계층의 정보화 수준을 의미.
※ 평균은 취약계층별 규모를 고려한 가중평균이며 저소득층은 기초생활수급층, 장노년층은 50대 이상 연령층 기준임.

하고 있지만 연간 상승폭은 둔화 추세를 나타내고 있는 것으로 볼 수 있다.

(2) 접근 부문 정보격차 현황

일반국민 대비 취약계층의 접근 부문 정보화 수준은 매년 상승 추

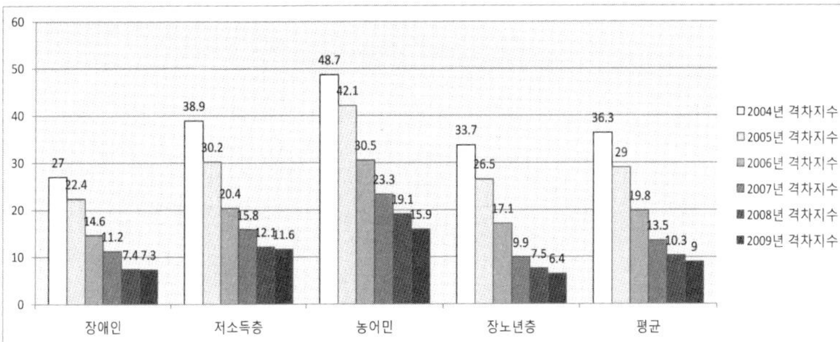

<그림 2-5> 접근 격차지수 추이

<표 2-4> 접근 격차지수 및 일반국민 대비수준

구 분	2004년		2005년		2006년		2007년		2008년		2009년	
	격차지수	대비수준	격차지수	대비수준	격차지수	대비수준	격차지수	대비수준	격차지수	대비수준	격차지수	대비수준
장애인	27.0	73.0	22.4	77.6	14.6	85.4	11.2	88.8	7.4	92.6	7.3	92.7
저소득층	38.9	61.1	30.2	69.8	20.4	79.6	15.8	84.2	12.1	87.9	11.6	88.4
농어민	48.7	51.3	42.1	57.9	30.5	69.5	23.3	76.7	19.1	80.9	15.9	84.1
장노년층	33.7	66.3	26.5	73.5	17.1	82.9	9.9	90.1	7.5	92.5	6.4	93.6
평 균	36.3	63.7	29.0	71.0	19.8	80.2	13.5	86.5	10.3	89.7	9.0	91.0

※ 격차지수(점) = 일반국민 정보화 수준(100으로 가정) − 일반국민(100) 대비 취약계층 정보화 수준.
※ 대비수준(%)은 일반국민의 정보화 수준을 100으로 할 때, 일반국민 대비 취약계층의 정보화 수준을 의미.
※ 평균은 취약계층별 규모 비율을 계층별 지수에 가중치로 적용하여 산출한 가중평균임.
※ 저소득층은 기초생활수급층, 장노년층은 50대 이상 연령층 기준임.

세이며, 격차지수 산출 원년인 2004년 수준(일반국민의 63.7%)에 비해서는 취약계층의 일반국민 대비 정보접근 수준이 2009년에는 27.3%P 상승한 91.0%였다. 2009년을 기준으로 보면 일반국민 대비 정보접근 수준은 장노년층 93.6%, 장애인 92.7%, 저소득층 88.4%, 농어민 84.1%로 나타났다.

(3) 역량 부문 정보격차 현황

일반국민 대비 취약계층의 역량 부문 정보화 수준은 매년 상승 추세이며, 격차지수 산출 원년인 2004년에 비하여 취약계층의 일반국민 대비 정보역량 수준이 21.4%P 상승하였다. 2009년 기준, 일반국민의 정보역량 수준을 100%로 가정할 때 취약계층별 일반국민 대

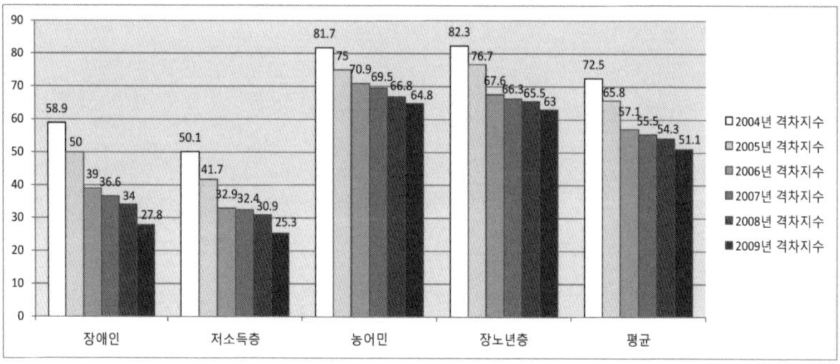

<그림 2-6> 역량 격차지수 추이

<표 2-5> 역량 격차지수 및 일반국민 대비수준

구 분	2004년		2005년		2006년		2007년		2008년		2009년	
	격차 지수	대비 수준	격차 지수	대비 수준	격차 지수	대비 수준	격차 지수	대비 수준	격차 지수	대비 수준	격차 지수	대비 수준
장애인	58.9	41.1	50.0	50.0	39.0	61.0	36.6	63.4	34.0	66.0	27.8	72.2
저소득층	50.1	49.9	41.7	58.3	32.9	67.1	32.4	67.6	30.9	69.1	25.3	74.7
농어민	81.7	18.3	75.0	25.0	70.9	29.1	69.5	30.5	66.8	33.2	64.8	35.2
장노년층	82.3	17.7	76.7	23.3	67.6	32.4	66.3	33.7	65.5	34.5	63.0	37.0
평 균	72.5	27.5	65.8	34.2	57.1	42.9	55.5	44.5	54.3	45.7	51.1	48.9

※ 격차지수(점) = 일반국민 정보화 수준(100으로 가정) − 일반국민(100) 대비 취약계층 정보화 수준.
※ 대비수준(%)은 일반국민의 정보화 수준을 100으로 할 때, 일반국민 대비 취약계층의 정보화 수준을 의미.
※ 평균은 취약계층별 규모 비율을 계층별 지수에 가중치로 적용하여 산출한 가중평균임.
※ 저소득층은 기초생활수급층, 장노년층은 50대 이상 연령층 기준임.

비 정보역량 수준은 저소득층 74.7%, 장애인 72.2%, 장노년층 37.0%, 농어민 35.2%로 나타났다.

(4) 양적 활용 부문 정보격차 현황

일반국민 대비 취약계층의 양적 활용 부문 정보화 수준은 매년 상

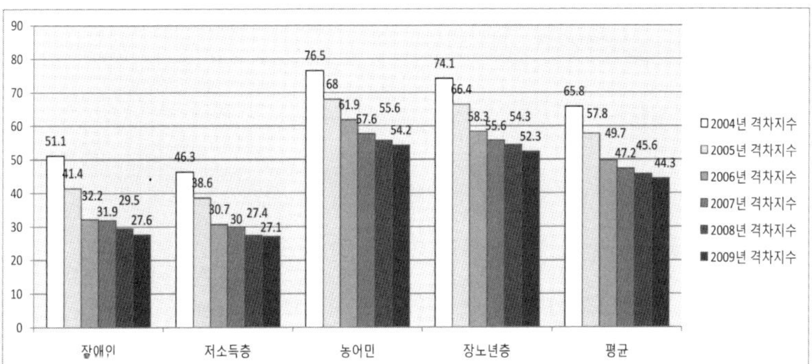

<그림 2-7> 양적 활용 격차지수 추이

<표 2-6> 양적 활용 격차지수 및 일반국민 대비수준

구 분	2004년		2005년		2006년		2007년		2008년		2009년	
	격차 지수	대비 수준	격차 지수	대비 수준	격차 지수	대비 수준	격차 지수	대비 수준	격차 지수	대비 수준	격차 지수	대비 수준
장애인	51.1	48.9	41.4	58.6	32.2	67.8	31.9	68.1	29.5	70.5	27.6	72.4
저소득층	46.3	53.7	38.6	61.4	30.7	69.3	30.0	70.0	27.4	72.6	27.1	72.9
농어민	76.5	23.5	68.0	32.0	61.9	38.1	57.6	42.4	55.6	44.4	54.2	45.8
장노년층	74.1	25.9	66.4	33.6	58.3	41.7	55.6	44.4	54.3	45.7	52.3	47.7
평 균	65.8	34.2	57.8	42.2	49.7	50.3	47.2	52.8	45.6	54.4	44.3	55.7

※ 격차지수(점) = 일반국민 정보화 수준(100으로 가정) − 일반국민(100) 대비 취약계층 정보화 수준.
※ 대비수준(%)은 일반국민의 정보화 수준을 100으로 할 때, 일반국민 대비 취약계층의 정보화 수준을 의미.
※ 평균은 취약계층별 규모 비율을 계층별 지수에 가중치로 적용하여 산출한 가중평균임.
※ 저소득층은 기초생활수급층, 장노년층은 50대 이상 연령층 기준임.

승 추세이며, 격차지수 산출 원년인 2004년 수준(34.2%)에 비해서는 취약계층의 일반국민 대비 양적 정보활용 수준이 21.5%P 상승하였다. 2009년 기준, 일반국민의 양적 정보활용 부문 정보화 수준을 100%로 가정할 때, 일반국민 대비 4대 취약계층의 양적 정보활용 수준은 저소득층 72.9%, 장애인 72.4%, 장노년층 47.7%, 농어민 45.8%로 나타났다.

(5) 질적 활용 부문 정보격차 현황

일반국민 대비 취약계층의 질적 활용 부문 정보화 수준은 매년 상승 추세이며, 격차지수 산출 원년인 2004년 수준(일반국민의 29.6%)에 비하여 취약계층의 일반국민 대비 질적 정보활용 수준이 22.7% 상승하였다. 2009년 기준 일반국민의 질적 정보활용 부문 정보화 수준을 100%로 가정할 때, 일반국민 대비 4대 취약계층의 질적 정보활용 수준은 저소득층 69.6%, 장애인 65.8%, 장노년층 45.9%, 농어민 39.5%로 나타났다.

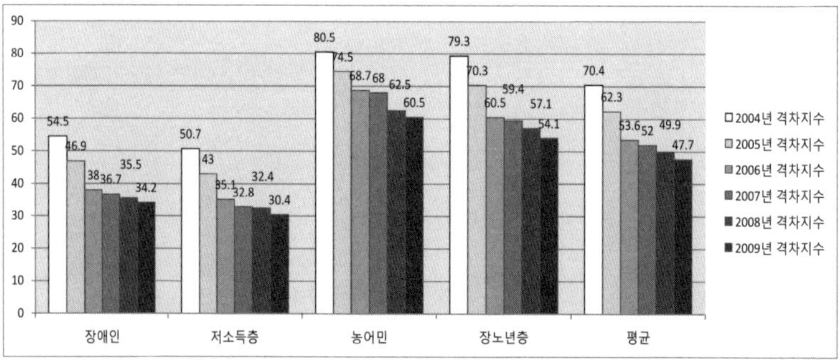

<그림 2-8> 질적 활용 격차지수 추이

<표 2-7> 질적 활용 격차지수 및 일반국민 대비수준

구 분	2004년		2005년		2006년		2007년		2008년		2009년	
	격차지수	대비수준	격차지수	대비수준	격차지수	대비수준	격차지수	대비수준	격차지수	대비수준	격차지수	대비수준
장애인	54.5	45.5	46.9	53.1	38.0	62.0	36.7	63.3	35.5	64.5	34.2	65.8
저소득층	50.7	49.3	43.0	57.0	35.1	64.9	32.8	67.2	32.4	67.6	30.4	69.6
농어민	80.5	19.5	74.5	25.5	68.7	31.3	68.0	32.0	62.5	37.5	60.5	39.5
장노년층	79.3	20.7	70.3	29.7	60.5	39.5	59.4	40.6	57.1	42.9	54.1	45.9
평 균	70.4	29.6	62.3	37.7	53.6	46.4	52.0	48.0	49.9	50.1	47.7	52.3

※ 격차지수(점) = 일반국민 정보화 수준(100으로 가정) − 일반국민(100) 대비 취약계층 정보화 수준.
※ 대비수준(%)은 일반국민의 정보화 수준을 100으로 할 때, 일반국민 대비 취약계층의 정보화 수준을 의미.
※ 평균은 취약계층별 규모 비율을 계층별 지수에 가중치로 적용하여 산출한 가중평균임.
※ 저소득층은 기초생활수급층, 장노년층은 50대 이상 연령층 기준.

(6) 5년간 정보격차 해소 현황

정보격차지수 산출 원년인 2004년부터 2008년까지 5년간의 정보격차 수준을 살펴보면 취약계층 약 330만 4,000명이 일반국민 대비 정보화 수준 80%에 도달한 것으로 분석된다. 취약계층 내 정보격차

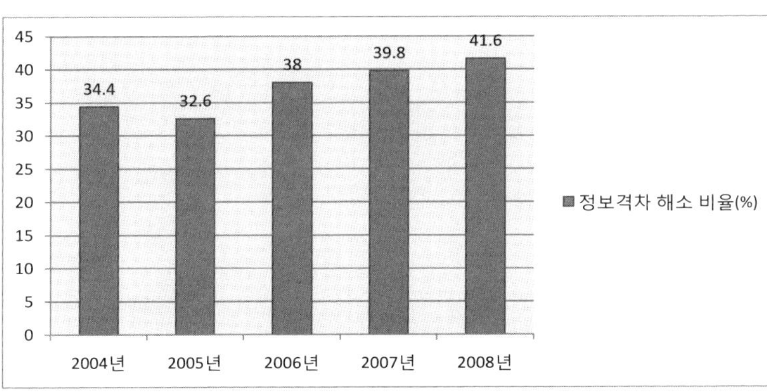

<그림 2-9> 연도별 취약계층 정보격차 해소 규모

<표 2-8> 연도별 취약계층 정보격차 해소 규모

구 분	2004년	2005년	2006년	2007년	2008년
정보격차 해소 규모(천 명)	3392	4627	5650	6168	6696
취약계층 규모(천 명)	13902	14192	14869	15497	16097
정보격차 해소 비율(%)	34.4	32.6	38.0	39.8	41.6

※ 연도별 정보격차 해소 규모는 누적치이며 일반국민 대비 정보화 수준이 80% 이상인 취약계층 규모를 의미.

※ 정보격차 해소 비율은 전체 취약계층 중 일반국민 대비 정보화 수준이 80% 이상인 취약계층 비율을 의미.

해소(종합 정보화 수준이 일반국민의 80%에 도달) 집단 비율은 2004년 24.4%에서 2008년 41.6%로 5년간 17.2%P 증가하였다.

2) 취약계층 인터넷 이용 및 PC 보유 현황

(1) 취약계층 인터넷 이용 현황

취약계층의 인터넷 이용률 및 격차 추이를 살펴보면, 2009년도 기준 취약계층의 평균 인터넷 이용률은 43.0%로 전년 대비 1.3%P 상

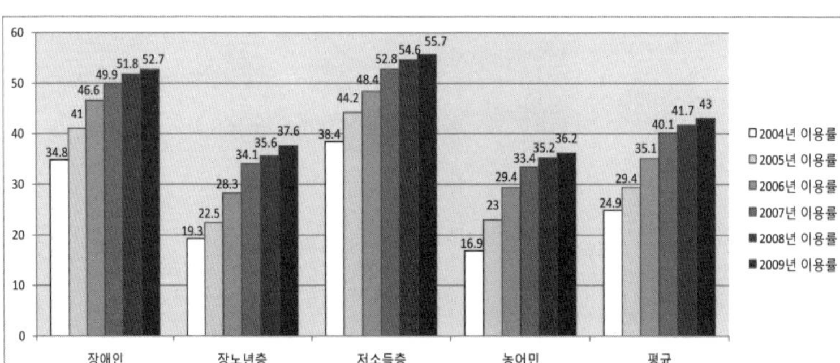

<그림 2-10> 취약계층 인터넷 이용률(%)

<표 2-9> 취약계층 인터넷 이용률 및 격차 추이(%, %p)

구 분		2004년		2005년		2006년		2007년		2008년		2009년	
		이용률	격차	이용률	격차	이용률	격차	이용률	격차	이용률	격차	이용률	격차
전체국민		70.2	-	72.8	-	74.8	-	76.3	-	77.1	-	77.6	-
취약계층	장애인	34.8	35.4	41.0	31.8	46.6	28.2	49.9	26.4	51.8	25.3	52.7	24.9
	장노년층	19.3	50.9	22.5	50.3	28.3	46.5	34.1	42.2	35.6	41.5	37.6	40.0
	저소득층	38.4	31.8	44.2	28.6	48.4	26.4	52.8	23.5	54.6	22.5	55.7	21.9
	농어민	16.9	53.3	23.0	49.8	29.4	45.4	33.4	42.9	35.2	41.9	36.2	41.4
	평 균	24.9	45.3	29.4	43.4	35.1	39.7	40.1	36.2	41.7	35.4	43.0	34.6

※ 격차는 전체국민과 취약계층 간 인터넷 이용률 차이이며, 전체국민 인터넷 이용률은 KISA 발표 자료 기준('09 인터넷이용 실태조사).

※ 평균은 취약계층별 규모를 고려한 가중평균임.

승했으며, 전체 국민과의 격차는 34.6%P로 전년 대비 0.8%P 감소하였다. 5년간 취약계층의 인터넷 이용률은 매년 상승하고 있으며, 2004년 대비 18.1%P 상승하였다. 전체 국민과의 인터넷 이용률 격차 또한 매년 감소 추세이며, 2004년 대비 10.7%P 감소하였다.

(2) 취약계층 컴퓨터 보유 현황

취약계층의 가구당 컴퓨터 보유율은 66.2%로 전년 대비 1.1%P가 상승하였다. 5년간 취약계층 가구의 컴퓨터 보유율은 매년 상승하고 있으며, 2004년 48.7%에 비해서는 17.5%P 상승하였다. 전체국민과의 가구 컴퓨터 보유율 격차는 매년 감소하는 추세이며, 2004년 대비 13.9%P 감소하였다.

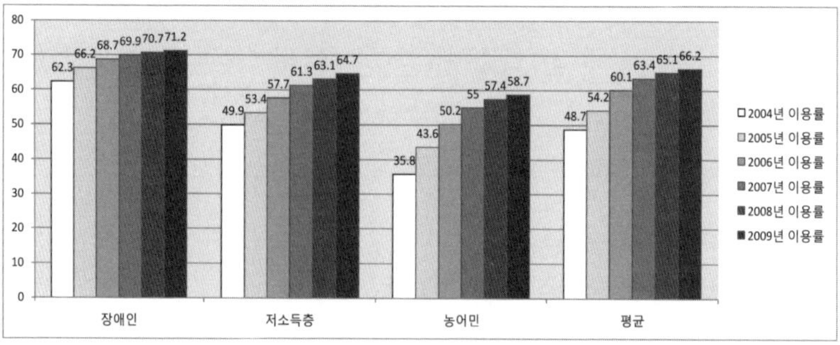

<그림 2-11> 취약계층 가구 컴퓨터 보유율(%)

<표 2-10> 취약계층 컴퓨터 보유율 및 격차 추이(%, %p)

구 분		2004년		2005년		2006년		2007년		2008년		2009년	
		이용률	격차	이용률	격차	이용률	격차	이용률	격차	이용률	격차	이용률	격차
전체국민		77.8	-	78.9	-	79.6	-	80.4	-	80.9	-	81.4	-
취약계층	장애인	62.3	15.5	66.2	12.7	68.7	10.9	69.9	10.5	70.7	10.2	71.2	10.2
	저소득층	49.9	27.9	53.4	25.5	57.7	21.9	61.3	19.1	63.1	17.8	64.7	16.7
	농어민	35.8	42.0	43.6	35.3	50.2	29.4	55.0	25.4	57.4	23.5	58.7	22.7
	평 균	48.7	29.1	54.2	24.7	60.1	19.5	63.4	17.0	65.1	15.9	66.2	15.2

※ 격차는 전체국민과 취약계층 간 인터넷 이용률 차이이며, 전체국민 인터넷 이용률은 KISA 발표 자료 기준('09 인터넷이용 실태조사).

※ 평균은 취약계층별 규모를 고려한 가중평균임.

3) 취약계층 내 정보격차 현황

취약계층 내 정보격차 수준 측정 방법은 접근, 역량, 활용 부문별 정보화 수준 포괄 지표인 종합지수를 기준으로 취약계층별 정보 불평등 계수(Digital Gini Ratio)를 산출하는 것이다. 정보 불평등 계수는 경제학에서 사용하는 소득불평등도 측정 지표인 지니 계수(Gini ratio) 산출 방식을 준용한다. 따라서 지니 계수와 마찬가지로 정보 불평등 계수 또한 '0－1' 사이의 값을 가지며, 완전 평등 상태의 계수 값은 '0'으로, 완전 불평등 상태의 계수 값은 '1'로 나타난다. 예를 들어, 측정 대상 취약계층 내 구성원들이 동일한 정보 접근, 역량, 활용 수준을 가지고 있다면 해당 취약계층의 정보 불평등 계수는 '0'이 된다.

종합지수를 기준으로 취약계층별 정보 불평등 계수를 산출한 결과, 정보 불평등 계수가 취약계층 모두에서 지속적으로 감소하고 있는 것으로 나타났다. 취약계층별 전년 대비 정보 불평등 계수 감소폭은 장애인 및 저소득층(0.035↓), 농어민(0.021↓), 장노년층(0.017↓) 등의 순으로 나타났다.

장애인, 장노년층, 저소득층, 농어민 등 4개 취약계층 모두에게 정보 불평등 계수가 감소 추세로 나타나고 있으며, 이는 일반국민과 취약계층 간 정보격차뿐만 아니라, 각 취약계층 내의 정보격차도 완화되고 있는 것으로 분석된다.

또 2008년 취약계층별 정보 불평등 계수를 기준으로 했을 때, 취약계층에 비해 농어민의 정보 불평등 계수가 상대적으로 크게 나타나 취약계층 중 농어민 내의 정보 불평등이 가장 큰 것으로 분석된다.

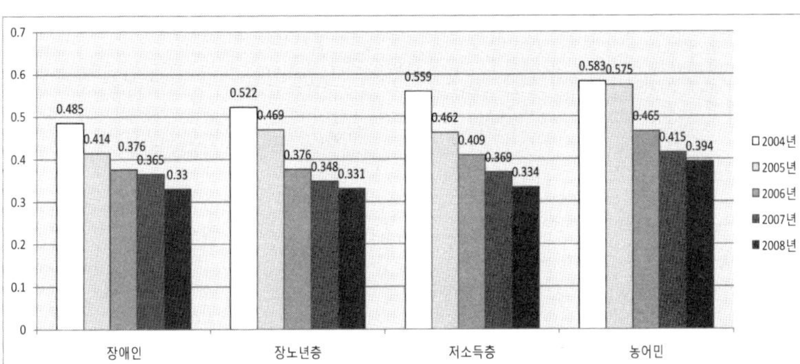

<그림 2-12> 취약계층별 정보 불평등 계수－종합지수 기준

<표 2-11> 취약계층별 정보 불평등 계수 - 종합지수 기준

구 분	장애인	장노년층	저소득층	농어민
2004년	0.485	0.522	0.559	0.583
2005년	0.414	0.469	0.462	0.575
2006년	0.376	0.376	0.409	0.465
2007년	0.365	0.348	0.369	0.415
2008년	0.330	0.331	0.334	0.394
전년 대비 감소폭	0.035↓	0.017↓	0.035↓	0.021↓

4) 취약계층의 인터넷 이용 행태 및 특성

(1) 인터넷 이용 시 애로사항

장애인, 저소득층, 장노년층, 농어민 등 4개 취약계층 모두에서 '본인의 일상생활에 도움이 되도록 인터넷을 충분히 활용하지 못하는 점'이 인터넷 이용 시 주 애로사항으로 나타났다. 저소득층에서는 '인

<표 2-12> 취약계층별 인터넷 이용 시 애로사항(%)

구 분	장애인	저소득층	장노년층	농어민
인터넷을 충분히 활용 못하는 점	30.7 ①	22.9 ①	39.1 ①	37.6 ①
신체적 제약으로 인한 불편함	11.2 ⑤	1.6	2.6	1.2
유용한 내용 및 활용 용도 부족	11.1	9.7 ⑤	14.7 ③	13.0 ④
정보화 역기능 문제	12.5 ③	18.4 ③	15.9 ②	16.6 ②
느린 접속방식 및 노후한 PC 기종	17.3 ②	22.2 ②	11.1 ⑤	15.1 ③
인터넷 이용비용의 부담	12.4 ④	18.4 ③	13.1 ④	11.9 ⑤
식구들과 공동사용하는 불편함	3.6	6.0	2.7	3.9
기 타	0.0	1.3	0.1	0.3
합 계	100.0	100.0	100.0	100.0

※ 인터넷 이용자 기준이며, 애로사항 중에서 가장 큰 애로사항 하나만을 선택하도록 한 응답률임.
※ 음영표시는 상위 5순위 내 항목이며 음영 내 번호는 순위를 의미함.

터넷을 충분히 활용하지 못하는 점'과 더불어 '노후한 PC 기종으로 인한 이용 어려움'을 지적한 비율이 높게 나타났다. 집단의 특성상 '신체적 제약으로 인한 이용의 불편함'은 장애인 계층에서 가장 높게 나타났으며, 취약계층 모두에서 '정보화 역기능 문제'가 비교적 높게 나타나 일반국민 못지않게 정보화 역기능 문제를 심각하게 체감하고 있는 것으로 분석되었다.

(2) 인터넷 비이용 이유

취약계층의 인터넷 비이용 이유 분석 결과를 살펴보면, 모든 취약계층에서 '사용방법의 어려움 및 모름'이 인터넷을 사용하지 않는 주된 이유로 나타났다. 모든 취약계층의 인터넷 비이용 이유로 '사용방

<표 2-13> 취약계층별 인터넷 비이용 이유(%)

구 분	장애인	저소득층	장노년층	농어민
사용방법 모름 및 어려움	43.4 ①	39.9 ①	49.9 ①	47.2 ①
신체적 제약으로 인한 불편함	22.3 ②	13.1 ③	8.9 ③	8.3 ③
이용 필요성 부재	16.4 ③	23.7 ②	24.6 ②	28.9 ②
이용 비용의 부담	2.3	5.6 ⑤	2.3	3.1
본인에게 어떤 도움이 되는지 모름	7.5 ④	8.4 ④	6.1 ④	4.9 ④
집에서 인터넷을 이용할 수 없음	3.7 ⑤	6.1	2.6 ⑤	3.6 ⑤
주위 사람들이 인터넷 비이용자임	1.4	0.5	1.7	0.9
유용한 내용이 없을 것 같음	0.8	0.7	1.3	0.7
필요 시 이용을 도와줄 사람 없음	1.5	0.9	1.0	1.1
식구들과 사용하는 것이 불편해서	0.3	0.4	0.6	0.6
정보화 역기능 문제가 걱정되어서	0.2	0.3	0.5	0.4
기 타	0.2	0.5	0.5	0.4
합 계	100.0	100.0	100.0	100.0

※ 인터넷 이용자 기준이며, 애로사항 중에서 가장 큰 애로사항 하나만을 선택하도록 한 응답률임.
※ 음영표시는 상위 5순위 내 항목이며 음영 내 번호는 순위를 의미함.

<표 2-14> 이용 필요성 부재 이유(%)

구 분	인터넷 활용용도 및 이용편익을 몰라서 이용 필요성을 못 느끼는 비율	인터넷 활용용도 및 이용편익을 알고 있으나 이용 필요성을 못 느끼는 비율
장애인	82.4	17.6
저소득층	82.9	17.1
장노년층	78.9	21.1
농어민	83.3	16.7
평 균	81.9	18.1

※ 인터넷 비이용의 주된 이유가 '이용 필요성 부재'인 집단을 대상으로 함.

법의 어려움 및 모름'이 35% 이상으로 높게 나타났으며, 특히 장노년층에서 49.9%로 가장 높게 나타났다. 장애인 집단의 경우, 집단의 특성상 '신체적 제약으로 인한 이용 어려움'이 22.3%로 2순위로 나타났다.

인터넷 비이용의 주된 이유로 높게 나타난 또 다른 항목은 '이용 필요성 부재'로 장애인 17.3%(3순위), 저소득층 17.8%(2순위), 장노년층 22.5%(2순위), 농어민 18.7%(2순위)로 나타났다. 이러한 현상의 원인을 파악하기 위해 '인터넷 활용용도 및 이용편익' 인지 여부를 고려하여 인터넷 이용 필요성을 못 느끼는 것이 어떤 경우에 해당되는지 분석한 결과, 인터넷으로 무엇을 할 수 있으며 인터넷을 이용해 일상생활에서 어떤 편익을 얻을 수 있는지 모르기 때문인 것으로 드러났다.

(3) 비이용자 기준 인터넷 선호 용도

취약계층 내 인터넷 비이용자가 선호하는 인터넷 용도를 분석한 결과, 모든 취약계층에서 공통적으로 '원거리 의사소통 및 자료 송수

<표 2-15> 인터넷 비이용 취약계층별 인터넷 선호 용도(%)

구 분	장애인	저소득층	장노년층	농어민
원거리 의사소통 및 자료 송수신	32.1 ①	29.7 ①	28.7 ①	28.2 ①
정보 및 자료의 검색/습득	16.4 ②	19.0 ②	21.4 ②	23.4 ②
문화 및 취미/여가 생활	15.1 ③	15.5 ③	15.1 ③	14.3 ③
복지 및 의료 서비스 이용	9.5 ④	10.7 ④	11.1 ④	9.5 ④
뉴스 보기 및 새로운 소식 알기	6.0	8.0 ⑤	7.3 ⑤	7.7 ⑤
대인관계 형성 및 유지	8.4 ⑤	7.5	6.5	5.8
은행 및 행정업무 처리	2.2	1.4	2.0	2.4
예약/예매 및 제품 구매	2.3	1.5	2.4	4.0
교육 및 학습	2.8	2.2	2.1	1.6
경제 활동	1.9	3.0	1.5	1.1
사회/정치/지역 참여활동	1.6	0.7	1.2	1.2
개인 홈페이지 보유 및 창작 활동	0.6	0.3	0.4	0.6
기 타	0.1	0.1	0.1	0.0
합 계	100.0	100.0	100.0	100.0

※ 인터넷 비이용자 기준이며, 비율은 용도 중에서 가장 선호하는 용도 하나만을 선택하도록 한 응답률임.

※ 음영표시는 상위 5순위 내 항목이며 음영 내 번호는 순위를 의미함.

<표 2-16> 인터넷 비이용 장애인의 장애유형별 인터넷 선호 용도(%)

구 분	지 체	뇌병변	시 간	청각/언어
원거리 의사소통 및 자료 송수신	31.9	28.6	32.5	37.4
정보 및 자료의 검색/습득	16.9	14.9	18.3	13.3
문화 및 취미/여가 생활	15.5	14.1	15.0	14.4
복지 및 의료 서비스 이용	8.4	13.3	9.6	10.8
대인관계 형성 및 유지	8.3	10.6	7.5	7.2

※ 인터넷 비이용 장애인 기준이며, 비율은 용도 중에서 가장 선호하는 용도 하나만을 선택하도록 한 응답률임.

※ 번호는 순위를 의미하며, 상위 5순위까지의 용도만 제시.

신'과 '정보검색/습득'을 가장 선호하는 것으로 나타났다. 그다음으로는 '문화 및 취미/여가 생활', '복지 및 의료 서비스 이용', '뉴스 보기 및 새로운 소식 알기', '대인관계 형성 및 유지' 등의 용도를 선호하는 것으로 나타났다.

인터넷 비이용 장애인의 장애유형별 선호 인터넷 용도의 경우, 타 장애유형에 비해 청각/언어 장애집단에서 '원거리 의사소통 및 자료 송수신' 용도의 선호도가 상대적으로 높게 나타났다.

(4) 인터넷 용도별 이용 현황

취약계층의 인터넷 용도별 이용률을 측정한 결과, '정보검색', '전자우편', '자료 송수신', '게임', '음악청취 및 영화(동영상) 보기', '신문/잡지 보기'의 이용률이 모든 취약계층에서 공통적으로 높게 나타났으며, 이러한 용도는 인터넷의 기본 용도로서 특별한 활용 능력이 요구되지 않는다는 특성을 지니고 있다. 반면, 일정 수준의 활용 능력이 요구되는 'UCC 활동', '행정업무처리', '은행업무처리', '구직활동', '개인 홈페이지 운영', '게시판/댓글 작성', '예약/예매', '교육 및 학습' 등의 이용률은 기본 용도 이용률에 비해 낮은 수준을 보였다. 특히, '교육 및 학습' 용도의 이용률은 타 취약계층에 비해 19세 이하(학생층) 구성 비율이 높은 저소득층에서 상대적으로 높게 나타나는 특성을 보이고 있다.

일반국민과 취약계층 간 인터넷 세부 용도별 이용률 수준을 비교하면, 장애인과 저소득층이 장노년층과 농어민보다 상대적으로 높게 나타났다. 특히, '구직활동'의 일반국민 대비 이용률 수준은 타 취약계층에 비해 장애인 계층에서 높으며, '교육 및 학습'은 저소득층에서 높은 특성을 보이고 있다.

또 시계열 비교가 가능한 7개 인터넷 용도를 기준으로 4년간

<표 2-17> 취약계층별 · 인터넷 용도별 이용률 – 인터넷 이용자+비이용자 기준(%)

구 분	장애인	저소득층	장노년층	농어민	일반국민
인터넷 이용률	51.8(67.2)	54.6(70.8)	35.6(46.2)	35.2(45.7)	77.1
전자우편	40.1(59.7)	42.8(63.7)	22.3(33.2)	23(34.2)	67.2
정보검색	51(66.2)	53.8(69.9)	35.3(45.8)	34.8(45.2)	77.0
메신저	32.1(52.8)	40.1(66)	16(26.3)	16.7(27.5)	60.8
게시판–댓글	28.5(52)	32.3(58.9)	14(25.5)	15.8(28.8)	54.8
개 인	19.3(43.6)	25.4(57.3)	7.6(17.2)	9.8(22.1)	44.3
UCC 활동	12.7(42.1)	15.4(51)	4.6(15.2)	7.1(23.5)	30.2
음악청취	42.5(60.3)	47.6(67.5)	23.7(33.6)	26.5(37.6)	70.5
게 임	41.6(61)	50.2(73.6)	27.8(40.8)	29.3(43)	68.2
TV시청	32.2(53.4)	38(63)	19.4(32.2)	22.1(36.7)	60.3
신 문	33.4(54.9)	34.7(57.1)	24.9(41)	26.6(43.8)	60.8
구직활동	41(63.1)	8.1(36.5)	5.3(23.9)	6.5(29.3)	22.2
자 료	39(56.6)	42.5(61.7)	22.5(32.7)	23.8(34.5)	68.9
예약/예매	24.4(39.5)	25(40.5)	19(30.8)	19.1(31)	61.7
행정업무처리(전자정부)	17.8(42.4)	11.3(26.9)	14.4(34.3)	15.7(37.4)	42.0
은행업무처리(인터넷뱅킹)	19.5(40.6)	13.8(28.8)	16.8(35)	18.1(37.7)	48.0
교육 및 학습	27.7(55.4)	40.4(80.8)	14.9(29.8)	16.3(32.6)	50.0
사회참여 및 커뮤니티활동	30.7(60)	25.6(50)	19.2(37.5)	18.9(36.9)	51.2

※ 인터넷 용도별 이용률은 전체 집단(인터넷 이용자 + 비이용자) 기준, 해당 용도로 인터넷을 사용한 경험이 있는 비율임.

※ 괄호 안 수치는 일반국민의 인터넷 용도별 이용률을 100으로 가정할 때, 취약계층의 일반국민 대비수준을 의미함.

<표 2-18> 장노년층 및 장애인 인터넷 용도별 이용률(%)

구 분	장노년층			장애인		
	2005년	2008년	증가폭	2005년	2008년	증가폭
정보검색	19.2	35.3	16.1	34.2	51.0	16.38
사회참여	10.3	19.2	8.9	1734	30.7	13.3
예약/예매	9.9	19.0	9.1	10.7	24.4	13.7
대인관계형성	10.9	17.3	6.4	22.1	29.0	6.9
은행업무처리	9.1	16.8	7.7	12.2	19.5	7.3
교육/학습	4.6	14.9	10.3	14.1	2.7	13.6
행정업무처리	7.0	14.4	7.4	7.4	17.8	10.4

(2005－2008)의 장노년층과 장애인의 용도별 이용률 변화 추이를 살펴보면, 장노년층과 장애인의 인터넷 세부 용도별 이용률 수준이 향상된 것으로 나타났다. 이는 초고속망 구축, 취약계층 가구 PC 및 정보통신 보조기기 보급, 정보화 교육 등 정보격차 해소정책의 지속적 추진에 따른 결과로 분석된다.

5) 인터넷 이용에 따른 일상생활 변화 정도

(1) 일상생활 변화 정도 측정방법

인터넷 이용자를 기준으로, 인터넷 이용 이전 대비 이용 이후의 일상 활동별 변화정도 및 일상 활동별 소요시간 차이를 계량적으로 측정하기 위한 6개 활동 분야가 사용되었다. 이들은 '사회이슈에 대한 의견개진 정도', '정보/자료 습득 정도', '새로운 사람과의 관계형성 기회 정도', '교육/학습 기회 정도', '뉴스 및 새로운 소식 습득 정

<표 2-19> 일상생활 변화 정도 측정 대상

부 문	내 용
사회적 의견개진	• 사회의 중요한 이슈에 대해 본인의 생각·의견을 공개적으로 표현하는 정도
정보/자료 습득	• 일상생활·업무·학업 등에 필요한 각종 정보나 자료를 검색·습득하는 정도
대인관계 형성 기회	• 새로운 사람들을 공적·사적으로 만나게 되거나 알게 되는 기회의 정도
교육/학습 기회	• 다양한 분야의 원하는 교육 및 학습을 찾아서 받을 수 있는 기회의 정도
뉴스 습득	• 여러 분야의 뉴스 및 새로운 소식을 알게 되는 정도
여가/취미 활동 기회	• 원하는 여가/취미 활동이 있을 때, 이를 찾아서 할 수 있는 기회의 정도

도', '여가/취미활동 기회 정도' 등 일상생활에서 보편적으로 하는 활동으로 이루어져 있다.

소요 시간 차이 분석의 경우, 인터넷 이용 시와 비이용 시의 '정보검색 시간', '뉴스 습득 시간', '자료 전달 시간', '예약/예매 시간', '행정업무 처리 시간', '은행업무 처리 시간', '제품구매 시간'을 측정하였다.

(2) 일상생활 변화 정도 분석결과

분석 결과를 살펴보면, 인터넷 이용 취약계층의 인터넷 이용 이전 대비 이용 이후의 일상 활동별 변화 정도를 측정한 결과, 인터넷 이용으로 6개 부문의 활동 정도가 인터넷 이용 이전보다 모두 증가한 것으로 나타나, 인터넷이 취약계층의 일상 활동 활성화에 긍정적인 영향을 미치고 있는 것으로 나타났다.

특히, 4개 취약계층의 평균을 기준 대비한 결과, 인터넷 이용으로

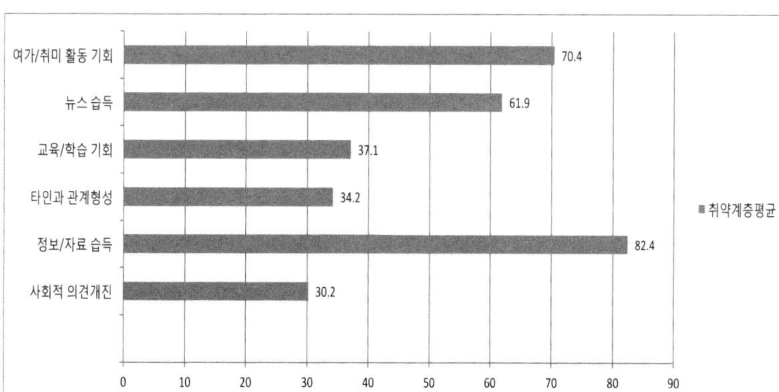

<그림 2-13> 인터넷 이용 이전 대비 이후의 활동부문별 증가 수준(%)

<표 2-20> 취약계층별 인터넷 이용 이전 대비 이후의 활동 증가 수준(%)

구 분	취약계층				취약계층 평균
	장애인	저소득층	장노년층	농어민	
사회적 의견개진	37.3	32.9	25.8	26.7	30.2
정보/자료 습득	85.0	95.1	67.9	81.7	82.4
타인과 관계형성	38.2	42.3	29.1	28.0	34.2
교육/학습 기회	42.9	50.1	26.1	29.3	37.1
뉴스 습득	68.8	63.7	56.6	58.6	61.9
여가/취미 활동 기회	72.1	83.5	60.3	65.8	70.4

'정보/자료의 습득' 정도가 인터넷 이용 이전에 비해 82.4% 증가한 것으로 나타나, 타 부문에 비해 가장 크게 늘어난 것으로 드러났다. 다음으로, '여가/취미 활동 기회(70.4%)', '뉴스나 새로운 소식의 습득(61.9%)', '교육/학습 활동 기회(37.1%)', '새로운 사람들과의 대인관계 형성(34.2%)', '사회 이슈에 대한 의견개진(30.2%)' 등의 순으로 인터넷 이용 이전 대비 이후의 활동 증가 수준이 크게 나타났다.

또 4개 취약계층별 인터넷 이용으로 인한 인터넷 이용 이전 대비 이후의 일상 활동 부문별 증가 수준을 분석한 결과, 모든 부문에서 장애인과 저소득층의 증가 수준이 장노년층과 농어민에 비해 상대적으로 높게 나타난 것으로 드러났다. 모든 취약계층에서 '정보/자료 습득' 부문의 증가 수준이 가장 높으며, '여가/취미 활동 기회', '뉴스습득', '교육/학습 기회', '새로운 사람과의 관계형성', '사회이슈에 대한 의견개진' 등의 순으로 증가 수준이 높게 나타났다.

(3) 일상 활동별 소요시간 차이 분석결과

인터넷 이용 취약계층의 인터넷 이용 여부에 따른 일상 활동별 소요 시간 차이를 분석한 결과, 인터넷을 이용하지 않을 때보다 이용할 때 일상 활동별 소요 시간이 평균 3－4배 단축되는 것으로 나타나, 인터넷이 취약계층의 일상생활 편리성 제고에 긍정적인 영향을 미치고 있는 것으로 나타났다.

인터넷을 이용하지 않을 때보다 이용할 때 '정보 검색 시간'은 3.7배, '뉴스 습득 시간'은 3.5배, '자료 전달 시간'은 4.3배, '예약/예매 시간'은 4.6배, '행정 업무 처리 시간'은 3.9배, '은행 업무 처리 시간'은 4.1배, '제품 구매 시간'은 4배 정도 소요 시간이 단축된 것으로 드러났으며, 인터넷 이용 시 활동별 소요 시간은 평균 10분 내외인 반면, 인터넷 비이용 시에는 30－40분 소요되는 것으로 드러났다.

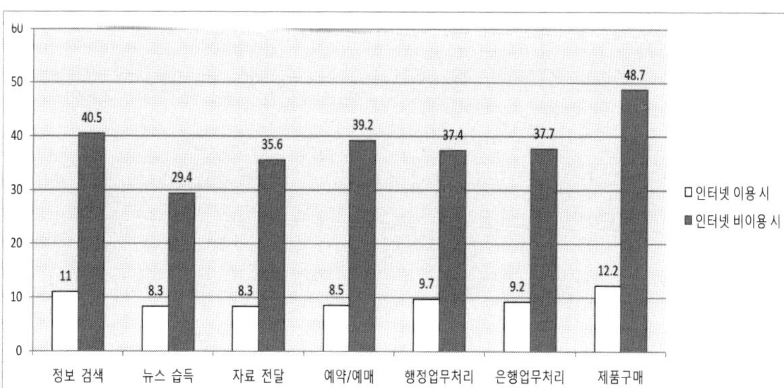

<그림 2-14> 인터넷 이용 및 비이용 시 활동별 소요시간(분)

6) 정보격차 현황 분석 결과에 대한 종합 논의

현재까지의 이러한 국내 정보격차 현황 분석 결과들은 향후 정보격차의 실질적 해소를 위한 정책 및 교육적 개입 등의 방향 설정에 유용하게 활용될 수 있을 것이다. 따라서 여기서는 국내 정보격차 현황 분석결과들을 종합하여 향후 연구에 대한 시사점을 논의해보도록 할 것이다.

먼저, 전체 정보격차지수의 경우, 지속적으로 그 격차가 완화되고 있는 추세이나, 취약계층의 정보이용 능력과 활용 수준은 아직 낮은 수준에 머무르고 있는 실정이다. 취약계층의 정보 접근 부문 정보화 수준은 일반국민의 89.7%인 반면, 역량 및 활용 부문은 일반국민의 45.7%, 53.1%로 나타나, 컴퓨터, 인터넷 접근 가능 정도 및 보유 여부와 연관된 정보 접근 격차보다 정보활용 능력, 활용량, 활용 유형(사용의 질)과 관련된 정보활용 격차가 더 큰 것으로 분석되었다. 일반국민 대비 취약계층의 정보역량 및 활용 수준은 정보 접근 수준에 비해서 각각 2배(접근 수준 대비 44%P↓), 1.7배(접근 수준 대비 36.6%P↓) 낮은 수준으로 드러났다.

정보기술의 확산단계에 따라 변화하는 동적 개념인 정보격차 현상은 〈그림 2-15〉와 같이 정보기술의 확산단계(도입기－도약기－포화기)가 진행됨에 따라 정보 접근 부문에 비해 활용 부문에서 크게 나타나는 특성을 가지고 있다(Molnar, 2003). 따라서 세계 상위의 정보통신 인프라 수준을 갖춘 국내에서 정보접근 격차보다 정보 역량 및 활용 격차가 크게 나타나는 것은 정보격차의 특성을 반영하는 일반적인 현상으로 볼 수 있다.

접근, 역량, 활용 부문별 일반국민 대비 취약계층의 정보화 수준

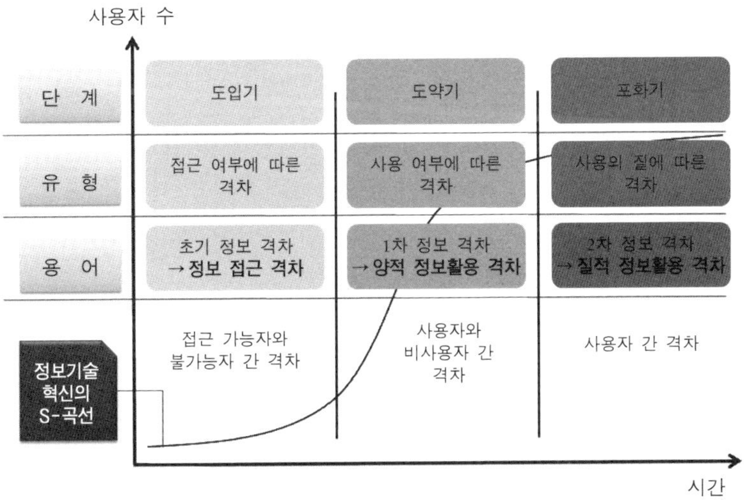

<그림 2-15> 정보격차 유형

상승폭을 비교했을 때, 2004년 대비 2009년 정보접근 수준의 상승폭은 27.3%P인 반면, 정보역량 및 활용 수준의 상승폭은 각각 21.4%P, 21.5%P로 나타나, 접근 부문에 비해 역량 및 활용 부문의 취약계층 정보화 수준 개선 정도가 상대적으로 낮은 것으로 드러났다. 이처럼 취약계층의 정보역량 및 활용 수준이 정보 접근 수준에 비해 아직 낮은 수준에 머물러 있으며, 개선폭 또한 상대적으로 작게 나타나는 것은 접근 부문에 비해 역량 및 활용 부문의 정보화 수준을 제고하는 것이 더 많은 정책 투입과 시간이 요구되는 어려운 작업이기 때문이다.

접근 부문의 정보화 수준 제고는 취약계층의 컴퓨터 및 인터넷 이용여부와 상관없이 정보기기 접근 환경 조성에 한정된 반면, 역량 및 활용 부문의 정보화 수준 제고는 조성된 정보통신 인프라에 기반하여

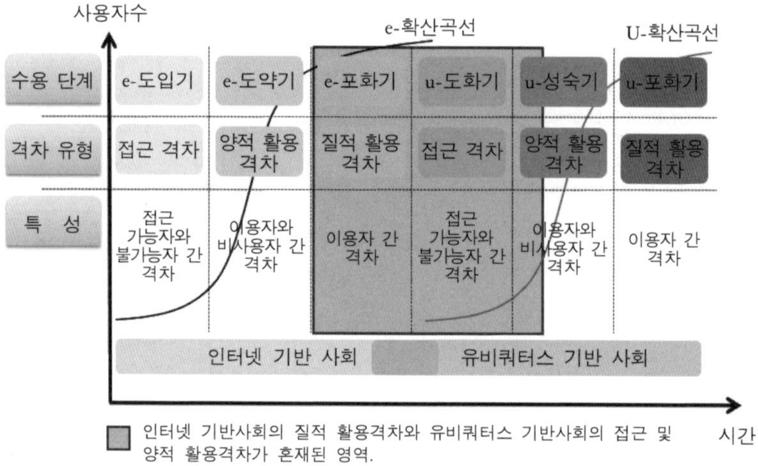

<그림 2-16> 유비쿼터스 사회의 정보격차

컴퓨터 및 인터넷 비이용자를 이용자로 전환해 이들의 활용능력, 활용량, 활용의 질을 끌어올려야 할 것이다.

또 향후 유비쿼터스 사회의 본격적인 도래에 따라 인터넷 기반의 정보격차와 더불어 u-기술 기반의 새로운 정보격차가 중첩되어 발생될 것으로 예상된다. 따라서 이에 대한 사전 대응책 마련도 필요할 것이다. 인터넷 기반 사회에서의 e-기술 확산 곡선상 포화기에 나타나는 질적 활용 격차와 유비쿼터스 기반 사회에서의 u-기술 확산 곡선상 도입기, 성숙기에 나타나는 접근 및 양적 활용 격차가 중첩되어 발생할 것으로 예상된다.

취약계층을 대상으로 한 요구 분석결과 중 교육적 개입이 필요한 요구들이 비교적 높게 나타난 것을 확인할 수 있다. 구체적으로 살펴보면, '취업 및 자격증 취득 등을 위한 전문 정보화 교육'에 대한 요구가 타 취약계층에 비해 저소득층에서 상대적으로 높게 나타났다.

이는 저소득층의 경제 활동 활성화 지원을 위한 특화된 정보화 교육 과정의 개발 및 운영 강화가 요구됨을 의미한다. 또 '정보화 도우미'에 대한 요구의 경우, 모든 취약계층에서 비교적 높게 나타났으며, '생활밀착형 정보화 교육'에 대한 요구 역시 비교적 높게 나타났다.

교육 분야에서 주목할 만한 또 다른 결과는 취약계층의 인터넷 비이용의 주 이유가 장애인, 저소득층, 장노년층, 농어민의 4개 취약계층 모두에서 '사용방법의 어려움 및 모름'으로 나타난 것이다. 이는 질적 정보격차의 해소를 위한 근본적인 방안은 취약계층을 위한 교육적 접근이 반드시 필요하다는 것을 의미한다.

제 3 장

정보격차 해소를 위한 교육적 접근

1. 국내 추진 사례
2. 해외 추진 사례

제 3 장 정보격차 해소를 위한 교육적 접근

근본적인 정보격차를 해소하기 위해 가장 중요한 역할을 수행해야 할 기관은 학교라고 할 수 있다. 학교 교육은 교육 대상들에게 동등한 교육 기회를 제공할 수 있기 때문이다. 따라서 학교 교육을 통한 정보격차 해소 노력은 처방적 관점이 아닌 예방적 관점에서의 정보격차 해소를 추진할 수 있으며, 이에 파급 효과는 장기적이고 지속적일 수 있다. 이 장에서는 청소년들을 대상으로 정보격차를 해소하기 위한 국내외의 교육적 접근 사례들을 비교·분석하였다.

1. 국내 추진 사례

1) 소외계층 PC 및 인터넷 통신비 지원[1)]

(1) 추진배경

2001년 1월 정부는 정보격차 해소를 위한 법적 장치를 마련하기 위해 정보격차 해소에 관한 법률(법률 제6356호)을 제정하였다. 이는 '저소득층, 농어촌 지역 주민, 장애인, 노령자, 여성 등 경제적·지역적·신체적·사회적 여건으로 인하여 생활에 필요한 정보통신 서비스에 접근하거나 이용하기 어려운 자에 대하여 정보통신망에 대한 자유로운 접근과 정보이용을 보장함으로써 삶의 질을 향상하고 균형 있는 국민경제 발전에 이바지함'을 목적으로 하고 있다. 교육 분야 또한 정보격차로 인한 불균형 현상이 심각하게 나타나고 있으며, 경제적 계층에 따른 학생들 사이의 정보격차는 교육 기회의 불균형을 가져온다. 이는 장기적인 소득격차로 이어지고 계층의 고착화로 연결되는 악순환을 불러올 수 있다는 점에서 심각한 문제라고 할 수 있다. 또한 학부모들의 경제적 계층에 따른 학생들의 정보격차 해소는 지식정보 사회에서 자아실현 기회를 균등하게 제공하기 위해 필수적 요건이며, 사회통합 및 사회발전의 가장 중요한 전제 조건이라고 할 수 있다.

이처럼 소득에 의한 소외계층의 정보격차 현상이 지식 정보 사회에서 교육격차를 가져오는 핵심 문제로 대두됨에 따라 이를 해소하기

1) 『2009 정보격차백서』(한국정보화진흥원, 2009).

위한 정책으로 정부에서는 2000년부터 저소득층 자녀들에게 PC 보급 및 인터넷 통신비 지원 사업을 추진하고 있다.

또한 교육과학기술부는 저소득층 자녀의 정보화 지원에 대한 국가적 수준의 중장기적 정책 방향을 설정하기 위해 2004년 12월부터 2005년 4월까지 '저소득층 자녀 정보화 지원 실태조사 및 국가적 지원 방안'에 대한 정책 연구를 추진하였다. 연구결과, 저소득층 자녀 총지원 대상은 35만 명으로 2006년까지 총대상 인원의 41.9%가 혜택을 받았다. 저소득층 자녀 유형별 지원 대상 인원은 〈표 3-2〉와 같다.

〈표 3-1〉 저소득층 자녀 정보화 실적

세부사업		2000년	2001년	2002년	2003년	2004년	2005년	2006년	2007년	계
정보화 교육	인원	500,000	-	-	-	-	-	-	-	500,000
	금액	27,379	-	-	-	-	-	-	-	27,379
PC 보급	인원	50,000				20,000	26,000	27,295	16,345	139,640
	금액	6,489	17,536	17,702	13,272	24,000	25,870	24,680	14,728	144,277
인터넷 통신비	인원	50,000	47,000	46,000	49,000	69,000	87,000	123,703	144,633	123,703
	금액	2,489	9,267	8,772	12,870	17,374	18,286	25,176	28,149	122,383
지원금액 계		36,357	26,803	26,474	26,142	41,374	44,156	49,856	42,877	249,883

출처: 교육과학기술부(2008).

〈표 3-2〉 저소득층 자녀 유형별 지원 현황

구 분	대상자 수	대상가구 수 (동일가구 학생중복 제외 시)	가구 수 비율
기초생활수급권자	234,940	173,891	50%
차상위계층	37,114	26,124	8%
기타 저소득층	191,919	145,186	42%
계	463,973	345,201	100%

출처: 교육과학기술부(2008).

(2) 추진실적

저소득층 자녀의 교육정보화 지원은 교육과학기술부가 저소득층 교육정보화를 위한 기본 계획을 수립해 및 시·도교육청 및 초·중등학교 단위의 업무 시행을 통해 추진하고 있다. 해당 과정에서 민간 기업의 인터넷 통신비 할인, IT 교육 지원, 필수 소프트웨어 무료 및 저가 지원 등의 협조와 행정안전부, 한국정보화진흥원의 지원을 통해 추진된다.

① 저소득층 자녀 PC 지원

저소득층 자녀 PC 지원은, 2000년에 정보화 교육을 받은 50만 명 가운데 교육 성적이 우수한 학생 중 소년·소녀 가장, 복지시설 수용 학생, 생활보호 대상자, 모·부자 가정, 장애자 가정, 기타 저소득층 자녀 5만 명을 선발하여 PC를 보급하였다. 2000년에는 PC 1대당 117만 원을 적용하여 4년 분할 리스방식으로 보급하여 2002년까지 정보화촉진기금으로 전액 국가에서 지원하였으며, 2003년 리스료 최종분은 시·도교육청에서 50%를 대응 투자하여 지원하였다. 2004년에는 정보화촉진기금과 특별교부금에서 각각 1만 명씩 총 2만 명을 지원하였으며, 수혜대상을 확대하기 위해 시·도교육청에서 정보화촉진기금은 50%를, 특별교부금은 30%를 대응 투자하도록 하였다.

또한 2004년 12월 정보화촉진법 개정(정보화촉진기금의 용도 및 명칭변경, 법 제33조 및 제34조 제2항)으로 '공공·지역·산업·생활·장애인을 포함한 사회적 약자의 복지 등 각 분야의 정보화촉진사업'에 대한 기금 지원이 중단됨에 따라 교육인적자원부는 이로 인한 지방교육재정의 부담을 완화하기 위해 2005년에 특별교부금에서

30%를 지원하여 대응 투자하도록 하였다. 2002년부터 2007년까지 지원내역을 보면 총 1,442억 원이 투자되었으며 2000년도에 약 65억 원, 2001년도에 175억 원, 2002년도에 177억 원, 2003년도에 133억 원, 2004년도에 240억 원, 2005년도에 259억 원, 2006년도에 246억 원, 2007년도에 147억 원으로 연평균 180억 원을 지원하였다.

2007년도 시·도교육청별 저소득층 자녀 PC 수혜 학생과 PC 지원 실적을 보면 〈표 3-3〉, 〈표 3-4〉와 같다.

〈표 3-3〉 시·도교육청별 저소득층 자녀 PC 지원내역

구 분	물 량			예 산		
	배 정	실 적	실적률	계 획	실 적	실적률
서 울	1,070	2,036	190%	1,070	1,771	165.5%
부 산	920	840	91%	920	601	65.3%
대 구	750	1,000	133%	750	950	126.7%
인 천	490	752	153%	490	825	168.4%
광 주	470	468	100%	470	396	84.3%
대 전	280	280	100%	280	280	100%
울 산	160	365	228%	160	287	179.4%
경 기	1,280	4,253	332%	1,280	4,253	332.3%
강 원	410	700	171%	410	254	62.0%
충 북	390	390	100%	390	438	112.3%
충 남	520	1,444	278%	520	1,242	238.8%
전 북	720	842	117%	720	860	119.4%
전 남	820	784	96%	820	543	66.2%
경 북	810	900	111%	810	900	111.1%
경 남	720	1,020	142%	720	928	128.9%
제 주	190	271	143%	190	200	105.3%
계	10,000	16,345	163%	10,000	14,728	147.3%

출처: 교육과학기술부(2008).

<표 3-4> 학교급/저소득층 유형별 PC 지원내역

구 분	국민기초생활수급자					차상위 계층	기타 저소득층	지원실적 계
	소년·소녀 가장	보장시설 수급자	모·부자 가정	장애인 가정	단순 수급권자			
초	419	192	1,578	407	5,236	25	575	8,432
중	381	145	976	327	3,197	14	342	5,382
고(1, 2)	88	46	441	96	1,307	-	34	2,012
고(3)	7	1	43	5	231	-	-	287
기타	4	57	29	64	76	-	2	232
계	899	441	3,067	899	10,047	39	953	16,345

출처: 교육과학기술부(2008).

② 저소득층 자녀 인터넷 통신비 지원

인터넷 통신비 지원의 경우, 초기에는 PC를 보급한 학생들을 대상으로 지원을 추진하였다. 이후에는 수혜 포기와 학적변동에 따른 지원 대상 감소인원분의 수혜를 확대하기 위해 2002년 7월부터 인터넷 통신비 수혜대상을 시·도별 배정인원 범위 내에서 기존에 지원받은 소년·소녀 가장 학생과 기타 저소득층 자녀 중 PC를 보유하고 있는 학생들에게도 확대 지원하도록 추진하였다. 더 많은 저소득층 자녀들에게 정보화 혜택을 주기 위해 교육과학기술부는 2000년에 한국통신(현 KT)과 협약을 체결하여 인터넷 사용료를 지원하였다. 이후 통신망이 점차 초고속 인터넷으로 전환됨에 따라 초고속 인터넷 지원의 필요성이 대두되었다. 이에 따라 저소득층 자녀의 가계 부담을 경감하고 통신 속도가 빠른 초고속 인터넷 서비스를 제공하기 위하여 초고속 인터넷 통신비를 일반 사용자보다 30% 인하된 가격으로 체결하여 2003년부터 전면 적용하였다.

2000년부터 2007년까지 지원내역을 보면, 총 1,224억 원이 투자되었는데 2000년도에 약 25억 원, 2001년도에 92억 원, 2002년도

<표 3-5> 시 · 도교육청별 저소득층 자녀 인터넷 통신비 지원내역

구 분	물 량			예 산		
	배 정	실 적	실적률	계 획	실 적	실적률
서 울	17,172	19,092	111%	3,588	3,289	91.7%
부 산	12,307	12,519	102%	2,803	2,716	96.9%
대 구	8,556	7,757	91%	1,416	1,416	100%
인 천	6,449	6,374	99%	950	929	97.8%
광 주	6,391	3,857	60%	591	590	100%
대 전	5,908	5,908	100%	1,170	1,169	100%
울 산	2,140	2,157	101%	318	317	100%
경 기	19,300	21,472	111%	4,141	3,918	94.6%
강 원	6,138	6,802	111%	1,818	1,799	98.9%
충 북	5,406	6,021	111%	1,461	1,388	95.0%
충 남	6,506	6,762	104%	1,168	1,167	100%
전 북	8,888	10,195	115%	2,567	2,524	98.3%
전 남	11,368	10,314	91%	2,407	2,390	99.3%
경 북	11,321	12,208	108%	2,031	2,025	99.8%
경 남	9,783	10,307	105%	1,998	1,998	100%
제 주	2,367	2,888	122%	530	514	97.0%
계	140,000	144,633	103%	28,957	28,149	97.2%

출처: 교육과학기술부(2008).

<표 3-6> 학교급/저소득층 유형별 인터넷 통신비 지원내역

구 분	국민기초생활수급자					차상위 계층	기타 저소득층	지원실적 계
	소년·소녀 가장	보장시설 수급자	모·부자 가정	장애인 가정	단순 수급권자			
초	3,442	991	7,688	4,544	25,668	54	1,881	44,268
중	3,907	1,183	6,985	4,286	25,854	35	2,133	44,383
고(1, 2)	3,016	767	5,500	3,237	21,414	18	2,998	36,950
고(3)	1,799	349	2,331	1,549	8,897	160	1,348	16,433
기타	108	930	405	534	545	-	77	2,599
계	12,272	4,220	22,909	14,150	82,378	267	8,437	144,633

출처: 교육과학기술부(2008).

에 88억 원, 2003년도에 129억 원, 2004년도에 174억 원, 2005년도에 183억 원, 2006년도에 252억 원, 2007년도에 281억 원으로 연평균 153억을 지원하였다. 2007년도 시·도교육청별 저소득층 자녀 인터넷 통신비 수혜 학생과 인터넷 통신비 지원실적을 보면 〈표 3-5〉, 〈표 3-6〉과 같다.

2) 소외계층 정보이용 능력 향상을 위한 교육 지원

(1) 방과후학교

① 방과후학교 개요

방과후학교는 '수요자 중심으로 운영하는 정규 교육과정 이외의 학교 교육 활동'(교육인적자원부, 2007)으로, 정규 수업 이외의 시간에 학교에서 방과 후에 교과 및 특기·적성, 보육 등의 다양한 프로그램을 개설하여 운영하면, 수요자가 원하는 프로그램을 선택하여 수강하는 시스템을 의미한다. 방과후학교는 기존에 학교에서 수행되어 오던 수준별 보충학습, 특기·적성 교육, 초등학교 저학년 방과후교실 등을 총칭하는 개념이다(김홍원 외, 2008).

② 방과후학교 목표

방과후학교는 사회가 발달함에 따라 다양해진 수요자의 요구와 필요를 충분히 충족시켜주기 어렵게 된 정규 학교 교육을 보완하고(학교 교육 기능 보완), 사회적으로 소외된 학생들에게 방과 후에 필요한 교육과 보호 활동을 제공하고(교육복지 구현), 국민들에게 많은 경제적 부담을 제공할 뿐 아니라 계층 간, 지역 간 교육격차의 주요 요

<표 3-7> 방과후학교 목표 및 추진 방안

목 표	추진 방안
학교교육기능 보완	특기·적성 교육, 수준별 보충학습 및 다양하고 창의적인 교육 프로그램 운영
사교육비 경감	질 높고 다양한 프로그램을 운영해 학교 밖 사교육 수요를 학교 안으로 흡수
교육복지 실현	농산어촌 및 도시 저소득층 자녀를 위한 방과후학교 운영 지원
학교의 지역사회화	지역 주민을 대상으로 한 프로그램 운영, 지자체·대학 등 지역의 인적·물적 자원 활용

인이 되는 사교육비를 경감하고(사교육비 경감), 학교와 지역사회가 함께 교육문제를 고민하고 해결하는 체제(학교의 지역사회화)를 구축하기 위해 수행되었다.

이러한 방과후학교가 학교 현장에서 성공적으로 정착하고 설정된 목표를 효율적으로 달성하도록 하기 위해 정부는 2006년부터 많은 재정적 지원은 물론 다양한 정책을 수립하고 집행하였다. 특히, 농산어촌 지역의 저소득층 학생들을 위한 재정적 지원을 대폭 확대하여 이들이 무상 또는 저렴한 비용으로 좀 더 다양한 양질의 교육을 받을 수 있도록 지원하고 있다.

③ 방과후학교 성과

'2008 방과후학교 성과분석 연구'결과에 따르면, 2006년부터 전국의 거의 모든 학교에서 방과후학교를 적용하였으며, 방과후학교에 참여하는 학생은 꾸준히 증가하여 2008년 6월 54.3%에 이르렀다(김홍원 외, 2008).

또 방과후학교에 참여하는 학부모와 학생의 만족도 역시 꾸준히 높아져 학생 63.3%, 학부모 64.5%로 비교적 높은 상태를 유지하고 있으며, 사교육비 경감 효과에 대해서는 학생 55.9%, 학부모 57.5%

<표 3-8> 방과후학교 운영 학교 및 참여 학생 비율

구 분	초	중	고		계
			일반계고	기타고	
운영 학교	100.0	99.9	99.7	99.7	99.9
참여 학생	46.9	45.5	84.9	59.9	54.3

<표 3-9> 방과후학교 운영에 대한 전반적 만족도(%)

구 분	매우 만족	만 족	보 통	불만족	매우 불만족
학 생	27.2	36.1	26.7	6.1	4.0
학부모	23.2	41.3	28.4	4.8	2.3

<표 3-10> 사교육비 경감에 대한 도움 정도(%)

구 분	매우 만족	만 족	보 통	불만족	매우 불만족
학 생	24.1	31.8	31.7	7.5	4.9
학부모	21.9	35.6	32.6	6.7	3.2

가 만족하는 것으로 나타났다(김홍원 외, 2008).

방과후학교의 저소득층 학생 교육 기회 향상에 대해서는 52.4%가 도움이 된다는 긍정적인 응답을 제시하였다.

④ 농산어촌 방과후학교 지원 사업

농산어촌 지역은 지역의 사회 문화적 · 경제적 배경이나 부모의 가정적 배경이 도시 지역에 비해 열악한 실정이며, 그 결과는 학생의 성취도 차이로 드러나고 있다. 농산어촌 지역은 한부모 및 조부모 가정, 다문화 가정이 많아 자녀 교육에 대한 지원이 낮으며, 문화적 지원이나 시설도 부족하여 학생들은 방과 후에 추가적인 교육 혜택으로부터 소외되어 있다. 경제적으로 취약한 학부모들의 경우 자녀의 교육 활동 대부분을 학교 교육에 의존하기 때문에 학교가 이에 대처할 수 있는 능력을 갖추는 일이 필요하다. 따라서 방과후학교는 농산어촌 지역의 소외계층 학생들에게 방과 후에 양질의 교육과 보호 활동을 제공할 수 있는 중요한 수단이 된다.

'2008 방과후학교 성과 분석 연구' 결과에 따르면, 농산어촌 방과후학교 운영 전반에 대한 만족도는 학부모 49.1%, 학생 47.5%로 나타났으며, 방과후학교가 농산어촌 지역 학생들에게 방과 후에 교육을 받을 수 있는 기회를 제공하는 데 도움이 되는가에 대해 학부모 58.7%가 도움이 된다고 응답하였다.

⑤ 개선 과제

농산어촌 방과후학교 지원 사업은 다양한 방과후학교 프로그램 및 특기적성 프로그램의 미흡이 가장 큰 문제점으로 제시되었으며, 학교급이 올라갈수록 만족도가 낮은 편이다. 학교 정규 교육과정에 대한 보충지도뿐 아니라, 다양한 프로그램을 개설・운영할 수 있다는 특성을 고려한다면, 학습자의 수준과 요구에 부합하는 다양한 정보이용 능력 향상 교육 프로그램이 개설되고 운영될 수 있으며, 이에 따라 소외계층 학생들의 정보활용 능력 수준 향상의 기회를 제공할 수 있을 것이다.

(2) 사이버가정학습[2)]

① 사이버가정학습 개요

사이버가정학습은 2004년에 시작하여 현재까지 추진되고 있는 대표적인 초·중등교육 이러닝 체제로, 학교 교육과 연계한 수준별 콘텐츠 및 학습 관리 서비스를 제공하여 우수한 보충학습 기회를 제공하고, 이를 통한 공교육 내실화, 사교육비 경감, 지역 및 계층 간 교육 격차 해소를 목적으로 하고 있다. 즉 사이버가정학습은 학습자가 가정 및 학교에서 인터넷을 활용하여 자기가 원하는 시간과 방법에 따라 스스로 학습할 수 있도록 1:1 학습관리 및 수준별 개별학습을

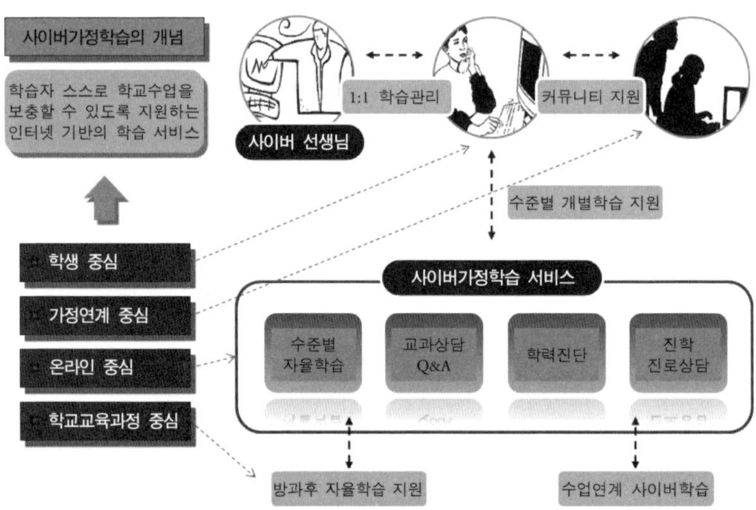

<그림 3-1> 사이버가정학습 개념도

2) 『사이버가정학습의 이해』(한국교육학술정보원, 2008), 『2009 교육정보화백서』(한국교육학술정보원, 2009).

지원하는 인터넷 기반의 학습 서비스를 의미한다.

이러한 사이버가정학습의 주요 서비스 대상은 초등학교 4학년부터 고등학교 1학년까지 보충, 기본, 심화 학습을 희망하는 학생이며, 온라인상에서 학습자 수준에 맞추어 스스로 학습할 수 있는 서비스 지원 체제이다. 주요 서비스 과목은 국어, 사회, 수학, 과학, 영어를 중심으로 한 교과들이다. 또한 인성 및 창의성, 수월성, 논술 교육 및 비교과 지원을 위한 다양한 콘텐츠들이 개발·보급되고 있다. 이러한 학습 콘텐츠 제공 서비스 이외에 사이버 선생님을 통한 상담 및 진로 서비스와 학습 커뮤니티 활동을 통한 쌍방향 학습 활동을 지원하고 있다.

② 사이버가정학습 추진 체계

사이버가정학습은 교육과학기술부가 기본 계획 수립 및 총괄 조정을 수행하고, 사이버가정학습 중앙 센터인 한국교육학술정보원이 기초 연구 및 표준 지침 제공과 콘텐츠 및 시스템 운영 지원 등을 실시하며, 16개 시·도교육청의 교육정보원이나 교육과학연구원 등에서 시스템 및 서비스를 운영하고 있다. 이러한 사이버가정학습 추진 체계는 〈그림 3-2〉와 같다.

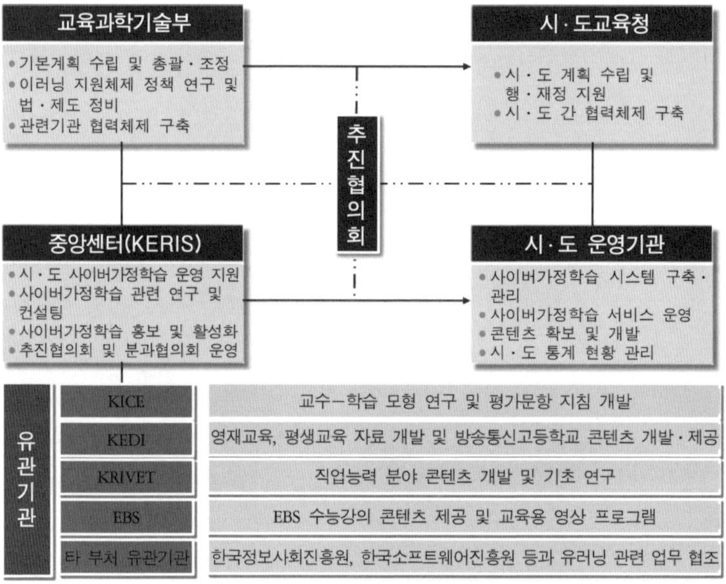

<그림 3-2> 사이버가정학습 추진 체계

③ 사이버가정학습 추진 경과

사이버가정학습은 2004년 7월 발표된 '교육정상화를 통한 사교육비 경감대책'에 따라 2004년 9월 시범 운영을 거쳐 2005년 3월부터 본격적으로 전국 단위로 운영되고 있다. 현재 전국 단위의 운영 3년을 지나면서 16개 시 · 도교육청에서는 각 지역의 여건과 특색에 맞게 다양한 운영 전략과 형태를 갖추어 운영하고 있다. 특히 부산, 인천, 충북 교육청에서 운영하고 있는 사이트의 경우, 저소득층 및 장애 학생들을 대상으로 지원하고 있으며, 강원교육청에서 운영하고 있는 사이트의 경우, 소규모 학교가 많은 도내 현황을 고려하여 컴퓨터실을 개방하는 지원을 추진함으로써 소외계층 학생들을 대상으로 정보접근 및 활용의 기회를 제공하고 있다.

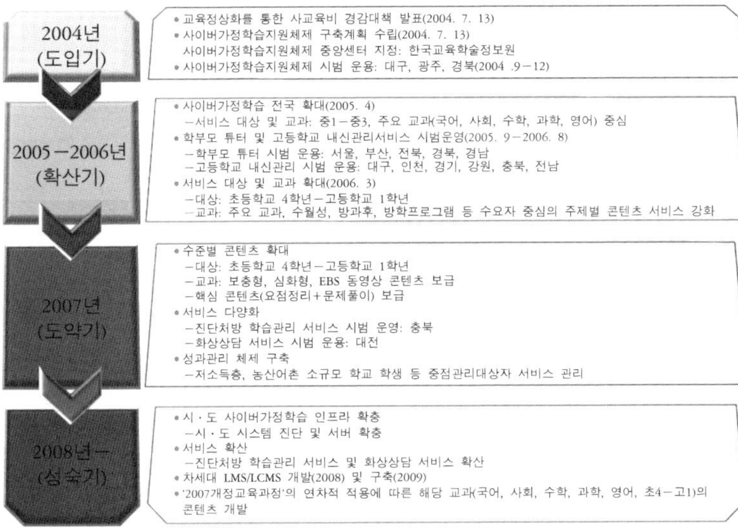

<그림 3-3> 사이버가정학습 발전 단계

<표 3-11> 시 · 도별 사이버가정학습 운영 사이트

지역	이 름	주 소	지역	이 름	주 소
서울	서울 꿀맛닷컴	www.kkulmat.com	강원	강원 에듀원	www.gweduone.net
부산	부산 사이버스쿨	cyber.busanedu.net	충북	e-충북사이버가정학습	www.cbedunet.com
대구	대구 e-스터디	estudy.dgedu.net	충남	edus 충남사이버스쿨	cell.cise.or.kr
인천	인천 e-스쿨	cyber.edu-i.org	전북	전북 e-스쿨	cyber.jbedunet.com
광주	광주교육포털서비스	cyber.gedu.net	전남	전남사이버가정학습	cyber.jnei.or.kr
대전	대전교육포털	www.edurang.net	경북	경북 내친구교육넷	www.gyo6.net
울산	울산사이버가정학습	home.go.kr	경남	경남 새미학습	lms.gnedu.net
경기	경기 다높이	danopy.kerinet.re.kr	제주	제주 e-스터디	jejuestudy.net

④ 사이버가정학습 콘텐츠 개발 · 보급

사이버가정학습 콘텐츠는 자기주도적 학습 역량과 탐구 능력을 갖춘 창의적인 인재를 양성하고, 모든 학습자에게 동등한 학습 기회

<표 3-12> 2009년 사이버가정학습 콘텐츠 개발 및 확보 현황(종)

연도	교 과			비교과	교수용 콘텐츠	계
	기 본	보 충	심 화			
2004	중1－3(15종) (국, 영, 수, 사, 과)	-	-	공통(1종) (인성, 창의성)	-	16
2005	초4－6, 고1 (21종) (국, 영, 수, 사, 과, 논술)	-	-	공통(17종) (논술, 창의성 등) 공통(9종) (에듀테인먼트 등)	-	47
2006	초, 중(4종) (방학 및 수월성) (수, 영)	중1－고1(20종) (국, 영, 수, 사, 과)	중1－고1(20종) (국, 영, 수, 사, 과)	공통(2종) (에듀테인먼트 등)	-	46
2007	중1－3(3종) (핵심정리, 문제풀이) (사－국사포함)	초4－6(15종) (국, 영, 수, 사, 과)	초4－6 (15종) (국, 영, 수, 사, 과)	-	-	39
2008	중1－3(3종) (핵심정리, 문제풀이) (사－국사포함)	-	-	-	-	3
2009	초4 · 중1 (10종) (국, 영, 수, 사, 과) (수, 영)	초4 · 중1(10종) (국, 영, 수, 사, 과) 중2 · 고1(4종) (수, 영)	초4 · 중1(10종) (국, 영, 수, 사, 과) 중2 · 고1(4종) (수, 영)	-	초4 · 중1 (10종) (국, 영, 수, 사, 과) 중2 · 고1(4종) (수, 영)	56
계	66	49	49	29	14	207

출처: 교육정보화백서(2009).

<표 3-13> EBS 동영상 콘텐츠 서비스 현황

구 분	2007년	2008년	2009년	합 계
초등학생용	588	540	514	1,642
중학생용	1,927	1,544	1,496	4,977
계	2,515	2,094	2,010	1,619

출처: 교육정보화백서(2009).

를 제공하기 위한 목적으로 개발되고 보급되었다. 현재까지 개발된 콘텐츠는 제7차 국민공통기본교육과정에 기반하여 초등학교 4－6학년, 중학교, 고등학교 1학년까지의 국어, 사회, 수학, 과학, 영어 및 논술 등으로 구성되어 있다.

구성 측면에서 사이버가정학습 콘텐츠는 학습 내용과 난이도에 따라 기본, 보충, 심화, 비교과 콘텐츠로 구분되며 EBS 방송 콘텐츠를 패키징한 동영상 콘텐츠와 내신 향상을 위한 핵심 콘텐츠를 함께 서비스하고 있다. 현재까지 개발·확보된 사이버가정학습 콘텐츠 현황은 〈표 3-12〉, 〈표 3-13〉과 같다.

⑤ 사이버가정학습 서비스 운영 형태

사이버가정학습은 16개 시·도교육청에서 다양한 수준의 학습용 콘텐츠와 함께 각 지역의 현직 교사들이 함께 운영하는 국가적 차원의 이러닝 서비스이다. 따라서 학생들은 시·도교육청 단위로 운영되는 사이버가정학습 사이트에 가입하여 원하는 서비스를 이용할 수 있다.

사이버가정학습의 서비스는 크게 담임형과 비담임형으로 구분되며, 특히 담임형 중 학급배정형의 경우, 해당 교육청에서 특수 목적을 가지고 운영하는 형태로, 저소득층이나 영재, 장애아동 등을 대상으로 한다.

⑥ 사이버가정학습 활용 현황

사이버가정학습의 이용자 수는 서비스 개통 이후 지속적으로 증가하고 있다. 2009년 기준 사이버가정학습 총가입자 수는 311만여 명으로 2008년 309만 명과 대비할 때 소폭 증가하였다. 그러나 이는

<표 3-14> 전국 사이버가정학습 활용 현황(2009. 8 기준)

연 도	학생회원 수	학급배정형		자율학습 학생 수	사이버 선생님 수	학부모 튜터 수	일일평균 로그인 수
		학급 수	학생 수				
2005. 8	769,840	1,987	42,100	727,740	3,154	1,064	54,142
2006. 8	1,608,997	3,999	178,705	1,430,292	6,147	2,692	107,787
2007. 8	2,903,635	28,821	511,721	2,391,914	27,483	1,371	187,743
2008. 8	3,089,303	53,625	1,022,866	2,066,437	60,891	4,508	304,236
2009. 8	3,119,924	46,769	1,339,080	1,780,844	65,988	3,493	499,763

출처: 교육정보화백서(2009).

<표 3-15> 사이버가정학습 중점서비스 대상 가입 현황(명)

구 분		초4－고1 전체서비스대상 학생 수(A)	서비스 가입학생 수(B) 〔B/A×100%〕		중점서비스 대상학생 수(C) 〔C/A×100%〕		중점서비스대상 중 서비스가입 학생 수(D) 〔D/C×100%〕	
전국	2007. 8	4,719,952	2,903,635	〔62%〕	158,221	〔3%〕	63,354	〔40%〕
전국	2008. 8	4,726,491	3,089,303	〔65%〕	217,311	〔5%〕	115,278	〔53%〕
서 울		850,711	703,999	〔83%〕	19,631	〔2%〕	9,073	〔46%〕
부 산		324,071	481,953	〔149%〕	14,397	〔4%〕	5,203	〔36%〕
대 구		258,055	100,286	〔39%〕	8,097	〔3%〕	1,586	〔20%〕
인 천		274,348	145,430	〔53%〕	7,898	〔3%〕	3,971	〔50%〕
광 주		162,898	63,867	〔39%〕	4,582	〔3%〕	3,990	〔87%〕
대 전		155,366	89,127	〔57%〕	4,381	〔3%〕	2,707	〔62%〕
울 산		125,823	173,254	〔138%〕	3,375	〔3%〕	1,283	〔38%〕
경 기		1,132,111	429,686	〔38%〕	17,219	〔2%〕	11,754	〔68%〕
강 원		138,513	152,478	〔110%〕	13,084	〔9%〕	3,423	〔27%〕
충 북		147,820	44,000	〔30%〕	9,283	〔6%〕	7,171	〔77%〕
충 남		181,765	194,008	〔107%〕	17,880	〔10%〕	17,531	〔98%〕
전 북		181,905	100,092	〔55%〕	26,484	〔15%〕	8,748	〔33%〕
전 남		177,473	142,484	〔80%〕	21,089	〔12%〕	14,612	〔69%〕
경 북		236,680	125,857	〔53%〕	29,381	〔12%〕	12,872	〔44%〕
경 남		319,679	113,319	〔35%〕	17,852	〔6%〕	9,263	〔52%〕
제 주		59,273	29,463	〔50%〕	2,678	〔5%〕	2,091	〔78%〕

출처: 교육과학기술부(2008).

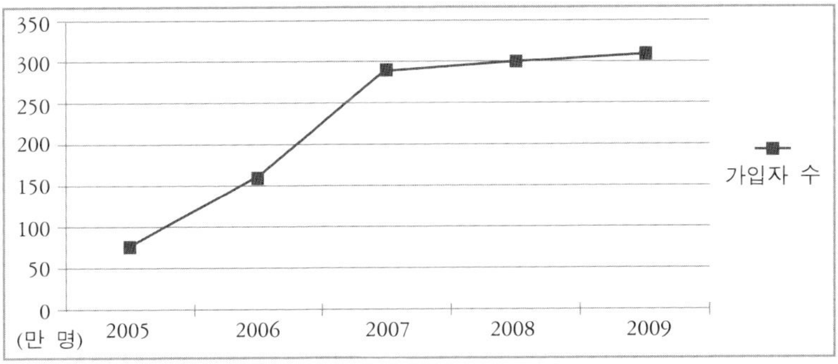

<그림 3-4> 연도별 사이버가정학습 가입자 수

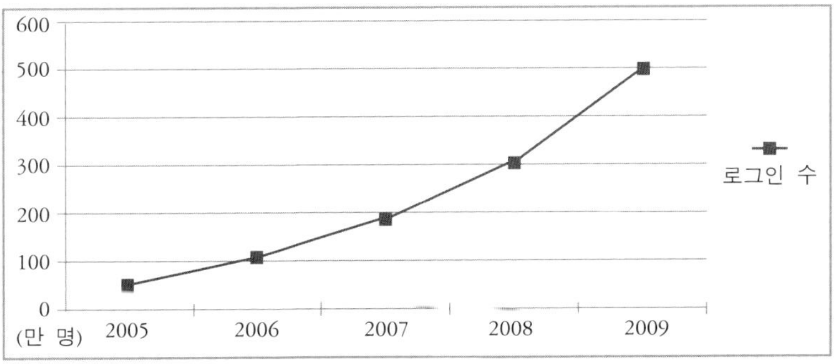

<그림 3-5> 연도별 사이버가정학습 일일 평균 로그인 수

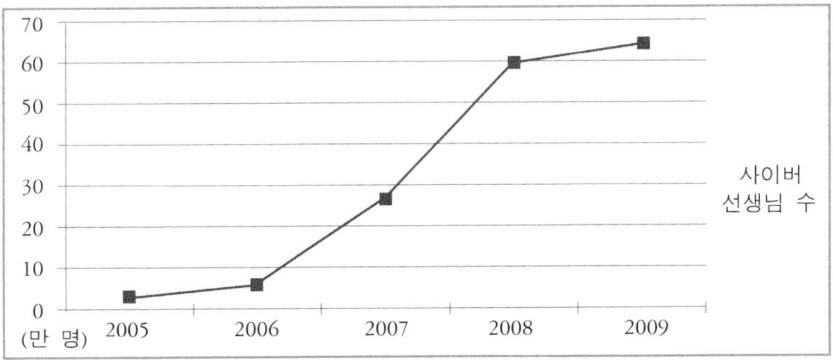

<그림 3-6> 연도별 사이버 선생님 수

시·도교육청별로 진성 회원 관리로 인해 학생 회원수 증가율이 다소 둔화된 것으로 보이며, 각 학급배정형 학급수와 학생수는 2008년 대비 큰 폭으로 급증하여 실제 활용도는 크게 높아진 것으로 나타났다. 사이버가정학습의 일일 평균 로그인 수는 지속적으로 증가하여 2009년 499,763명으로 2008년 304,236명에 비하여 크게 증가하였다.

2007년부터는 사이버가정학습의 지역 간 교육격차 해소 역할을 강화하기 위해 저소득층 및 농산어촌 소규모 학교의 학생들을 중점 서비스 대상으로 선정하고 이들에게 양질의 보충 학습 기회를 제공하기 위해 노력하고 있다. 이러한 노력의 결과, 2008년 8월 기준으로 초등학교 4학년부터 고등학교 1학년까지 전체 학생수(472만 명) 대비 5%인 217,311명 중 53%인 115,278명이 가입하여 학습하고 있다.

⑦ 사이버가정학습의 효과

한국교육학술정보원에서 실시한 '2008년 사이버가정학습 효과성 조사분석 연구'에 따르면, 사이버가정학습을 실시한 후 학습적 측면에 변화가 있었는가에 대한 질문에 79.2%의 학생들이 긍정적인 변화가 있었다고 응답하였다. 특히, 중점서비스 대상 학생들의 경우, 과목에 대한 흥미 증가(23.6%), 학습습관 형성(17.9%), 성적향상(14.4%), 과목에 대한 자신감 증진(11.3%)의 순서로 반응을 나타냈다.

교사와 학부모를 대상으로 사이버가정학습의 교육적·사회적 측면의 효과에 대한 설문을 실시한 결과, 교사의 경우 소외계층에 대한 복지효과, 사교육비 절감, 학력격차 해소에 높게 응답하였으며, 학부모의 경우에는 사교육비 절감에 높은 반응을 보였다.

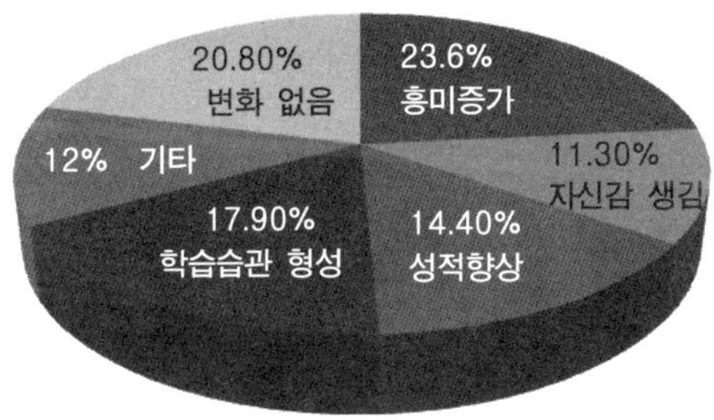

<그림 3-7> 2008년 사이버가정학습 학습 효과성 평가(학생)

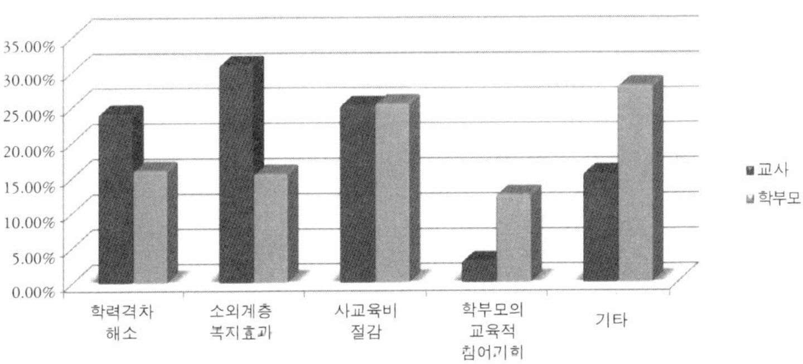

<그림 3-8> 2008년 사이버가정학습의 교육 · 사회적 효과 평가(교사, 학부모)

⑧ 개선 과제

사이버가정학습은 현재 정규 교육과정에 대한 보충학습을 지원하는 공교육에서의 이러닝 체제이다. 특히, 소외계층 학생들을 중점서비스 대상으로 선정하고 이들을 지원하기 위한 서비스 보급 및 시행은 소외계층 학생들의 교육격차 해소에 긍정적인 영향을 주고 있다. 그러나 사이버가정학습을 통해 개발 · 보급되고 있는 콘텐츠의 경우, 일부 교과 교육 지원에 한정되어 있으며, 학생들의 정보이용 능력 향상을 위한 지원은 미흡한 편이다. 일부 중학교 1학년–3학년 학생들의 컴퓨터 교과 지원을 위한 콘텐츠의 경우, EBS 동영상 강의자료를 패키징한 형태로 제공하고 있으며, 좀 더 체계적이고 세분화된 콘텐츠 제공이 미흡하다.

사이버가정학습이 컴퓨터와 인터넷을 활용하여 온라인으로 이루어지고 있으므로, 균등한 교육기회를 제공하기 위해 소외계층 학생들의 정보 접근성 지원뿐 아니라, 정보이용 능력 향상 및 고도화를 위한 교육 기회를 함께 제공할 필요가 있다.

2006년부터는 정보화 체험교육 대상자 중 10% 이상을 국제결혼가정 자녀, 외국인 근로자 자녀, 탈북자 자녀들을 의미하는 신 소외계층으로 선정하도록 하고 있다. 신 소외계층 교육은 2007년 대상인원의 10%인 80명을 계획하였으나 대상이 중학생으로 한정되어 있고 홍보 및 참여 의지 부족 등으로 희망자가 적어 31명만이 교육을 이수하였다. 이러한 신 소외계층은 매년 증가 추세에 있으며, 학교급별 분표 현황은 〈표 3-16〉과 같다.

〈표 3-16〉 2008년 신 소외계층 재학생 현황(명)

구 분		초	중	고	합 계
전체 학생 수		3,672,207	2,038,611	1,906,978	5,710,818
신 소외 계층	국제결혼 가정 자녀	15,804(0.43%)	2,213(0.11%)	761(0.04%)	18,017(0.25%)
	외국인 근로자 자녀	981(0.027%)	314(0.015%)	107(0.0056%)	1,295(0.018%)
	탈북자 자녀	495(0.013%)	288(0.014%)	183(0.0096%)	783(0.013%)
	계	17,280(0.47)	2,815(0.14%)	1,051(0.055%)	20,095(0.35%)

출처: 교육과학기술부(2008).

(3) 꿈을 찾는 청소년 IT 아카데미[3)]

꿈을 찾는 청소년 IT 아카데미는 한국마이크로소프트사와 교육인적자원부, 16개 시·도교육청이 협력 체계를 구축해 설립한 것으로 16개 시·도교육청에서 선발된 저소득층 학생들을 대상으로 IT 기본 소양 교육을 실시하고 있다. 꿈을 찾는 청소년 IT 아카데미는 2박 3일 또는 3박 4일 일정으로 이루어진다. 2005년 40명을 대상으로 시범 운영한 후 2007년에는 16개 시·도교육청에서 중학생을 대상으로 총 20기를 운영, 770명의 학생에게 정보화 체험교육의 기회를 제공하였으며, 2008년에는 800명의 학생에게 정보화 체험교육의 기회를 제공하였다.

(4) 아이들과 미래[4)]

아이들과 미래는 2000년 3월 KTB 네트워크, 버추얼 텍, 핸디소프트, 다음 등 벤처기업가들이 기금을 마련해 설립한 민간 독립 재단으로, 단순히 재정적·물질적으로 지원하는 것을 넘어서 아이들이 스스로 자신의 미래를 설계하고 만들어 나갈 수 있도록 그룹 홈, 공부방, 쉼터를 발굴하여 지원하고 있다. 아이들과 미래는 소외된 환경에 놓인 아이들을 위해 전문적이고 다양한 복지 프로그램의 개발과 투명한 운영을 통해 사회공헌에 뜻이 있는 단체와 개인 기부자들을 복지 현장에 연결해주는 사업을 펼치고 있다.

아이들과 미래는 크게 네 가지 사업인 사회복지 지원 사업, 교육문

3) http://www.mspil.co.kr
4) http://www.kidsfuture.or.kr

화 지원 사업, 기금 개발, 캠페인을 중점적으로 펼치고 있다. 사회복지 지원 사업인 'Make a Connection' 사업은 노키아와 IYF의 지원을 받아 공부방 및 지역아동센터의 아동들을 대상으로 건강, 교육, 정서적인 측면에서 아동들의 삶의 기술(Life Skill)을 배양하여 빈곤의 악순환을 끊을 수 있도록 지원하고 있다.

교육문화 지원 사업인 '아이터(iTER)' 사업은 청소년의 정보격차 해소를 위한 IT 교육 지원 사업이다. '아이터(iTER)'란 '아이들의 터전'이란 순 한국말과 IT + ER로 IT를 즐기는 전문가로 활동할 사람을 의미한다. 1차 아이터 사업은 2002년부터 3년간 지속적으로 전국 4개 복지관 아이터 센터를 거점으로 진행되어 매월 100여 명, 3년간 3,600여 명의 학생이 정보화 교육의 혜택을 받았다. 2차 아이터 사업은 2006년부터 2007년까지 2개 복지관 아이터 센터를 거점으로 진행되었다. 이 사업을 통해 청소년들은 자신의 적성과 능력에 맞추어 기본 정보화 교육을 포함하여 인터넷 활용, 홈페이지 제작, 웹디자인, 프로그래머 양성 교육을 받았다.

지금도 도서벽지아동영어캠프, UpgradeYourFuture 등 다양한 교육 지원 사업과 문화 예술 지원 사업을 하고 있다.

2. 해외 추진 사례

1) 소외계층 아동의 정보 접근성 지원

(1) OLPC[5)]

① OLPC 개요

OLPC(One Laptop per Child)는 MIT 미디어 랩의 네그로폰테 교수의 주도로 설립된 비영리 단체로, 제3세계 개발도상국 국가들의 소외계층 아동들에게 정보와 교육의 기회를 제공하기 위한 프로젝트를 진행하고 있다. OLPC에서는 이들에게 컴퓨터를 보급하기 위해 'XO'라는 100달러짜리 노트북 컴퓨터를 개발하였다. 이 프로젝트와 단체의 창설은 2005년 1월 스위스 다보스 세계 경제 포럼에서 발표되었다. 이 프로젝트는 AMD, 브라이트스타 공사, 이베이, 구글, 마벨, 뉴스 코퍼레이션, SES S.A., 노텔 네트워크, 레드햇 등의 회사로부터 재정적 지원을 받고 있다. 인텔도 2007년 짧은 기간 참가했지만, 2008년 1월 3일 탈퇴하였다.

OLPC는 세무어 패퍼트, 앨랜 케이가 선구적으로 연구한 구성주의 교육 철학을 기반으로 하고 있다. 패퍼트는 '배우는 법을 배우는 것'을 근본적인 교육 경험으로 강조하며, 컴퓨터는 '생각하는 법을 생각하는 것'을 고무함으로써 배우는 법을 배우도록 지원하기 위한 도구가 된다. 따라서 XO 노트북은 '배우는 법을 배우도록' 설계된 컴퓨터라고 할 수 있으며, 저개발국의 소외계층 아동들은 XO 노트북을

5) http://www.laptop.org

세계로 향한 창이자 세계를 탐구할 프로그래밍 도구로 활용함으로써 창의성과 문제해결 능력을 기를 수 있다.

② XO

100달러 노트북인 XO는 하드디스크 대신 플래시 메모리를 사용하며 리눅스 기반의 운영체제로 움직인다. 애드 혹 무선 네트워크 기술을 탑재하여 하나의 인터넷에 연결하여 다른 여러 컴퓨터의 네트워크 연결을 공유할 수 있으며, 다양한 오픈 소스 프로그램이 탑재되는 특성을 가지고 있다. 이 노트북 컴퓨터는 하나의 컴퓨터를 한 명의 아동에게 공급하는 것을 원칙으로 정부를 통해 각 학교로 전달된다. 2006년 말에 초기 모델이 만들어지고, 2007년 중반부터 본격적인 양산이 진행되었다.

소외계층 아동을 지원하기 위한 XO 하드웨어의 특성을 구체적으로 살펴보면 다음과 같다.

첫째, XO는 아동의 신체적 발달 특성과 활용에 적합한 디자인으로 개발되었다. XO는 교과서 크기로 가벼우며, 유연한 디자인과 변

<그림 3-9> 100달러 노트북 XO

형 구조로 인해 다양한 형태로 활용이 가능하다. 또한 둥근 가장자리와 아동의 손 크기에 맞는 일체형 손잡이와 방수 재질의 키보드로 구성되어 있다. 이중모드 디스플레이와 매우 넓은 터치패드로 쉬운 포인팅과 그림그리기와 글쓰기를 지원한다. XO는 어떤 위험 물질도 포함하고 있지 않으며, 배터리에는 중금속이 없고 재충전 가능 횟수를 향상시켰으며, 자동차 배터리와 같은 다른 충전기의 활용도 가능한 형태로 제작되었다.

둘째, 소외계층 아동들의 지역적·경제적 상황을 고려하여 설계되었다. 전력이 공급되지 않는 집에서는 수동으로 XO의 전력을 공급할 수 있으며, 교실에서 노트북을 사용하는 동안 학교 전력을 이용하여 추가배터리를 충전할 수 있다.

셋째, 제품 수명을 최대화하기 위한 형태로 제작되었다. 노트북의 견고성을 지원하기 위해 쉽게 망가질 수 있는 하드디스크를 사용하는 대신, 플래시 메모리를 사용하였다. 표면의 두께 또한 일반적인 노트북이 1.3mm인 반면, XO의 두께는 2mm이다. 디스플레이 역시 내부 범퍼로 보호된다. 따라서 예상되는 제품 수명은 최소 5년이다. 이를 위해 공장에서의 파괴 테스트와 어린이들이 참여하는 현장 테스트

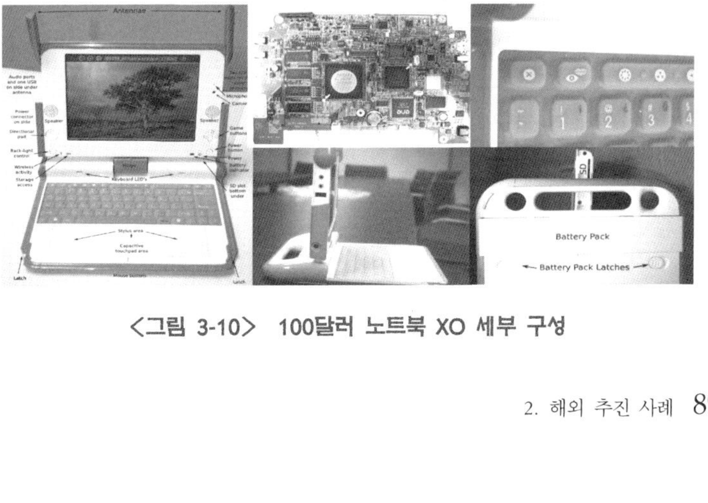

<그림 3-10> 100달러 노트북 XO 세부 구성

를 병행하였다.

XO에 탑재된 소프트웨어는 오픈 소스를 원칙으로 하고 있다. 따라서 운영체제는 레드햇 리눅스를 탑재하고 있으며, 학습을 위한 다섯 개의 프로그래밍 환경을 지원한다. 사용자 인터페이스와 활동 모델 구성을 위한 파이썬, 브라우저 기반 스크립팅을 위한 자바 스크립트, 음악과 오디오 환경 프로그래밍을 위한 Csound, 미디어 기반 저작 환경으로 구성된 교육용 프로그래밍 언어인 스퀵 이토이, 로고가 탑재되어 있다.

③ 시범 적용 현황

나이지리아는 최초로 백만 대의 컴퓨터를 주문하였으며, 아르헨티나, 브라질, 캄보디아, 코스타리카, 도미니카공화국, 이집트, 리비아, 파키스탄, 르완다, 타이, 튀니지, 미국, 우루과이, 베네수엘라, 몽골,

<그림 3-11> OLPC 시범 학교

페루 등의 국가가 현재 이 프로젝트에 참여하고 있다. XO는 각 나라의 교육부를 통해 소외계층 학생들에게 보급되고 있으며, 'Give One Get One' 프로그램을 통해 일반인도 구입할 수 있으나 2대 주문 시 1대를 개발도상국 어린이들에게 보내는 방식을 취하고 있다.

(2) UP(Unlimited Potential)[6)]

마이크로소프트의 경우 국가적 차원에서 기업봉사활동을 벌이고 있다. 이 회사는 정보격차 해소를 위해 펼치는 'UP(Unlimited Potential)' 프로그램의 일환으로 봉사활동의 초점을 정보화 과정에서 소외된 지역의 정보통신 시설 접근을 극대화하는 데 두고 있다. 이 회사는 정보격차의 심각성을 인식하고 1994년부터 디지털화에 따른 혜택을 모든 계층이 골고루 나누어 갖도록 다양한 프로그램을 제공하여 과거 3년 동안 1조 7,300만 달러를 투입하여 정보 낙후지역의 학교와 도서관 등에서 소외계층들로 하여금 정보접근이 가능하도록 하였다. 또한 Bill & Melinda Gates 재단을 통해 정보격차를 줄이기 위해 미국 전역의 700개가 넘는 도서관에 재정적 지원을 하고 있다.

(3) FIRST대회[7)]

FIRST 대회는 미국 FIRST 재단이 주관하는 세계적인 로봇 대회로, 아동과 청소년들의 과학과 기술에 관한 관심과 참여를 증진하기 위해 개발되었다. 특히, 이 대회는 일반 학생뿐 아니라 교육 소외계

---

6) http://www.microsoft.com/unlimitedpotential/default.mspx

7) http://firstlegoleague.org

출처: http://www.usfirst.org/roboticsprograms.

<그림 3-12> Junior First LEGO League 활동 모습

층 학생들을 주요 대상으로 하며, 이들에게 과학, 기술, 공학, 수학 분야에 관한 동기 유발 및 자신감을 향상시키기 위해 운영된다.

Junior First LEGO League(Jr. FLL)는 6−9세 아이들을 대상으로 하며, 레고를 활용한 기본적 설계 및 발표 능력을 키우기 위한 프로그램이다. 매년 특정 문제가 주어지면, 아이들은 자신의 창의적인 아이디어를 바탕으로 문제를 해결하고 문제 해결 과정을 발표한다. 이 프로그램의 중점 사항은 경쟁이 아닌 협력을 강조하고 있다는 것이며, 이는 승패를 떠나 어린아이들에게 협력적 문제 해결 과정의 중요성을 일깨워주기 위한 것이다.

First LEGO League(FLL)는 9−14세(미국과 캐나다 이외의 지역은 16세) 학생들을 대상으로 하며, 레고 마인드스톰 로봇을 활용한다. 매년 특정 문제가 주어지면, 과학적인 문제 해결을 위해 로봇 경

출처: http://www.usfirst.org/roboticsprograms.

<그림 3-13> First LEGO League 활동 모습

출처: http://www.usfirst.org/roboticsprograms.

<그림 3-14> First Tech Challenge 활동 모습

기와 연구 프로젝트를 진행한다. 프로젝트는 팀워크와 연구, 로봇은 로봇 설계와 경기로 나누어 평가되며, 세계 각국에서 예선을 거쳐 각 국가의 우승팀은 매년 4월 미국 애틀랜타 조지아돔에서 열리는 세계 대회에 출전한다.

First Tech Challenge(FTC)는 주어진 미션에 따라 게임을 하는 경기이다. 14－18세의 고등학생들을 대상으로 하며, 메인보드나 모터는 레고 NXT의 본체와 서브모터를 이용한다. 그러나 프로그램 도구의 제약 없이 다양한 프로그램을 사용할 수 있으며, 몸체도 레고보다 견고하고 튼튼한 구조를 요구하는 경기이다.

First Robotics Competition(FRC)은 사람 키 이상으로 큰 로봇을

출처: http://www.usfirst.org/roboticsprograms.

<그림 3-15> First Robotics Competition 활동 모습

모듈로 메인보드와 기타 모터 등 다양한 장비를 자유롭게 장착하여 경기를 하는 대회이다. 로봇의 크기가 크고 내구성 향상을 위해 볼트를 사용하기 때문에 안전을 위하여 고글을 착용하고 대회에 참여한다.

2) 정보이용 능력 향상 지원

(1) 컴퓨터 클럽 하우스[8)]

컴퓨터 클럽 하우스(Computer Clubhouse)는 10−18세의 경제적으로 어려운 학생들을 위한 '방과후학교' 프로그램으로 1993년 컴퓨터 박물관(현재는 보스턴 과학박물관의 일부)과 MIT 미디어랩의 The Lifelong Kindergarten 그룹의 공동 연구로 수립되었다. 이는 학습자, 멘토, 스태프로 구성된 세계적인 교수·학습공동체로, 인텔의 재정적 지원을 통해 전 세계 20여 국가의 100개 지역으로 확대되어

8) http://www.computerclubhouse.org

20,000명 이상의 회원을 확보하고 있다. 해당 프로그램의 목표는 자발적이고 창의적인 아이디어를 컴퓨터 기반 프로젝트를 통해 구현함으로써 정보기술 유창성을 습득하는 것이다.

컴퓨터 클럽 하우스에 참가한 학생들은 새로운 테크놀로지를 활용한 창의적 프로젝트 활동을 멘토들의 지원하에 협력적으로 수행할 수 있다. 여기서 학생들은 새로운 테크놀로지를 활용하는 설계자와 창조자 역할을 하게 된다. 즉, 학생들은 단지 소프트웨어들의 사용법을 익히는 것이 아니라 최첨단 소프트웨어를 활용하여 애니메이션, 시뮬레이션, 멀티미디어 프레젠테이션, 음악 작곡, 웹사이트 설계, 로봇 구성과 같은 자기 자신의 작품을 창조하는 활동을 하게 된다. 이를 통해 수동적인 학습자가 아닌 활동적인 참가자가 되며, 단순한 문제풀이 능력이 아닌 창의적 문제해결 능력을 함양할 수 있다. 또한 단순 기술 습득이 아니라, 자신감, 활용 능력 배양, 다학문적 지식의 습득, 토론과 사고하는 습관을 배울 수 있다.

컴퓨터 클럽 하우스는 학생 스스로의 흥미와 관심을 존중하며, 존

<표 3-17> 컴퓨터 클럽 하우스 운영 프로그램

프로그램	설 명
Adobe Youth Voices	어도비(Adobe) 재단의 자선 프로그램으로, 어도비의 멀티미디어와 공동체 내의 아이디어 공유 및 의사소통을 위한 디지털 도구들의 사용 기회 제공
Clubhouse-to-College/ Clubhouse-to-Career	컴퓨터 클럽 하우스 구성원들이 자신의 삶에 대한 목표와 기술, 자신감을 증진할 수 있도록 지원하기 위한 교육적이고 전문적인 도구들을 제공
Gender Equity	National Science Foundation의 후원으로, 소녀와 젊은 여성들이 테크놀로지를 사용할 수 있는 환경을 제공
Teen Summit	2년마다 전 세계 컴퓨터 클럽 하우스의 젊은 지도자들을 미국 보스턴으로 초청하여, 다른 문화를 경험하고, 진로 탐색의 기회들을 제공하며 대학 생활 및 협력적 프로젝트 경험, 새로운 테크놀로지 학습의 경험을 제공

중과 신뢰 분위기를 조성함으로써 사람과 아이디어, 기계와 장비에 대한 존중감을 일깨우도록 노력한다.

The Lifelong Kindergarten 그룹은 지속적으로 정보기술 유창성 향상을 위한 새로운 기술들을 개발하고 교육적 접근을 시도하고 있으며 클럽 하우스 운영을 위한 전 세계 센터들과 교사들을 위한 연수를 진행하고 있다. 컴퓨터 클럽 하우스가 운영하는 대표적인 프로그램은 〈표 3-17〉과 같다.

(2) Partners in Learning[9)]

Partners in Learning은 정보 사회의 도래와 함께 점점 커지는 국가 간, 지역 간, 그리고 개인 간의 부익부빈익빈을 해결하기 위한 하나의 방편으로 마이크로소프트사가 UNESCO, ISTE, IST 등의 세계 유수의 NGO들이 추진하는 교육계 정보화 격차 해소 및 ICT를 통한 교육 향상 프로그램이다. 마이크로소프트사는 상기 NGO들과 함께 컨소시엄의 일익을 담당하고 있으며 각국 담당자를 통해 실질적인 진행을 하고 있다. 현재 101개국 국가 정부와 MOU를 체결하였으며 간접 지원받는 나라까지 포함하면 130여 개국 이상이 프로그램에 참여하고 있다.

세부 프로그램은 크게 혁신 학교 프로그램(Innovative Schools), 혁신 교원 프로그램(Innovative Teachers), 혁신 학생 프로그램(Innovative Students)으로 구성되어 있다. 혁신 학교 프로그램은 정보 시대의 발전적인 미래학교 비전을 연구하고 해외 학교들과 온라인, 오프라인의

9) http://www.microsoft.com/education/pil/partnersinlearning.aspx

교류를 원하는 학교들을 위해 마련된 프로그램으로, 전 세계적으로 진행되고 있다. 혁신 교원 프로그램은 학교 CEO 및 일반 교사들의 정보역량 강화를 위한 프로그램으로, 연수 지원, 컨퍼런스와 콘테스트 개최, 교사 네트워크 구성을 통한 정보 공유를 추진하고 있다. 혁신 학생 프로그램은 초·중등 학생들의 창의력 및 정보역량 강화를 위한 프로그램으로, 컴퓨터 프로그래밍과 알고리즘의 기초 지식을 이해하기 위한 프로그램뿐 아니라, 미래의 핵심 기술인 로봇의 기본적인 이해와 이를 통한 컴퓨터 프로그래밍의 기초를 쉽고 재미있게 이해할 수 있도록 설계된 교육 프로그램 등을 운영하고 있다.

(3) TechCorps[10]

TechCorps는 학생들에게 IT를 가르칠 수 있는 인력을 충분히 갖추지 못한 학교에 지원봉사 인력을 연결해 주는 비영리단체로 1995년 설립되었다. 웹을 통해 도움이 필요한 학교와 도움을 줄 수 있는 자원봉사자, 기업을 등록받아 서로 연결해 주고 있다. 기업 가운데는 특히 시스코시스템, 인텔, 컴팩 등과 협력하여 사업을 진행하고 있다. TechCorp의 주요 사업으로는 교사들에게 인터넷을 이용하는 방법과 이를 학교 교육현장에서 어떻게 활용할 수 있을 것인가에 대한 정보를 웹을 통해 제공하는 webTeacher와 컴팩의 도움으로 구축된 교사 외 기업체의 기술 관련 전문가를 상호 연결해 주는 프로그램인 'techs4schools'가 있다.

이 서비스는 웹을 통해 제공되므로 면대면 접촉은 불가능하나 장

10) http://www.techcorps.org

소와 지역에 관계없이 일대일 기술 지원이 가능하다. 인텔의 지원을 받아 고등학교 학생들이 자신들이 살고 있는 지역에 대한 이야기를 디지털로 제작하는 것을 지원하는 'Living Legacy Virtual Community' 사업을 진행하고 있으며, 주마다 한 학교를 선정하여 소프트웨어, 스캐너, PC 카메라 등을 지원하고 있다. 또한 컴팩의 협찬을 받아 컴퓨터 기술과 온라인을 이용하여 혁신적이고 실천적인 교육 프로그램을 개발하는 교사에게 지원금을 주는 프로그램인 'Teaching with Technology Grant Program'도 운영하고 있다.

(4) 시스코 네트워크 아카데미 프로그램[11]

시스코는 1998년 '시스코 네트워크 아카데미 프로그램'을 개발하였으며, 이는 미국 전역에 걸쳐 1,000여 개 고등학교에서 학생들을 선발하여 이 회사 내의 정보통신 인력 양성 코스인 네트워크 인증반 수업을 이수하게 하는 프로그램이다. 향후 시스템 전문가가 될 학생들로 하여금 시스코의 제품을 일찍 접하게 하는 동시에 졸업 후 곧바로 채용하기 위한 것이다. 이 프로그램을 통해 정보격차에 노출되어 있는 학생들은 고급 컴퓨터 기술을 무료로 습득할 수 있고, 시스코는 젊고 유능한 인재를 다른 회사에 비해 초기에 안정적으로 확보할 수 있다는 점에서 소비자와 기업이 상생하는 전략이다.

---

11) http://www.cisco.com/web/learning/netacad/index.html

(5) Pluged In[12]

Pluged In은 캘리포니아 저소득층 거주 지역의 하나인 이스트 팔로알토 주민 모두에게 정보혁명의 혜택을 누릴 수 있는 기회를 제공하기 위해 1992년 설립되었다. 활동에 필요한 자원은 자원봉사활동, 기부금, 정부지원금 등으로 충당하며, 다음과 같은 세 가지 프로그램을 운영하고 있다.

Plugged In Enterprises: 이는 10대들에게 최신 웹디자인 기술 교육을 제공하여 이들이 독자사업을 할 수 있도록 지원하는 프로그램이다. 현재 교육 수료자들이 운영하는 사업의 주요 고객은 퍼시픽벨, OICW와 선마이크로시스템스 등이다.

Plugged in Greenhouse: 이는 이스트 팔로알토 지역 어린이를 위해 Art and Technology Studio를 설치하여 방과 후 프로그램, 학습지도, 교육 목적의 특별 프로젝트를 운영하는 프로그램이다.

The Technology Access Center: 이는 시역주민들에게 컴퓨터 및 인터넷 이용 그리고 생활에 필요한 정보 접근을 제공하는 사업이다.

(6) iMentor[13]

이는 뉴욕시에 거주하는 저소득 청소년의 생활개선을 도모하기 위해서 혁신적인 기술 기반 접근을 통해서 멘토링과 교육을 제공하고자 하는 사업이다. 이를 위해 기업 및 비영리 기관과 파트너십을 유지하면서 자원봉사자들(일주일에 최소 한 시간 이상 그리고 최소한 1년

12) http://www.pluggedin.org
13) http://www.imentor.org

일할 수 있는 사람)을 통해 학교, 지역 센터, 개인 등에게 기술 지원을 제공하고 동시에 젊은이들이 자신의 멘토와 지속적인 관계를 유지할 수 있도록 유도한다. iMentor의 주요 사업으로는 인터넷과 일대일 만남을 통해 청소년과 성인 멘토를 연결해 주는 멘토링 관계 유지 사업, 청소년들이 기술 활용 능력과 취업에 필요한 자질을 습득할 수 있도록 하는 프로젝트 기반의 교육 사업, 교사들과 청소년 지도원들이 청소년들에게 기술 교육을 효과적으로 수행하게끔 이들을 지원하는 전문가 훈련 프로그램 운영 등이 있다.

3) 정보격차 해소를 위한 해외 기업 사례

(1) 인텔

인텔은 수학, 과학 교육을 위한 현금 기부는 물론 근로자들이 자원봉사자 또는 선생님으로 참여하는 교육 자선 프로그램을 운영하고 있다. '정보화와 기술 발전을 통한 삶의 질 향상'이라는 목표에 따라 이 프로그램은 미국을 시작으로 아일랜드, 말레이시아, 필리핀, 코스타리카 등으로 확산되고 있다. 저개발국 청소년들에게 컴퓨터 등 정보기술에 적응할 수 있는 능력을 제공하는 데 그 목표가 있다. 인텔의 이러한 활동은 세계적으로 큰 관심을 모으고 있다.

(2) 마이크로소프트

마이크로소프트는 정보의 접근에 소외되어 있는 지역을 위하여 지난 2002년에 전 세계적으로 2억 4,690만 달러 이상의 현금과 소프트웨어를 기부하였다. 앞서 언급한 Pluged In 프로그램의 일환인 '남아프리카 디지털 마을' 등을 지원해오고 있으며, 미국 지방대학연합과의 파트너십의 일환으로 IT 교육을 위해 기금을 조성하였다. 또한 학습 연구 커뮤니티에 대한 지속적인 지원의 일환으로 디지털 정보격차 해소 연구 지원 기금을 운영하여, 전 세계 학술 연구기관 및 개인들이 보건, 교육, 사회경제학적인 환경 등에서 기술적인 어려움에 도전하여 이를 긍정적 효과로 유발할 수 있는 기회를 제공하고 있다.

(3) IBM

IBM은 교육을 중심으로 인력개발, 문화예술, 지역사회 부문에 이르기까지 다양한 사회공헌 활동을 전개하고 있다. 연간 1억 달러 정도를 교육 기관과 비영리 단체에 기부하는데 교육 분야에 사회 공헌 활동의 초점을 맞춘 것이 특징이라고 할 수 있다. 자사 제품의 수요자가 컴퓨터를 사용하는 지식인 계층이라는 것을 전략적으로 활용하여 교육 분야의 자원봉사활동을 통해 컴퓨터 보급을 확대한다는 장기적인 계획을 가지고 사회공헌 활동을 추진하고 있다.

IBM은 멘토 플레이스 프로그램을 통해 IBM 직원들이 조언자로서 학생들과 일대일로 결연관계를 맺고 온라인을 통해 격려하는 자원봉사활동을 전개하고 있다. 한편 IBM과 Americorp 자원봉사자들 그리고 Public Education Network가 함께 프로그램을 운영하여, 공립학교에 컴퓨터 기술을 도입하고 지역사회 시민의 참여를 장려하는 데 노력하고 있다.

(4) HP

HP는 저소득층을 돕기 위한 대표적인 사회공헌 활동으로 HP의 제품과 서비스를 포함하여 450만 달러를 지원하는 디지털 마을 프로그램을 운영하고 있다. HP는 인디언, 히스패닉, 여성 등 사회적 소수계층 교육에 지속적인 투자를 하고 있으며, 남아프리카의 저소득층 주민을 위한 커뮤니티 센터를 운영하고 있다. 또 바티칸과 협조하여 사도도서관(the apostolic library) 소장의 고대문헌을 검색할 수 있는 공동 프로젝트를 수행하였다.

4) 정보격차 해소를 위한 각국의 노력

정보격차 문제가 서구 선진국에서 국가적 정책과제로 채택되기 시작한 것은 인터넷 환경이 급속도록 확산되기 시작한 1990년대 중반부터라고 할 수 있다. 이후 각국에서는 정보격차 해소 정책에 대하여 다양한 정책을 수립하였다. 그동안 추진해온 정보격차 해소 정책에 대하여 살펴보면 다음과 같다.

(1) 미국

미국은 2000년 클린턴 정부 시절부터 모든 미국인이 정보 기회(digital opportunity)를 누릴 수 있게 하는 대규모 정보격차 해소 정책을 제시하여 왔다. 대표적인 정책으로 농어촌지역의 초고속 정보통신망 구축 지원, 지역 접근 센터의 구축, 컴퓨터 보급 추진, 정보통신 응용 활용 사업 지원, 저소득층 및 농어촌 지역주민의 정보통신 요금 지원, 장애인 및 노인의 정보 접근성 보장, 취약계층을 위한 정보교육 지원 등이 있다.

먼저 농어촌 지역의 초고속 정보통신망 구축은 다양한 법률을 통하여 지원되고 있다. 대표적인 법률은 'Broadband Internet Access Act of 2001'로서, 농어촌지역 초고속 정보통신 사업자에게 저리 융자를 제공하는 법안이다. 'Community Telecommunication Planning Act of 2001'은 지방 정부나 비영리단체가 통신 인프라를 구축할 경우 연방 정부가 재정 지원을 할 수 있도록 하는 법안이다.

지역 정보 센터 구축을 위한 대표적인 사업으로는 지역 네트워크 센터 사업이 있다. 이 사업은 고용기회 창출, 주민 복지 향상 등을 목표로 공공 주택 단지에 컴퓨터 학습 센터를 구축하는 사업이다. 또한 미국은 보편적 서비스 기금을 조성하여 저소득자에게 통신비를 지원해주고, 농어촌 진료기관에 대한 인터넷 접속 요금 지원, 농촌 및 저수익 지역 통신사업자 지원 및 학교, 도서관의 인터넷 이용비용 지원 등의 정책을 지속적으로 추진하고 있다.

(2) 영국

영국의 정보격차 해소 관련 정책은 전 국민의 능동적인 사회 참여라는 정책적 이념하에 추진되고 있다. 대표적인 정책으로는 UK 온라인 센터 및 컴퓨터 교육 센터의 설치 사업을 들 수 있다. UK 온라인 센터는 노인, 장애인, 실업자 등 취약계층에게 인터넷 이용 환경을 제공하고 필요한 경우 간단한 컴퓨터 교육과 온라인 학습을 제공하는 공간이다. 현재 민간단체, 대학, 도서관 등 수천 개의 다양한 센터가 설치되어 운영되고 있다. 한편 취약계층의 정보 이용 능력을 향상하기 위해 1,000여 개의 ICT 학습센터도 구축・운영하고 있다. 이밖에도 저소득층의 IT 활용을 촉진하기 위한 시범 사업이 매우 활성화되어 있다(한국전산원, 2000).

(3) 스웨덴

스웨덴은 2005년 정보통신 발전을 위한 실천계획을 발표한 이후 '모두를 위한 지속 가능한 정보사회'에서 2006년 '사회를 위한 IT 정책에서 IT사회를 위한 정책'으로 변경하여 모든 정부부처가 정책 내에 IT의 중요성을 포함할 것을 강조하였다. 사회 및 정책의 모든 영역에서 IT를 우선순위로 IT를 통한 국가 사회적 통합 발전을 지향하였다. 세부적인 정책으로는 국민과 기업 모두 모바일과 유선망 등의 인프라를 통해 안정적인 접속을 달성, 브로드밴드 기금 조성으로 시장주도의 브로드밴드 정책 보완, 브로드밴드 구축이 어려운 농촌지역에는 혜택, 보건의료 분야에서의 e-Health 추진 등이 있다(한국정보문화진흥원, 2006).

(4) 오스트레일리아

오스트레일리아는 2006년 '2006 e-Government Strategy' 전략을 발표하여 빠르고 편리한 전자정부 서비스 제공, 국가사업 수행 절차의 혁신, 효율적 정부 실현, 공공부문 서비스 역량의 종합적 개선을 추진하여 왔다. 이 계획은 2005년부터 현재까지 이용 만족도 제고, 전자정부 서비스의 완료, 비용 가치의 확보, 공공분야 역량 강화를 목표로 지속적으로 추진되고 있다(김성웅・정원조, 2010).

(5) 일본

일본은 e-Japan 전략을 수립하여 세계 최고 수준의 IT 국가 실현을 추진하는 동시에 정보격차 해소를 위한 다양한 정책을 함께 추진하여 왔다. 2001년 제정된 '고도정보통신 네트워크 사회형성기본법'에서 지리적 제약, 연령, 신체적 제약 등 그 밖의 요인에 의해 발생하는 정보격차가 고도정보통신 네트워크 사회 형성에 저해요인이 되지 않도록 적극적인 노력을 명시한 바 있다. 이에 따라 낙후된 지역의 보편적 서비스 역무 제도, 기금 확보를 통한 정보통신 접근성 보장을 활발히 추진하고 있다. '차세대 브로드밴드 구상 2010'에서는 IT 선도국가가 되기 위한 필수조건으로 정보격차 해소를 제시하고 있으며, 정부의 대응책으로 낙후 지역 투자 강화를 위한 사업자 인센티브 강화, 지방 공공 단체에 대한 지원 확대, 정보 소외 지역의 수요 촉진 등을 강조하고 있다(화학공학연구정보센터, 2005).

(6) 캐나다

캐나다는 2000년 이후 정보 정책 연구 프로그램을 통해 웹 접근에 대한 국가 위원회 설립, 새로운 전자 미디어에 대응할 법안 개발, 캐나다 국립 액세스 협의회 등을 설립하도록 하였다. 또한 미국의 클리블랜드 FreeNet을 모델로 하여 캐나다 내에서도 FreeNet 운동을 시작하였으며 점차 무료 인터넷 제공을 확대하기 시작하였다.

정부 전략인 'Connecting Canadians'에 고속 인프라에 접근할 수 있는 Canada On-line, 지역 공동체, 산업과 제휴하여 사람과 조직을 연결해 생산성, 혁신을 조장하고 ICT를 활용할 수 있는 Smart Communities, 디지털 컨텐츠의 글로벌 공급자로서 캐나다의 가치, 업적, 포부 등을 알리기 위한 Canadian Content On-line, 전자상거래 활용 촉진, 구현한 Electronic Commerce, 정부의 정보 서비스에 대해 온라인 접근이 가능하도록 한 Canadian Governments On-line, 세계로 캐나다를 연결하여 캐나다의 우수 사례를 홍보하고 국제기구와 협력하여 전 세계 상호 연결과 광대역 네트워크의 상호 운용성을 홍보하여 연결성을 높이기 위한 Connecting Canada to the World 등 6가지 핵심 과제를 추진하여 정보 격차를 줄이기 위해 노력하고 있다(한국전산원, 2000).

(7) 프랑스

교육부장관이 프랑스 초·중학교의 디지털화 계획 발표에 따라 3년간 약 6,000만 유로(원화 약 910억)를 배정하여 양질의 디지털 정보 접근성 향상 및 디지털 서비스와 공간의 일반화, 정보와 커뮤니케이션의 책임 있는 사용 교육 등을 추진할 예정이다. 이를 통해 모든 학교가 동등하게 혜택을 누릴 수 있도록 함으로써 불평등을 줄임과 동시에 사회적 소외계층 학생들을 우선적으로 지원하고 학습 동기 유발, 다양한 교육 자료들의 공유 및 활용 등을 통한 교육 여건 개선 등을 제안하였다. 또한 교육부 산하 국립원격학습센터를 구축하여 초·중·고 학생과 학부모를 위해 여름방학 무료 복습이 가능하도록 하여 상호작용 놀이방식, 난이도별 정리 등을 통해 모든 학생이 원하는 교육을 받을 수 있도록 기회를 마련하였다(한국소프트웨어진흥원, 2007).

(8) EU

유럽에서는 급속히 발전하는 정보화에 의해 발생하는 격차를 해소하고자 2006년 6월 EU회원국 관계 장관들이 정보통신 접근성, 고령화와 ICT, 정보통신 이용능력과 교육훈련, 사회 문화적 정보격차, 지리적 정보격차, 사회참여를 보장하는 전자정부 등을 주요 골자로 하는 정보격차 해소를 위한 장관선언을 채택하였다. 또한 해당 정책을 실현하기 위해 기술적·법제도적 장벽을 극복하고 정보화 필요성에 대한 인식을 제고하며, 지능형 가정이나 독거생활을 지원하는 시범사업 등을 실시하고 다양한 연구와 혁신을 추구하고 있다(유승무, 2007).

(9) 아일랜드

정보사회정책국(The Information Society Policy Unit)을 통해 정보격차 해소 정책을 추진한다. 고령층과 장애인 정보격차 해소의 중요성을 특히 강조하고 자원 조직 또는 비영리 단체를 선정하여 정보화 활동을 지원하고 있으며 고령화 정보화 교육, 공공 인터넷 접근 서비스 제공, 사이버카페 운영 등 고령층 정보격차 해소를 위한 활동을 활발하게 수행하고 있다(손연기, 2008).

(10) 핀란드

핀란드는 학교의 컴퓨터 등 정보통신 시설을 최고 수준으로 업그레이드해야 한다는 주장이 최근 정부 내에서 강력하게 제기되고 있으며 학교 정보통신 시설 업그레이드 프로젝트에 소요되는 비용을 40

억 유로(원화 약 6,000억 원) 정도로 예상하고 있다. 이 금액 중 반은 시설 확충, 나머지 반은 교사 연수와 교육자료 개발에 투자할 예정이며 2015년까지 모든 교육자료 중 반 이상을 디지털화하여 인터넷에 탑재할 계획이다(한국정보문화진흥원, 2009).

또한 다른 유럽국들에 비해 고령사회 진입이 급속하게 이루어질 것으로 예측하여 이에 대한 준비에 박차를 가하고 있으며 정보격차가 곧 사회격차라 인식하고 고령층이 기술에 용이하게 접근하게 하기 위해 인터페이스 지원뿐 아니라 신뢰성을 향상해 적극적인 정보사회 참여를 유도할 필요를 강조하고 있다(한국정보문화진흥원, 2003).

(11) 싱가포르

2006년 정부에서 발표한 정보통신 발전 종합계획인 iN2015는 IT를 통한 싱가포르의 경제 및 사회발전을 지향하는 내용을 골자로 하고 있는데 특히 고령층 및 취약계층의 정보격차를 해소해 모든 국민의 정보화 참여를 촉진하고자 하는 의지를 표명하였다. iN2015에서 제시한 프로그램은 사회의 정보화 문해 능력 촉진을 위한 프로그램, 국민 정보화 촉진을 위한 정보접근 전략 프로그램, 온라인 포털, 실생활에 필요한 종합적 정보 제공, 실용적 측면 교육 등이 있다(한국정보사회진흥원, 2006).

(12) 인도네시아

ICT가 국가발전의 핵심적 촉진기제로 여긴 이후 최근 인도네시아에서는 정책의 원활한 수행을 위하여 조직개편 및 명칭 변경을 실시하여 정보통신부 산하에 3개의 총국 우정 및 전기통신 총국, 정보기술 응용 총국, 방송 및 정보유통 총국을 구성하여 성별, 도농간 등 정보격차 해소를 위해 정책 및 규제의 일원화에 주안점을 두고 있다. 인도네시아의 지형상 효율적인 수단인 무선 기술 도입을 적극적으로 추진하고 있으며 해외 사업자의 투자 유치에도 적극적이나, 자국 내 기업의 기술 경쟁력 확보에 주력을 다하고 있다(한국정보문화진흥원, 2009; 한국인터넷진흥원, 2010).

(13) 말레이시아

정보격차 해소 방안으로 전자정부 추진사업을 하고 있으며 전자구매, 프로젝트 감시, 인력 관리 등에서 진전이 있으나 국민을 대상으로 하는 면허증 갱신, 소득세 환불 등의 전자적 처리에는 진전이 없는 것으로 지적되고 있다. 이와 관련하여 지방정부 차원에서도 정보화 인프라 구축 등 노력을 기울이고 있으며 IT 인프라 구축에 의욕적이긴 하나 현실적으로 예산 부족, 전문가 부족, 인프라 결핍 등으로 한계가 있다(정보통신국제협력진흥원, 2007). 정부는 이런 정보격차를 극복하기 위해 정보통신기술 산업 진흥을 위한 4가지 정책으로서 애니메이션 창작콘텐츠 센터, 사이버보안 말레이시아, Knowledge GRID Malaysia, e-콘텐츠 기금 등을 제시하였다(유승무, 2007). 또한 지방정부의 도서관을 정보화함으로써 지역 내 도농간 정보격차 해소를 추진하고 있으며 말레이시아 사라왁 지역 내 92개 도서관에 인터넷을 연결하는 등 2007년 9월까지 249개 도서관의 85%인 213개 도서관에 ICT인프라 구축을 발표하였다(이자성, 2009; 지운종, 2007).

제 4 장

창의적 문제해결력 향상을 위한 정보교육

1. 21세기 학습자가 갖추어야 할 역량
2. 창의적 문제해결력의 개념 및 관련 연구
3. 창의적 문제해결력 향상을 위한 교육 사례
4. 정보기술 유창성의 개념 및 관련 연구

제 4 장 창의적 문제해결력 향상을 위한 정보교육

정보활용 및 역량 부문의 정보격차 해소는 앞에서도 언급했듯이 교육적 개입을 통해 가장 효과적으로 해결할 수 있다. 그러나 단지 일상생활에서의 정보이용 능력 향상을 위한 교육만으로는 근본적인 정보격차 문제를 해결할 수 없다. 정보격차의 근본적인 문제를 해소하기 위해서는 취약계층, 특히 저소득층 자녀들을 대상으로 한 정보이용 능력 향상뿐 아니라, 창의적 문제해결력 향상을 위한 정보기술 유창성 교육이 이루어져야 한다.

따라서 이 장에서는 저소득층 자녀들에게 21세기가 요구하는 필수 역량인 창의적 문제해결력 향상을 위한 정보기술 유창성 교육 프로그램을 제시하기 위한 기초 연구로 창의적 문제해결력의 본질을 규명하고, 창의성과 문제해결력, 정보기술유창성의 관계를 살펴본다.

1. 21세기 학습자가 갖추어야 할 역량

Partnership for 21st Century Skills에서는 미국 교육 시스템을 강

〈그림 4-1〉 21세기 학습자 결과물과 지원 시스템

화하기 위해 21세기 학습을 위한 비전을 구체적으로 범주화하여 제시하였다(Partnership for 21st Century Skills, 2009). 해당 기관은 'Framework for 21st Century Learning' 보고서를 통해 21세기의 삶과 직업에서 성공하기 위해 학습자들이 갖추어야 할 지식과 기술, 전문성의 21가지 유형을 4개 영역으로 구분하여 제시하고 있으며, 구체적인 내용은 〈그림 4-1〉과 같다.

21세기를 살아가기 위해서 학습자들은 학습과 혁신 기술(Learning and Innovation Skills), 정보, 미디어와 테크놀로지 기술(Information, Media, and Technology Skills), 핵심 과목과 21세기 주제들(Core Subjects and 21st Century Themes), 삶과 진로 기술(Life and Career Skills)을 필수적으로 습득해야 한다.

1) 핵심 과목과 21세기 주제들

이 영역에서는 미래 사회의 모든 학습자가 필수적으로 학습해야 할 핵심 과목을 제시하고 있으며, 핵심 과목들은 다음을 포함한다.

– 언어, 읽기 또는 언어 기술
– 외국어들
– 예술
– 수학
– 경제학
– 과학
– 지리학
– 역사
– 정치와 국민윤리

이러한 과목들에 더하여 학교에서 핵심적으로 다루어야 할 21세기의 간학문적인 주제들로 세계화 의식, 재정, 경제, 비즈니스와 기업가적 소양, 국민적 소양, 건강적 소양을 제시하고 있다.

2) 학습과 혁신 기술

학습과 혁신 기술들은 21세기의 점점 더 복잡해지는 삶과 직업 환경을 위해 준비해야 할 학습자의 역량들로, 창의성, 비판적 사고, 의사소통과 협력을 필수 항목으로 제시하고 있다.

(1) 창의성과 혁신

이 항목은 창의적 사고, 다른 사람들과의 창의적 작업, 혁신 실현의 3가지 요소를 포함한다. 창의적 사고는 광범위한 아이디어 생성 기술을 사용하는 능력, 새롭고 가치 있는 아이디어를 생성하는 능력,

창의적 노력을 최대화하고 향상시키기 위해 자신의 아이디어를 평가, 분석, 정교화하는 능력을 의미한다. 또한 새로운 아이디어를 다른 사람들과 의사소통하고 효과적으로 적용하는 능력, 새롭고 다른 관점을 받아들이는 능력, 새로운 아이디어를 적용할 경우 실세계의 한계를 이해하고 독창성과 발명성을 시연하는 능력, 실패를 학습의 기회로 바라보는 관점, 창의성과 혁신을 장기적으로 이해하고, 작은 성공과 빈번한 실수 과정을 비판할 수 있는 능력을 포함한다. 혁신의 적용은 창의적 아이디어를 실체적으로 만드는 행동과 혁신이 수행될 현장으로의 유용한 공헌을 포함한다.

(2) 비판적 사고와 문제해결

이 항목은 효과적 추론, 체계 활용 사고, 판단과 결정, 문제해결의 4가지 요소를 포함하고 있다.

효과적 추론은 상황에 적절한 다양한 추론의 유형(귀납적, 연역적 등)을 사용하는 능력이며, 체계 활용 사고는 복합 시스템에서 전체적인 결과들을 생성하기 위해 상호작용하는 방법을 분석하는 능력을 의미한다.

정의와 판단의 결정 능력은 주장과 신념, 논의, 증거를 효과적으로 분석하고 평가하는 능력, 주요 대안을 평가하고 분석하는 능력, 정보와 논의 사이의 연결을 생성하기 위한 종합 능력, 최상의 분석에 기초한 결론의 유도와 정보 해석 능력, 학습 경험과 과정의 비판적 성찰 능력을 포함한다. 문제해결은 익숙하지 않은 다양한 종류의 문제들을 편리하고 혁신적인 방법으로 해결하는 능력으로, 더 나은 해법의 유도와 다양한 관점의 유의미한 질문들을 요청하고 인식할 수 있는 능력을 포함한다.

(3) 의사소통과 협력

이 항목은 명확한 의사소통과 다른 사람들과의 협력을 포함하고 있다. 의사소통 능력은 말, 글, 다양한 상황에서의 비언어적인 의사소통 기술을 효과적으로 사용하여 사고와 아이디어를 명확하게 표현하는 능력, 지식, 가치, 태도, 의도를 포함한 의미를 판독하기 위해 효과적으로 듣는 능력, 목적을 위한 의사소통의 활용 능력, 다양한 미디어와 테크놀로지를 활용하고 이들의 영향 평가뿐 아니라 효과성을 미리 판단하는 방법을 아는 능력, 다른 환경과 효과적으로 의사소통하는 능력을 포함한다.

다른 사람들과의 협력은 다른 팀과 함께 효과적이고 정중하게 일하는 능력을 보이고, 공동의 목표 달성을 위한 필수적인 타협을 만드는 데 유용한 의지와 유연성 연습, 각 팀 구성원에 의해 만들어진 개별적 공헌의 가치와 협력적 작업을 위한 공유된 책임감을 포함한다.

3) 정보, 미디어와 테크놀로지 기술

지식 정보사회로 대표되는 21세기의 사람들은 정보와 미디어, 테크놀로지와 관련된 비판적 사고 기술과 이들의 활용 기술을 갖추고 있어야 한다. 따라서 이 영역은 21세기 학습자들이 갖추어야 할 역량으로, 정보 소양(Information Literacy), 미디어 소양(Media Literacy), ICT 소양(Information, Communications and Technology Literacy)

을 제시하고 있다.

(1) 정보 소양

정보 소양은 정보의 접근 및 평가(Access and Evaluate Information), 정보 관리 및 사용(Use and Manage Information)으로 구분된다.

정보의 접근 및 평가는 시간 효율적이고 자원 효과적인 정보의 접근과 비판적이고 유효한 정보의 평가 능력을 포함한다. 정보 관리 및 사용은 주어진 문제 또는 이슈를 해결하기 위해 창의적이고 정확하게 정보를 사용하는 능력, 광범위하고 다양한 자원들로부터 정보의 흐름을 관리하는 능력, 정보의 사용과 접근을 둘러싼 윤리적·법적 문제의 근본적인 이해의 적용 능력을 포함한다.

(2) 미디어 소양

미디어 소양은 미디어 분석, 미디어 작품 생성으로 구분된다. 미디어 분석은 미디어 메시지 생성 이유와 목적, 방법을 이해하는 능력, 미디어가 어떻게 신념과 행동에 영향을 줄 수 있는지, 어떻게 가치와 관점에 포함되거나 배제되는지, 어떻게 개별적으로 다르게 해석되는지 점검하는 능력, 미디어 사용 및 접근과 관련된 윤리적·법적 문제에 대한 근본적인 이해와 적용 능력을 포함한다. 미디어 작품 생성은 가장 적절한 미디어 생성 도구의 활용과 이해, 다중 문화적 환경, 가장 적합한 다른 표현과 해석의 효과적인 활용과 이해를 포함한다.

(3) ICT 소양

ICT 소양은 정보통신기술의 효과적인 활용 능력으로 정보 의사소통과 평가, 조직, 연구를 위한 도구로써 첨단 기술의 사용 능력, 컴퓨터, PDA, 미디어 플레이어와 GPS 등과 같은 디지털 기술의 사용 능력, 지식 경제의 성공적인 기능을 위한 정보 생성과 평가, 통합, 관리, 접근을 위한 사회적 네트워크, 커뮤니케이션, 네트워킹 도구의 사용 능력, 정보 기술의 사용과 접근에 관한 윤리적·법적 문제들의 근본적인 이해의 적용 능력을 포함한다.

4) 삶과 진로 기술

오늘날의 삶과 직업 환경은 사고 기술과 내용적 지식 이상의 것을 요구한다. 세계적으로 경쟁력 있는 정보 시대의 복잡한 삶과 직업 환경을 탐색하기 위한 능력은 학습자들에게 적합한 삶과 진로 기술 개발에 더 엄밀한 주의를 요구한다.

따라서 삶과 진로 기술은 유연성과 적응력, 독창성과 자기주도성, 사회적 기술 및 다문화적 기술, 생산성과 의무, 지도력과 책임감을 포함한다. 유연성과 적응력은 변화에 적응하고, 융통성을 갖추는 것을 의미하며, 독창성과 자기주도성은 목표와 시간을 관리하고, 독립적으로 작업하며, 자기주도적인 학습자가 되는 것을 의미한다. 사회적 기술 및 다문화적 기술은 다른 사람들과 효과적으로 상호작용하고, 다른 팀들과 효과적으로 작업하는 능력을 의미한다. 생산성과 의무는 프로젝트의 관리와 결과의 생성을 위해 요구되는 능력을 포함하며, 지도력과 책임감은 다른 사람들을 이끌고 안내하는 능력, 다른 사람들에게 책임감을 가지는 것을 의미한다.

2. 창의적 문제해결력의 개념 및 관련 연구

1) 문제해결력과 창의성의 관계

문제해결력과 창의성의 관계를 살펴보기에 앞서 문제해결과 창의성이 각각 무엇을 의미하는지 살펴보고, 이러한 정의와 특성을 바탕으로 문제해결력과 창의성의 관계를 짚어보고자 한다.

문제해결력과 관련된 논의를 진행하기 위해서는 먼저 문제가 무엇인지에 대해 명확히 살펴볼 필요가 있다. Getzels(1975)에 따르면 문제란 불편하고 바람직하지 못하고 답답하고 고통스러운 딜레마 또는 어려움이나 장애를 의미한다. 다시 말해 문제란 현재 상태와 해결하고자 하는 또는 되고자 하는 목표 상태가 서로 일치하지 않아서 갈등이 생기거나, 장애물이 있어서 쉽게 달성되지 못한 상태라고 할 수 있다(이순연, 2003). 이러한 문제에는 문제 상태와 목표 상태가 포함된다. 문제 상태는 당사자가 원하지 않는 상태에서 그것을 좀 더 만족스러운 것으로 바꾸는 방법을 알지 못하는 상황을 말하고, 목표 상태는 문제 상태를 바꾸어서 해결하기를 원하는 상황을 말한다. 문제 상태를 목표 상태로 전환하기 위해서는 조작자 혹은 조치를 고안하고 이를 문제 상황에 적용해야만 한다. 조작자를 문제 상태에 적절하게 적용하기 위해서는 문제 상태에 포함된 여러 가지 것들을 고려해야 한다. 예를 들어 먼저 충족시켜야만 하는 제약이 문제 상태에 존재할 수도 있으며, 문제 상태를 조작하는 것을 방해하는 장애가 있을 수도 있다(Weisberg, 2006).

따라서 개인이나 집단이 목표 상태에 이르는 데 어떠한 제약이나 장애로 쉽게 도달하지 못하는 상태를 문제라 정의할 수 있다. 이러한 정의에 따르면 문제해결은 문제 상태를 목표 상태로 바꿀 수 있는 방법을 고안하고 문제 상황에 적용하여 목표 상태에 도달하는 것을 말한다. 문제를 접하는 상황은 대부분 문제를 해결하고자 하는 사람(이하 문제해결자)이 처음 접하는 새로운 상황이며, 이러한 상황에서 문제해결자는 문제 상태를 목표 상태로 바꿀 수 있는 조작자를 기존의 지식과 정보를 활용하여 직접 고안해내야 한다. 이때 조작자는 문제 공간 안에서 탐색하게 되는데, 여기서 문제 공간이란 문제를 해결하기 위해 시도할 수 있는 일련의 모든 조치를 말한다. 그리고 최종적으로 채택된 조작자는 목표 상태에 도달하기 위해 가장 적절한 해결 방법이라 할 수 있다(Weisberg, 2006). Mayer(1999)는 문제해결이 문제해결자가 해결 방법을 알 수 없을 때 목표 상태로 도달하게 하는 일련의 인지적 처리과정이라고 설명하면서 문제해결이 하나의 과정임을 언급하였다.

이러한 문제해결에 대한 학자들의 정의에 비추어 볼 때, 문제해결은 문제 상태를 목표 상태로 변형시키는 조작자를 찾거나 만들고, 이것을 문제 상태에 적용하여 목표 상태에 도달하는 것이다. 다시 말해, 문제해결이란 어떤 장애나 제약으로 어려움을 겪는 문제 상황을 극복하여 원하는 목표에 도달할 수 있는 방법을 찾거나 만들어내는 것을 말한다.

예를 들어, 다음과 같은 상황을 생각해 보자. 어떤 학생의 컴퓨터가 바이러스에 감염되었는데, 이 학생은 컴퓨터에 바이러스가 없는 상태를 원한다. 따라서 컴퓨터 안의 바이러스를 치료하여 없애고 싶어 한다. 이 학생은 온라인으로 백신을 다운로드해서 바이러스를 치료하는 방법을 알고 있다. 그런데 현재 컴퓨터와 인터넷이 연결되어 있지 않다. 여기서 문제를 해결해야 하는 학생이 문제해결자가 되고, 인터넷이 연결되어 있지 않은 컴퓨터에 있는 바이러스가 감염된 현재 상태가 문제 상태가 되며, 컴퓨터에 있는 바이러스가 치료되어 제거된 상태가 목표 상태가 된다. 문제해결자인 이 학생은 온라인으로 백신을 다운로드해서 문제를 해결하는 방법을 알고 있지만, 컴퓨터와 인터넷이 연결되어 있지 않은 장애로 인해 목표 상태로 도달하는 것이 막혀 있다. 이러한 상황에서 학생은 장애물을 극복하기 위해 여러 가지 방법들(오프라인으로 백신을 구입하거나, 컴퓨터 애프터서비스 센터에 전화를 걸어 서비스를 받는 방법, 컴퓨터를 포맷하는 방법 등)을 탐색 및 고안하게 되는데 이것이 문제 공간이 되며, 그중 가장 적절한 방법을 찾을 경우 이것을 조작자라고 한다.

이러한 문제해결은 여러 단계를 거쳐 이루어진다. 여러 학자들이 이러한 단계에 대해 연구하였는데 그중 몇 가지를 살펴보면 다음과 같다.

Polya(1957)가 제시한 문제해결 단계는 문제에 대해 정보를 수집하고 무엇을 알고 싶어 하는지 질문함으로써 문제를 이해하는 '문제 이해', 문제를 해결할 전략을 세우는 '계획구상', 구상한 방법을 행동으로 옮기는 '계획실행', 학습자가 실행한 방법을 점검하여 방법들이 서로 어떻게 연계되어 있으며 새로운 문제에 적용할 수 있는지 알아봄으로써 문제해결방법을 평가하는 '점검'의 네 단계로 구성되어 있다.

Bransford와 Stein(1984)은 문제해결 단계를 IDEAL로 제시하였

다. 문제를 확인하는 단계 I(Identifying problem)는 현재 상황을 해결해야 할 문제로 인식하는 단계이다. 문제를 정의하는 단계 D(Defining problem)는 확인된 문제를 어떻게 이해하여 접근할 것인가를 찾는 단계이다. 대안적 접근 탐색 단계 E(Exploring alternative approaches)는 가능한 해결책을 탐색하는 단계이며 계획 실행 단계 A(Acting on a plan)는 수립한 계획을 실행하는 단계이고, 효과 검토 단계 L(Looking at the effects)은 효과를 검토하는 단계이다.

Todd 등(1996)은 '문제 확인 및 정의', '설계 개요 개발하기', '가능한 대안 탐색', '대안 수집 및 평가', '최선의 해결 방안 시도', '결과 평가' 6단계로 소개하였다.

이 외에도 많은 학자들이 문제해결 단계를 제시하였는데, 이를 종합해 보면, 공통적으로 다음의 핵심 단계들이 포함되어 있다.

첫째, 문제를 분석하여 이해한다.

둘째, 문제와 관련된 정보를 찾는다.

셋째, 이를 바탕으로 해결책을 세운다.

넷째, 해결책을 실행한다.

다섯째, 실행한 해결책에 대해 평가하고 부족한 부분을 수정한다.

문제를 해결할 때 위의 문제해결 단계는 모두 중요하지만, 문제의 종류에 따라서 단계별로 비중이 약간 차이가 있다. 문제는 제시되는 정보에 따라 잘 정의된 문제와 빈약하게 정의된 문제로 나뉜다. 잘 정의된 문제는 문제의 초기 상태, 목표 상태, 조치와 그것을 적용할 수 있는 조건 등이 비교적 상세하게 잘 구조화되어 제시된 문제이다. 예를 들어, 하노이의 탑, 틱택토(tic-tac-toe) 게임이 여기에 속한다. 반면 빈약하게 정의된 문제는 초기 상태 혹은 목표 상태 등의 문제를 구성하는 요소가 하나 이상 기술되지 않은 문제이다. 예를 들면 '방을 아름답게 꾸며보자' 같은 것인데, 이 문제의 경우 방의 초기 상태가 어떠한지, 목표 상태인 아름다움은 무엇을 의미하는지에 대한 요소가 정확하게 제시되지 않고 있다.

잘 정의된 문제는 문제해결 단계 중 문제를 분석하고 이해하는 단계와 관련된 정보를 찾는 단계가 상대적으로 중요하다. 왜냐하면 문제를 구성하는 요소가 대부분 문제에 제시되지만, 난이도가 높아질수록 조작자를 탐색해야 하는 문제 공간이 넓어지기 때문에, 문제를 정확하게 분석하고 이해하여 해결에 적절한 조건을 파악하고 그에 맞는 정보를 수집하는 것이 문제해결의 핵심이라고 할 수 있다.

반면 빈약하게 정의된 문제는 잘 정의된 문제에 추가적으로 다른 어려움이 포함된다. 문제에서 요구하는 바를 정확하게 분석하고 이해하여 조작자를 찾는다고 하더라도 문제 자체가 빈약하게 정의되어 있는 탓에 문제를 구성하는 요소의 해석이 다양할 수 있다. 그에 따라 찾은 조작자의 적절성을 판단하기가 쉽지 않다. 기존의 지식과 경험을 바탕으로 탐색한 조작자가 적절하지 않다고 판단되면 어느 부분에서 문제점이 있는지 다시 파악하고 문제와 관련된 정보를 수집하여 다른 조작자를 모색해야만 한다. 잘 정의된 문제에 비해 다양한 새로운 조작자가 요구되는 경우가 많기 때문에, 빈약하게 정의된 문제는 잘 정의된 문제에 비해 창의성의 발현과 거리가 가까워 보인다. 이 때문에 종종 사람들은 창의적인 문제를 빈약하게 정의된 문제로만 생각한다. 이러한 견해는 일견 논리적으로 옳게 보이지만, 그것을 실제의 구체적인 상황으로 가져와 적용해 보면 그러한 생각이 타당하다고 할 수 없다.

창의적인 문제해결력 향상을 생각해 보자. 창의적인 문제해결력이 '창의적으로 문제를 해결하는 능력'을 말하는 것이라고 본다면, 문제의 종류는 매우 중요하게 된다. 이러한 관점에서 창의적인 문제해결력을 키우기 위해서 창의적으로 생각해야 하는 문제를 많이 접해 보는 것이 중요하게 된다. 따라서 창의성의 발현과 밀접한 관련을 갖는 빈약하게 정의된 문제를 많이 제시하여 이를 해결하는 연습을 하는 것이 중요하게 된다. 이렇게 될 경우, 교육이 개입할 여지는 적어지게 된다. 제시되는 문제에 초점을 맞출 경우, 잘 구성된 일련의 문제은행을 만드는 것이 교육이 할 수 있는 전부가 된다. 물론, 그렇게 해서라도 창의적 문제해결력이 향상만 된다면 문제가 없겠지만, 단순히 많은 문제를 접한 경험이 창의적 문제해결력의 향상으로 연결된다는 것은 무리가 있어 보인다. 왜냐하면 어떻게 그 문제를 해결했는가에 대해서는 여전히 알려주는 바가 없기 때문이다. 이러한 경우 문제해결자는 단순히 더 많은 문제 경험을 통해 빈약하게 정의된 문제를 해결하는 방법에 대한 지식의 확장에 그치고 말 확률이 더 크다. 우리가 원하는 것은 문제해결자가 어떤 문제가 오더라도 창의적으로 문제를 해결하는 능력을 가지는 것이다. 즉, 문제를 창의적으로 해결하는 능력이 향상되는 것을 원하는 것이다. 이렇게 될 경우 창의적 문제해결은 문제 그 자체의 속성과는 관련이 작아진다. 결국 창의적으로 문제를 해결하는 과정에 좀 더 초점이 맞추어지는 것이다. 만일 문제를 창의적으로 해결하는 과정을 밝혀낸다면, 다른 문제들에 대한 전이효과도 기대할 수 있을 것이며, 그러한 것이 문제해결자의 창의적 문제해결력 신장으로 자연스럽게 연결될 것이다. 그렇다면 문제를 창의적으로 해결하는 것은 무엇을 의미하는가? 이를 논의하기 위해 먼저 창의성이 무엇인지 알아보자.

1950년대 이후 학자들은 창의성을 창의적인 사람들이 가지고 있는 특성으로 생각하고 창의적인 사람의 정신 과정이나 특성을 밝혀서 창의성을 이해하고자 했다. 창의성 이론의 초기 연구자인 Guilford (1959)는 창의성이 수렴적 사고보다는 확산적 사고와 관련이 있어서 창의적인 사람은 문제에 대해 하나의 정답을 제시하기보다는 새로운 답이나 아이디어를 많이 생성하는 능력이 있다고 가정하고 확산적 사고를 통해 사람들의 창의적 잠재력을 이해하고자 했다. 그러나 Amabile(1983)은 창의성은 사람의 특성을 나타내는 것이 아니라 새롭고 적절한 아이디어, 행동이나 산출물을 의미한다고 주장했다. 한편 Csikszentmihalyi(1996)는 창의성이란 특별한 사람들의 머릿속에서 일어나는 정신적 활동이 아니라 '사람의 사고와 사회 문화적 맥락의 상호작용에서 나오는 새롭고 가치가 있는 아이디어나 행위'라고 정의함으로써 개인적 현상이라기보다는 체제적으로 창의성을 이해하고자 했다. 그리고 최근의 연구에서 Plucker와 Beghetto(2004)는 산출물, 개인의 능력, 과정 및 환경적 요소를 모두 고려해서 '창의성이란 한 개인이나 집단이 특정 사회적 맥락 내에서 새로우면서도 유용한 결과나 산출물을 생성해 내는 능력과 과정 간의 상호작용'이라고 정의했다. 창의성이 무엇인지 좀 더 알기 위해 창의성의 구체적인 측면을 살펴보면 학자들마다 주장하는 바가 약간씩 차이가 있다. 이것은 창의성을 연구하는 데 어떤 부분에 강조를 두느냐에 따라 달라지기 때문이다. 창의성을 좀 더 이해하기 위해 창의성 연구를 간단히 살펴보자.

창의성 연구는 크게 네 범주로 나누어 볼 수 있는데(Brown, 1989; Rhodes, 1961) 각 주제의 앞 글자가 'P'로 시작된다는 것에 착안하여 창의성 연구의 '4P'라고 한다. 4P 중 첫째는 창의적인 개인(Person)에 대한 연구이다. 창의적인 개인의 특성에 초점을 맞추어 창의성의 본질에 접근하려는 것으로 창의적인 개인에게 공통적으로 나타나는 성격이나 태도 등에 주목한다. 둘째로 창의적인 산물(Product)에 대한 연구는 창의적 산물의 특징에 관심을 갖는다. 이 범주에는 창의적이라고 판단되는 최종 결과물에 대하여 관심을 갖는 연구들이 포함된다. 이러한 연구들은 창의적인 산물에 대한 객관적인 측정과 판단을 가능하게 한다. 셋째로 창의적인 과정(Process)에 대한 연구이다. 어떤 시점에서 개인 내에 존재하는 사고과정을 창의성으로 정의하며, 이러한 접근에서는 창의적인 사고와 문제해결의 관계 등을 주로 다룬다. 마지막으로 창의적인 산물에 영향을 주는 환경(Press)에 대한 연구이다. 연구자들은 창의성을 극대화할 수 있는 환경에도 관심을 기울인다. 창의적인 환경에는 분위기, 상황, 장소 등이 포함된다.

4P의 관점에 따른 연구들은 각각 창의성의 중요한 속성을 밝히는 데 큰 기여를 해온 것은 사실이지만, 우리가 창의적인 문제해결력 향상에 관심을 갖는다면 창의적인 과정에 중점을 두고 연구할 필요가 있다. 왜냐하면, 창의성이 어떻게 발현되는지, 왜 발현되지 않는지 설명하기 위해서는 창의성이 발현되는 과정을 아는 것이 중요하기 때문이다. 사고과정이 설명될 수 없다면 어떠한 결과물이 창의적임을 밝혀냈다고 하더라도 여전히 그것이 생성되는 과정에 대해서는 알 수 없는 것이다. 예를 들어, 누군가 창의적인 문제를 해결한 경우 그것이 다른 문제 상황에서도 발현이 가능하게 하려면 단순히 문제를 풀었다, 못 풀었다가 중요한 것이 아니라, 그것이 나올 수 있었던 기제를 밝혀야 한다. 그렇지 못할 경우 다른 문제에서도 같은 결과를 내게 하는 전이가 보장되지 않을뿐더러, 그 문제를 풀지 못한 사람의 창의적 능력 향상에는 아무런 기여를 할 수 없는 것이다.

창의성에 대해 다양한 견해를 갖는 학자들이 공통적으로 합의하는 창의성의 속성은 '새로움(novelty)'과 '적절성(appropriateness)'이다.

이를 창의적인 과정의 관점에서 자세히 살펴보면, '새로움'이라는 것은 발산적 사고와 관련을 맺고 있으며, '적절성'은 수렴적 사고와 관련을 맺고 있음을 알 수 있다. 여기서 중요한 사실을 알 수 있는데, 창의성이 우리가 사용하는 일반적인 사고과정과 관련이 있다는 사실이다. 즉 새로운 아이디어를 생성하는 것과 관련이 있는 발산적 사고는 먼저 창의성이 발현되는 과정에서 다양한 제안 및 탐색이 중요함을 말한다. 또한 그것이 상황에 적절한가를 평가하는 것과 관련이 있는 수렴적 사고는 생성된 아이디어가 상황에 적절한지를 평가하는 일반적인 기준과 사고가 적용되는 단계가 중요하게 작용하고 있음을 말해준다.

위와 같이 '일반적인 사고과정'은 창의성이 어떻게 나오는지 설명하는 데 큰 역할을 한다. 그러는 동시에 문제를 해결하는 데도 중요한 역할을 한다. 우리는 문제해결을 위해 문제를 이해하고 분석하며 관련 정보를 찾고 해결책을 모색한 후 적용하고 평가하는데, 이러한 문제해결은 우리의 일반적인 사고과정이 없다면 전혀 불가능하기 때문이다.

2) 창의적 문제해결력

문제해결과 창의성이 우리의 일반적인 사고과정에서 나온다면 창의성과 문제해결은 어떠한 관계가 있을까? 지금부터는 문제해결과 창의성의 관계를 살펴보고, 앞에서 의문으로 남겨놓았던 창의적 문제해결이란 무엇인지 알아보겠다.

많은 연구자들이 창의성과 문제해결이 매우 밀접한 관계를 가지고 있다는 것에는 동의하지만, 이 둘 사이의 관계에 대한 학자들의 입장은 크게 세 가지로 나뉜다. 먼저, 창의성과 문제해결을 같다고 보는 입장이다. 창의적 사고는 새로운 결과를 이끌어내는 것이고 문제해결은 새로운 상황에 대한 새로운 반응의 산출이라는 점에서 결국 이 둘은 기본적으로 같은 정신적 현상으로 본다(Guilford, 1959; Basadur, 1994). 한편, 문제해결을 창의성이 발현되는 과정의 하나라고 보는 입장이 있다. 이 입장은 문제를 발견하거나 주어진 문제를 새롭게 인식해 새로운 결과물을 창출하거나 새롭고 적절한 방식으로 문제를 해결하는 것을 창의성이 발현되는 과정의 일부로 여긴다(Csikszentmihalyi & Getzels, 1971). 마지막으로 창의성을 문제해결에서 하나의 유형으로 보고 있는 학자들에 따르면 창의적 행위는 문제 형성에서의 새로움, 비습관성, 인내심, 어려움이라는 특징을 가진 문제해결의 한 유형으로 본다(Newell, Shaw & Simon, 1962).

그러나 모든 문제해결이 창의적인 것은 아니므로 창의성과 문제해결이 같다는 첫 번째 입장은 받아들이기 어렵다. 왜냐하면 문제해결 과정에서 조작자를 찾아 문제를 해결하려고 시도하였음에도 불구하고 해결되지 않는 경우가 있는데 이러한 경우 지식의 부족에 기인하기도 하지만, 그렇지 않은 경우도 있기 때문이다. 이처럼 기존의 정보를 단순히 적용하거나 이용했는데도 해결되지 않기 때문에 새로운 방법을 통해 문제를 해결해야 하는 경우를 우리는 '창의적 문제해결'이라고 한다.

그렇다면 창의성이라는 현상 안에 문제해결이 포함되는지, 문제해결의 여러 유형 중 하나가 창의성인지가 중요하게 된다. 여기에서는 창의적 문제해결이라는 말에서 유추할 수 있듯이 문제해결의 한 유형으로 창의성을 보는 관점을 채택하여 논의를 진행하기로 한다. 이에 대한 논의를 진전하기 위해 일반적인 문제해결과 창의적인 문제해결 과정을 살펴보고 비교해 보자.

일반적 문제해결 과정은 문제의 분석 및 이해, 관련된 정보 찾기, 해결책 세우거나 찾기, 실행, 평가 및 수정의 단계로 이루어진다. 또한 창의적 문제해결 과정은 크게 문제의 발견 및 정의 단계, 자료 탐색 및 해결안 발견 단계, 실행 및 평가를 거쳐 이루어진다. 일반적 문제해결 과정과 창의적 문제해결 과정은 외양상으로는 차이가 없어 보이지만, 각 단계를 살펴보면 다소 차이가 있음을 알 수 있다. 일반적 문제해결의 경우에는 문제에 주어진 제약과 장애물을 분석하여, 기존의 지식을 활용하여 제약을 충족시키고 장애물을 피할 수 있는 적절한 해결책을 찾으면 문제가 해결된다. 대부분의 경우, 문제의 제약을 분석함에 따라 결국 기존의 방법 중에서 선택되는 조작자의 가짓수는 한정된다. 창의적인 문제를 해결하기 위해서도 일반적 문제해결과 같이 제약과 장애물을 확인하고 분석하여 이에 적절한 조작자를 탐색하고 선택하는 과정을 거친다. 다만 차이가 나는 점은 문제나 여러 가지 제약으로 인해 탐색한 기존의 방법이 더 이상 적절한 해결책이 되지 못한 경우가 생긴다는 점이다. 따라서 새로운 조작자를 구성하거나 생성하기 위해 다시 문제 분석으로 돌아가게 된다. 이때 문제 상황에서 상정할 수 있는 적절한 조작자의 수는 문제를 구성하는 제약이나 장애의 수가 줄어들수록 늘어나게 된다. 즉, 문제에서 상정되는 제약이 많으면 많을수록 가능한 조작자의 수는 줄어들게 되고, 결국 문제해결이 어려워지는 것이다.

창의적 문제해결에서 새롭고 다양한 조작자를 생성해내는 단계에서 아이디어를 생성해내는 데 어려움을 겪는 현상이 있다. 여러 가지 이유가 있겠지만, 중요한 사실은 기존의 지식과 경험이 발산적 사고를 방해하는 속성이 있다는 사실이다. 즉 기존의 지식과 경험을 바탕으로 발산적 사고가 이루어지지만, 동시에 그것들과 관련되어 있는 다른 지식들이 발산적 사고를 막아 창의적 문제해결을 방해할 수 있다는 것이다. 예를 들어, Duncker의 촛불 문제와 Maier의 두 끈 문제에서 볼 수 있듯이 문제해결자가 사물에 관련한 다른 지식들을 관습적으로 사고에 적용하려는 경향은 대상의 새로운 기능을 발견하지 못하게 하여 새로운 조작자를 생성하고 문제를 해결하는 것을 방해한다고 볼 수 있다. 이를 기능적 고착이 발생하였다고 한다. 또 문제해결에서 특정 조작자를 선호하는 편파성을 보일 수 있는데 이를 갖춤새 효과(set effect)라고 한다. 이는 Luchins의 물주전자 문제에서 볼 수 있는 사고의 기계화로서, 문제를 해결하는 과정에서 찾은 특정한 조작 순서를 기억하고, 이 순서를 기계적으로 다른 문제에도 적용하여 새로운 가능성을 볼 수 없게끔 하는 것이다(Anderson, 1995).

따라서 창의적 문제해결이란 문제해결을 방해하는 지식과 경험에 의한 고착에서 벗어나서 새로운 조작자들을 많이 생성하고 그중에서 적절한 조작자를 선택하여 문제를 해결하는 것이다. 다시 말해 문제로 인해 발생할 수 있는 고착에서 쉽게 벗어날수록 문제를 창의적으로 해결할 가능성은 커진다.

3. 창의적 문제해결력 향상을 위한 교육 사례

여기에서는 국내외에서 이루어지는 창의적 문제해결력 신장 교육을 사례 중심으로 살펴보고, 우리가 정의하는 창의적 문제해결력과 어떻게 다른지 알아보겠다.

1) 국내 사례 1 [창의적 문제해결력 증진을 위한 온라인 창의성 과학교실 운영]

(1) 목적

학습자의 자기주도적인 학습과 창의적인 사고력 및 효과적인 문제해결력을 증진하고 실생활에 적용하는 능력을 기르고자 한다.

(2) 대상

○○경영정보고등학교 1학년 489명, 2학년 473명

(3) 시기

2003년 3월-2003년 11월

(4) 프로그램 소개

창의적 문제해결력 육성을 위한 Osborn의 창의적 문제해결(CPS)[1] 프로그램을 학생들의 실정에 맞게 수정하였다. 학생들이 과학 갈등을 유발하는 문제를 접한 후 확산적 사고를 통해 다양하고 창의적인 아이디어를 생산하고, 수렴적 사고를 통해 자신의 아이디어를 평가하여

---

1) CPS(Creative Problem Solving); 창의적 문제해결법
1952년 개발되어 최근까지 수정, 발전되어 온 문제해결 모형으로서 문제를 이해하고 문제와 관련된 다양한 아이디어를 생성하게 하며, 아이디어를 선택 분석하여 가능한 해결책을 찾아 실행할 구체적인 계획을 설계하도록 하는 것이다.

<표 4-1> 창의적 문제해결력 증진을 위한 온라인 창의성 과학교실

<table>
<tr><th>구성 요소</th><th>하위 요소</th><th colspan="2">세부내용</th></tr>
<tr><td rowspan="11">창의성 토의방</td><td rowspan="4">창의성 토의방</td><td colspan="2">• 개인별 · 조별 · 학급별 토의를 위해 자체 개발된 프로그램 활용
• 교사가 개인별 입력, 조별 입력, 다른 조 평가하기 기간을 지정
• 교사평가(개인별: 유창성, 독창성/조별: 정교성, 비판성)</td></tr>
<tr><td>개인별 창의적 문제해결안 작성</td><td>문제해결을 위해 확산적 사고를 통해 해결안을 15가지 입력한 후 독창성, 적합성, 중요성이라는 기준을 통해 수렴적 사고를 거쳐 그중 최종 3가지 개인 해결안을 학생 스스로 선택함 → 이에 대해 교사는 독창성, 유창성 기준으로 평가</td></tr>
<tr><td>조별 창의적 문제해결안 작성</td><td>3명이 한 조가 되어 학생당 3개의 해결안을 가지고 모여 4개의 우수해결안을 선택한 후 각 해결안을 정교화함. 구성원들이 직접 10개의 평가기준을 만들고 그중 3가지 기준을 선택한 다음 그 기준에 맞추어 4개의 우수해결안 중 1개의 최종 해결안을 선택하는 수렴적 사고를 거치도록 함</td></tr>
<tr><td>다른 조 평가하기</td><td>자신의 조를 제외한 다른 조의 해결안을 우수한 조부터 순위를 매김</td></tr>
<tr><td rowspan="5">창의성 토의 문제</td><td colspan="2">물리, 화학, 지구과학, 환경 등과 연관된 주제로 실생활에서 갈등을 유발하는 문제 상황을 제시하여 창의적인 사고 유도</td></tr>
<tr><td>1차</td><td>교실을 시원하게 유지하는 방법에 대한 문제해결 과제</td></tr>
<tr><td>2차</td><td>먹지 않고 설탕과 소금을 구별하는 방법에 관한 문제해결 과제</td></tr>
<tr><td>3차</td><td>우리 지역 사회에서 태풍의 피해를 최소화할 수 있는 방법에 관한 문제해결 과제</td></tr>
<tr><td>4차</td><td>우리 가정의 부엌에서 수질오염을 최소화할 수 있는 방법에 대한 문제해결 과제</td></tr>
<tr><td>우수 문제해결안</td><td colspan="2">• 과제별 가 반의 우수 문제해결안을 선성, 담당 교사의 해설 및 총평, 다른 사람의 우수 해결안을 열람 가능하도록 함</td></tr>
<tr><td>창의성 토의수업</td><td colspan="2">• 시 단위 공개수업 사진과 동영상 탑재</td></tr>
<tr><td rowspan="3">발명 교실</td><td>발명학습</td><td colspan="2">• 발명학습 자료를 정리하여 게시판에 제시하고 학생들의 참여 유도</td></tr>
<tr><td>발명품 함께 만들기</td><td colspan="2">• 생활주변에서 간단하게 만들 수 있는 발명품을 제작하는 과정을 설명하고 사진을 함께 제시</td></tr>
<tr><td>우리 집 발명품 소개</td><td colspan="2">• 가정에서 사용하고 있는 발명품을 게시판에 탑재하여 소개</td></tr>
<tr><td rowspan="3">창의 현장을 찾아서</td><td>학생과학 발명품 경진대회</td><td colspan="2">• 대구 학생과학 발명품 경진대회장 탐방하여 우수발명품 소개</td></tr>
<tr><td>재활용품 전시회</td><td colspan="2">• 한국자원재생공사를 방문하여 자원재활용에 대한 자료를 수집하여 소개</td></tr>
<tr><td>발명가 탐방</td><td colspan="2">• 지역사회 발명가와 인터뷰를 해서 발명에 필요한 태도에 관한 질의응답을 탑재하여 발명에 대한 사고 확장</td></tr>
<tr><td>우수 작품 전시실</td><td>대외/대내 공모전</td><td colspan="2">• 우주과학 상상화 그리기 대회 등 수상작 소개</td></tr>
</table>

창의적이고 합리적인 아이디어를 생산하고 육성하는 과정으로 구성되었다. 온라인상에서 문제해결과 토의가 이루어질 수 있도록 홈페이지와 프로그램을 사용하였다. 한 학기 2회 이상 1학년 전교생이 모두 활용하도록 하였고, 창의성 토의결과를 수행평가에 40% 반영하여 창의적인 사고의 중요성을 인식하고 보상받는 기회를 제공하였다.

⑸ 결과

'온라인 창의성 과학 교실'을 운영하고 이것을 수업활동에 활용함으로써 온라인 창의성 교육을 통해 학생 개개인에게 창의적인 사고와 효과적인 문제해결력을 증진시키고 그와 함께 학생과 교사 모두가 온라인상에서 시공간의 제약을 받지 않고 아이디어를 산출하여 평가하고 전파할 수 있게 하여, 더욱 자유롭게 다양한 창의적인 사고를 개발하고 실생활에 적용하는 능력을 기르는 데 기여하였다.

① 교사의 학습지도

학습지도방법을 개선하여 창의적이고 자기주도적인 학습을 가능하게 하였다. 특히, '창의성 토의방' 프로그램을 개발하여 수업에 활용하고 그 결과를 수행평가에 반영함으로써 창의적 사고가 보상받는 풍토를 조성하였다. '발명교실'에서 자작사진과 실습을 통해 실제 발명품을 제작하는 과정을 제시하여 성취감도 느끼고 고정된 사고를 유연하게 전환함으로써 관찰력과 집중력, 창의력이 확대되었다. '창의현장을 찾아서' 프로그램을 활용하여 생활 현장을 직접 탐방하여 체험함으로써 실생활에서 실천하는 과학을 지도하였으며, 교내외 여러 대회에 학생들이 창의적이고 자기주도적인 자세로 참여하도록 하였다.

② **학생의 학습활동**

언제 어디서나 온라인으로 교사와 학생, 학생과 학생 사이에서 자유롭게 개별적 혹은 조별로 자기주도적 학습을 수행함으로써 자신의 생각을 공유하고 협동심을 배양하게 되었으며 다른 교과 영역에서도 활용할 수 있을 만큼 응용도가 뛰어나고 학생의 호응도가 좋으며 창의성 증진에 기여도가 높다. '온라인 창의성 과학 교실' 프로그램을 활용한 수업을 통하여 인터넷 활용 능력이 좋아지고 정답이 정해져 있지 않고 자신이 생각하고 상상한 것이 답이 될 수 있는 자유로움으로 창의적 사고가 자극을 받는다. '창의성 토의방' 프로그램을 활용한 수업을 통해 과제에 대한 책임감이 강해지고 다른 사람을 배려할 수 있는 마음가짐이 생겨 교우관계가 매우 좋아졌다. 또한 토의방의 학습결과를 수시로 확인할 수 있어 수행평가의 투명성과 객관성, 즉시성을 확보하는 데 기여했으며, 자유게시판을 이용하여 평소 생활에 궁금했던 점을 해결할 수 있었고 일상생활에서 활용할 수 있는 문제해결력이 향상되었다.

⑹ 사례 분석

온라인 창의성 과학교실은 교사가 온라인으로 문제를 제시하면, 학생들이 확산적 사고 과정을 통해 다양한 문제해결책을 만들고 친구와 토의를 통해 적절한 해결책을 선택할 수 있도록 구성된 프로그램이다. 창의적 문제해결력 증진을 위해서 확산적 사고과정과 수렴적 사고과정을 학생들이 끊임없이 경험할 수 있게 프로그램이 짜여 있다. 기존의 오프라인으로 하는 토의는 발표나 주위 평가에 대한 두려움으로 활동에 참여하지 않는 학생들이 있었다면, 이 프로그램은 모든 학생이 문제해결책을 만들고 적절하다고 생각하는 해결안을 추려낼 수 있도록 구성되어 있고, 학생들이 교사에게 개인과제를 평가받을 때는 다른 친구들의 즉시적 평가가 제한될 수 있기 때문에 학습자의 학습 참여율이 높았다.

이 프로그램에서 추구하는 창의적 사고력과 문제해결력 증진이라는 목표를 달성하기 위해서는 확산적 사고와 수렴적 사고를 모두 사용할 수 있도록 적절한 문제가 제시되어야 하는데, 이 프로그램에서 제시된 문제는 학생들이 문제 상황이라고 인식하지 못할 수도 있고 두 가지 사고과정을 사용해야 할 필요를 느낄 수 없게 문제가 제시되어 있어서 아쉽다. 즉, 문제 상황이라고 느낄 수 있는 제약과 장애물이 적절히 포함되어 있지 않아서 학생들은 확산적 사고를 통해서 다양한 아이디어만 내면 된다고 생각할 수 있다. 프로그램 자체에서 수렴적 사고를 유도하기 때문에 학생들이 만들어낸 아이디어 속에서 실용적이거나 적절하지 않은 것을 골라내는 것이지, 스스로 그러한 사고를 하지는 않을 수도 있다는 것이다.

또한 조별 우수사례 선정에서 학생들이 직접 평가기준을 정해 그에 따른 기준을 만들어 적용하도록 했는데 마련된 평가기준에 학생들 스스로 명확하게 이해하지 못하는 개념들을 사용했다. 따라서 이런 기준에 대한 교사의 피드백은 이루어지지 않았다. 무엇이 창의적인지 아닌지에 대해 교사의 명확한 피드백이 이루어져야 창의적 사고, 창의적인 아이디어에 대한 오해가 형성되지 않을 것이며, 앞으로 창의성이 발현되어야 할 때 적절한 아이디어를 만들어낼 수 있을 것이다.

2) 국내 사례 2 [창의 체험 마당 프로그램 구안 및 적용을 통한 창의성 증진 사례]

(1) 목적

모든 아동에게 잠재되어 있는 창조 능력을 계발할 수 있도록 창의성 발현 기회를 제공하고 확대하며, 아동 자신의 창조적 역량에 자신감을 가질 수 있도록 다양한 창의 체험 활동 프로그램을 구안하여 적용한다. 또한 직접 보고 만지고 느끼는 체험 활동으로 아동의 사고력과 문제해결력을 기르고, 창의적인 태도를 형성하기 위해 개방적 환경을 조성하며, 확산적 사고를 구체화하는 학습 자료를 제작·활용하여 미래 사회에 대처할 창의적인 인간을 육성하는 것을 목적으로 한다.

(2) 대상

○○초등학교 전교생

(3) 시기

① 창의 체험마당: 매월 셋째 주

② 창의성 대회: 월 1회

(4) 프로그램 소개 - 창의 체험 마당

① 교실 학습은 정해진 틀 안에서 주입식 교육으로 인하여 시·공간적으로 아동의 사고 영역을 제한하는 결과를 낳을 수 있다. 그러므로

창의력 신장을 위해서는 다양한 방식으로 접근하는 사고력 활동과 문제해결력을 기를 수 있는 학습 활동 기회를 제공하는 것이 필요하다.

② 창의 체험 마당은 전학년을 대상으로 하며, 세종대왕 마당, 장영실 마당, 김홍도 마당, 정약용 마당의 4가지 마당으로 구성된다. 각 마당에 해당되는 교과 및 단원이 있으며, 이와 연계되는 세부적인 프로그램이 제시된다.

③ 창의 체험 마당 구성

<표 4-2> 창의 체험 마당 구성

장영실 마당		세종대왕 마당	
관련 교과	슬기로운 생활, 과학, 실과	관련 교과	바른생활, 국어, 사회, 도덕
목적	과학 원리를 탐구하는 다양한 활동을 체험함으로써 문제를 새롭게 인식하고 탐구하여 해결 방안을 찾는다.	목적	우리말을 사랑하고 친숙하게 여기며 다양한 표현활동으로 한글 사랑의 기회를 갖고 표현의 유창성을 기른다.
주제 (예)	• 나만의 별자리 • 줄타는 피에로 • 잠자리 비행기 • 누구 힘이 더 셀까? • 호루라기 트럼펫	주제 (예)	• 주사위 놀이 • 왜 그럴까? • 신문 속 낱말 여행 • 나만의 명함 만들기 • 수수께끼 골든벨
김홍도 마당		정약용 마당	
관련 교과	즐거운생활, 미술, 음악, 체육, 특별활동, 재량활동	관련 교과	수학, 과학
목적	미술과 관련하여 자기의 생각과 느낌을 다양하게 표현함으로써 표현활동에 대한 유창성과 정교성을 기른다.	목적	수학적 원리를 놀이로 풀어보면서 흥미를 갖게 하고 정교한 문제해결력을 기른다.
주제 (예)	• 떼굴떼굴 굴러라 • 어떤 소리가 날까? • 색깔 모래나라 • 그림 퀴즈 • 내 얼굴을 꾸며요	주제 (예)	• 펜토미노 퍼즐 • 내가 만든 미로 • 도전! 소마큐브! • 3차원의 공간을 찾아서 • 나선형 틱택토

(5) 프로그램 소개 – 확산적 사고를 촉진하는 창의 체험 활동 프로그램 구안·적용

① 창의 체험 마당 운영을 위한 교육과정 분석

창의 체험 마당 운영을 위한 교육과정을 분석하였으며, 재량활동과 특별활동뿐 아니라 범교과와 연계하여 관련 교과와 단원, 창의적 요소 및 사고 기법을 추출하였다.

② 월별 실천 프로그램

아동들이 다양한 창의성 체험 활동을 할 수 있도록 학년별로, 월 1회 매월 3주에 교육과정을 편성하여 장영실 마당, 김홍도 마당, 세종대왕 마당, 정약용 마당으로 영역을 나누어 프로그램명, 활동 목표 등을 작성하여 프로그램을 구안하고 적용하였다.

③ 창의 체험 마당 활동안

학년별·교과별로 창의 체험 마당 프로그램에 따른 활동안을 작성하여 활용하였다.

④ 창의 체험 마당 활동 전개

창의 체험 마당 연간 운영 계획에 따라 매월 3주에 학년별로 4가지 마당을 순환하며 창의 체험 마당을 전개하였다. 다양한 주제에 따라 주어진 다양한 학습 자료를 활용하여 아동 스스로 생각하고 꾸미면서 나름대로 활동을 전개하였다.

(6) 프로그램 소개-창의성 대회 운영

① 창의 퀴즈 대회

월 1회 전교생을 대상으로 하여 창의 퀴즈 대회를 실시하였다. 창의 문제를 게시판에 공고한 후, 정답을 작성하여 퀴즈함에 넣게 하고 이를 추첨하여 시상하였다. 창의 퀴즈는 정해진 답이 있는 것이 아니므로 이를 해결하기 위하여 아동들이 논리적이고 유창한 답을 구안하였다.

② 창의성 교구 조립 대회

아동의 공간 지각력과 사고력, 정교성을 기르며 언제 어디서나 항상 쉽게 활용할 수 있도록 총 9종 29세트의 창의성 교구를 구비하였다. 4, 5, 6학년 학생들을 대상으로 창의력 향상에 대한 관심을 가질 수 있도록 동기를 부여하고 여러 과학 교구를 창의적으로 표현하고 조립함으로써 창의적 소질을 계발하고, 미래에 창조 과학 기술을 담당할 인재를 육성하고자 하였다.

③ 가족 창의 마당

온 가족이 함께 참여하는 가족 창의 마당을 전개하였다. 가정의 달 5월을 맞이하여 전교생이 학부모와 함께 운동장에 마련된 총 25개의 창의 체험 코너를 순회하며 다양한 체험 활동을 전개하였다.

(7) 결과

창의 체험 활동을 실시할 때는 아이들에게 똑같은 학습 자료를 주었는데도 결과물은 각기 다르며 교사가 생각하지 못한 다양한 방법으로 표현한다. 처음에는 서투르게 모방하면서 시작하지만, 그렇게 매월 창의 체험 활동을 반복하다 보니 나중에는 스스로 생각하고 남들과는 다르게 만들어내려고 노력하며 새로움을 추구하는 모습을 보게 된다.

아이들의 활동 소감문에 창의 체험 활동을 아주 재미있고 즐거워하며 획일적인 사고의 틀을 벗어나 다양한 방법으로 문제를 해결하면서 창의적 태도를 형성해 나가는 것들이 보였다. 기존의 과학 부스 활동이 아니라 전 교과와 어우러진 4가지 영역의 다양한 체험 활동 기회를 제공하면서 아동 각자의 소질이나 특기가 발현될 수 있음이 나타났다.

(8) 사례 분석

이 사례에서는 창의적인 사고력을 계발하기 위하여 '다양한 사고'와 '체험 활동'에 초점을 두고 있다. 대부분의 학자가 동의하는 창의성의 개념이 '새로움'과 '적절성'이라고 한다면 이 사례에서는 창의성에 대해 한 가지 중요한 요소를 간과하고 있는 것 같다. 창의성은 확산적 사고로 다양한 산물을 만들어내는 것이 필요하지만 그중에서 문제 상황에 맞게 적절한 요소를 골라내는 수렴적 사고 또한 필수적으로 작용한다. 단지 다양한 아이디어만을 만들어내는 것으로 창의적 사고력을 향상시킬 수 있다고 한다면, 프로그램을 구상한 교사는 창의성에 대해 잘못 알고 있음이 틀림없고, 이 프로그램으로 창의성을 학습하는 학생들까지 창의성에 대해 잘못 알 수도 있는 것이다.

월 1회에 그치는 간헐적인 프로그램은 창의적 사고력과 문제해결력 향상이라는 교육적 효과를 이끌어내기보다는, 호기심 유발 정도에 그칠 가능성이 크다. 게다가 학생들의 참여 동기를 이끌어내기 위해 체험활동을 도입하였는데, 굳이 체험활동이 아니더라도 창의적 사고 훈련은 가능하다. 본문에서 '교실 학습은 정해진 틀 안에서 주입식 교육으로 인하여 시·공간적으로 아동의 사고 영역을 제한한다'고 체험 활동 도입 이유를 밝혔는데 창의적인 사고는 재미 위주의 체험 활동보다 꾸준하게 이루어질 수 있는 교실 학습으로 더 효과적으로 이루어질 수 있다. 또한 이 체험 활동에서 어떠한 방법으로 학생들이 창의적 사고력을 키울 수 있게 한 것인지에 대한 교육방법이 전혀 언급되어 있지 않다.

퀴즈 대회나 교구 조립 대회 등 프로그램 자체가 창의적인 산물을 만들어내는 데 중점을 두고 있다. 즉, 문제해결책에 대한 평가가 이루어질 뿐 어떻게 그러한 생각을 만들어낼 수 있었는지에 대한 확인은 할 수 없다. 이것은 확산적 사고만을 창의적 사고로 보고 있어 창의성 개념에 대한 오해가 있음을 알 수 있고 더불어 효과적인 창의적 문제해결력 신장을 위한 프로그램으로 보기에는 부족하다.

3) 해외 사례 [미국의 창의성 교육 프로그램 사례 – 학업창의력 심화 프로그램]

(1) 개요

학업창의력 심화 프로그램(Program for Academic and Creative Enrichment: PACE)는 창의적 문제해결력을 기반으로 한 수업 혁신 프로그램이다. 이것은 퍼듀 대학의 영재교육자원연구소(GERI)의 퍼듀 3단계 심화 모형을 기초로 한다.

(2) 기본 특징

① 학생의 기본 사고 기능의 계발을 돕는다.
② 소집단 상호작용을 통해 바람직한 자아 개념을 형성한다.
③ 도전적 수업 활동을 통해 지적 능력과 창의적 능력을 개발한다.
④ 학생들이 좀 더 자율적이고 효율적인 학습자가 되도록 돕는다.

(3) PACE 프로그램의 단계 및 창의력 훈련 과정

1단계에서는 창의성 훈련이 이루어지며 2단계에서는 창의적 사고력을 바탕으로 창의적 문제를 해결하는 기능을 훈련하며 3단계에서는 창의적이고 독립적인 프로젝트를 수행한다.

<표 4-3> PACE 프로그램 단계 및 창의력 훈련 과정

단 계	단계별 내용 및 창의성 관련 활동	비 고
단계 1 확산적·수렴적 사고 능력의 신장	• 1단계 내용 –다양한 인지 과제에 대해 많은 아이디어를 산출한다.(유창성) –상이한 과제에 대한 광범위한 아이디어를 생각하게 한다.(융통성) –독창적이고 혁신적인 아이디어를 창출한다.(독창성) –기본적 아이디어를 개발하고, 세부사항을 채운다.(정교화) • 기본 사고 기능을 가르치는 수업 활동 • 창의적 사고 요소를 개발하기 위한 활동으로 계획됨 • 브레인스토밍 기법 등 다양한 창의력 개발기법 활용	• 교사 주도적 활동 • 유창성, 융통성, 독창성, 정교성 중심의 기본사고 기능 훈련
단계 2 창의적 문제 해결 능력의 개발	• 2단계 내용 –애매한 상황을 명료하게 하는 질문을 제시한다.(명료화) –닫힌 또는 열린 문제해결에 효과적인 기법을 활용한다.(문제분석) –문제 상황에서 대안적인 아이디어나 해결책을 평가한다.(평가) –다양한 상황에서 문제를 파악하고 명료하게 한다.(변인 조작)	• 교사 주도와 학생 참가 • 탐구기능 중점 • SCAMPER, 형태분석, 태도 기술, 시네틱스, 창의적

	–활동에서 동기 유발과 자율적 방향 설정 및 독립심을 강조한다.(자율성) • 학생은 교사의 피드백을 받으면서 특정 문제 상태에 다양한 창의적 문제해결 전략을 적용해볼 수 있는 기회를 갖게 됨 • 주요 활동에는 문제 발견, 분석 및 명료화, 문제 파악, 아이디어 발견, 해결 방안 종합하기, 실행 계획 세우기가 포함됨 • 학업과 프로젝트 활동에서 활용할 수 있는 복잡하고 실용적인 전략이 강조됨	문제해결 모형 적용
단계 3 독립적 학습 능력의 개발	• 3단계 내용 –자율적인 소집단 형태의 창의적 프로젝트 활동에서 아이디어를 종합한다.(종합) –독서 기능에 따라 도전적인 수준에서 자유 독서 프로그램을 수행한다.(실행) –말하기와 쓰기에서 언어를 효율적으로 사용한다.(효율성) • 1단계에서 획득한 사고 기능과 2단계에서 학습한 전략을 사용하여 자기주도적 학습 프로젝트를 경험할 수 있는 기회 제공 • 영재 학생들이 자기 주도적인 진보를 이루어나갈 수 있는 기회를 갖게 됨 • 집중 탐구할 주제 선정 및 주제 영역 좁히기, 가능한 자료의 파악, 답변해야 할 질문 만들기, 정보 수집, 결과 종합하기, 최종 결과 개발, 연구결과 발표, 평가의 순으로 이루어짐	• 연구 방법의 창의적 적용 • 모형, 디오라마, 포스터, 컴퓨터 프로그램, 시뮬레이션, 비디오테이프, 오디오테이프, 필름, 신문, 멀티미디어 자료, 도표, 시연, 청사진, 책, 발명품, 예술작품, 신체적 시연, 연극, 음악 작곡, 만화, 논문 등의 형식으로 학생들의 산출물이 제작됨

(4) PACE 프로그램에서의 활동 과정

① 단계 1에서의 활동

프로그램의 첫 몇 주 동안은 단계 1에 초점을 두고 기본 사고 기능, 특히 창의적 사고 요소 중심의 활동으로 운영한다. 이러한 활동은 유창성, 융통성, 독창성, 정교성을 개발하기 위한 활동으로 계획되며, 이는 과학, 수학, 언어, 사회, 예술 등에 기초가 된다. 브레인스토밍 기법을 비롯한 다양한 창의력 개발과 기본 기능 훈련이 함께 적용된다. 다음과 같은 질문들이 유용하다.

- 얼마나 많은 생각을 해낼 수 있을까?

- 이 문제에 대한 색다른 생각이나 해결 방법은 무엇인가?
- 다른 사람은 전혀 생각해낼 수 없는 독특한 아이디어는?

② 단계 2에서의 활동

단계 1을 기초로 하여, 두 번째 단계에서는 창의적 문제해결법에 적용된 기법과 전략을 도입하는 것으로 시작된다. 이 단계에서 학생들은 창의적 문제해결법의 다양한 접근 방법을 탐색한다. 학생들은 지도와 피드백을 받으면서 문제 사태에 특정 전략을 연습해 볼 수 있는 기회를 갖게 된다. 창의적 문제해결법이 포함하는 문제의 발견, 문제 분석과 명료화, 문제의 파악, 아이디어 발견, 해결 방법의 종합, 실행 계획의 일련의 과정을 거치게 된다.

<표 4-4> 창의적 문제해결 모형의 단계

요 소	창의적 문제해결의 과정
유창성, 융통성, 독창성, 판단유보	1. 프로그램 일반 • 최근 몇 년 동안 우리 지역이 직면한 문제점은 무엇인가? • 문제 파악을 위해 브레인스토밍 해보시오.
분석 평가	2. 문제 분석 및 명료화 • 문제 사례로는 어떤 것들이 있는가? • 문제를 야기하는 것은 무엇인가? • 그로 인하여 새롭게 생기는 문제점은? • 그 문제의 속성, 특징은 무엇인가?
종합	3. 문제 파악 • 앞 단계에서 논의된 문제의 재진술 • 각 질문에 대해 우리가 어떻게 할 수 있을까?
유창성, 융통성, 독창성, 분석	4. 아이디어 발견 • 우리는 무엇을 알고 있는가? • 어떤 정보 자원을 활용할 수 있는가? • 우리는 무엇을 할 수 있을까? • 어떤 창의적 사고 기법이 적합할까?
종합, 정교화 평가	5. 해결 방안 종합하기 • 최선의 방안을 선정 • 해결 방안을 결합 · 문제에 적합한지를 확인

종합 평가 독창성 · 융통성 평가	6. 실행 계획 세우기 • 누가 무엇을 할 것인가? • 어떻게, 언제, 어디서? • 어떤 절차를 밟을 것인가? • 어떤 어려움이 생길 수 있을까? • 다른 사람을 어떻게 납득시킬 것인가? • 해결 방법의 효율성을 어떻게 평가할 수 있는가?

③ 단계 3에서의 활동

단계 3은 영재 학생들이 독립적으로 자신의 흥미 및 학업 영역을 추구해 나갈 수 있도록 돕는 데 있다. 이 과정은 다음과 같은 절차로 이루어진다.

1단계: 주제 선정 및 주제 영역 좁히기
2단계: 가능한 자료 파악하기
3단계: 답변해야 할 질문 만들기
4단계: 정보 수집하기
5단계: 결과의 종합
6단계: 최종 결과의 개발
7단계: 연구결과의 발표
8단계: 평가

이 단계에서 필요한 기능으로 관찰, 가설의 형성 및 검증, 인터뷰, 질문지의 작성, 조사, 표본조사, 자료의 분석, 의사소통, 차트 및 그래프 만들기, 편지 쓰기, 전화를 통한 인터뷰 등이 제시된다. 한 예로, 메이플라워 밀 초등학교의 경우 학기별로 미국 식민지 시대의 역사에 대한 프로젝트를 수행하면서 인터넷 정보를 검색하고, 활용하는 방법에서부터, 각종 연구에서 참고 문헌을 기술하는 세부적인 기능을 형성한다. 최종 발표 단계에서 프리젠테이션의 기능도 함께 활용하였다.

이러한 활동들은 초등학교의 여러 교과과정을 통해 익힌 학습 기능의 종합적 적용을 요구하는 것으로 매우 권장될 만하다.

(5) 사례 분석

이 프로그램은 창의성의 본질을 정확하게 파악하여, 학습에 적용하려고 했다. PACE 프로그램은 세 단계로 구성되는데 1단계는 창의성을 구성하는 요소에 대한 훈련을 집중적으로 실시한다. 국내 사례를 살펴보면 모든 학생이 쉽게 확산적 사고를 할 수 있다는 가정하에 프로그램이 만들어져 있는데, 실제로 학생들은 확산적 사고를 어떻게 하는지 제대로 알지 못하는 경우가 많다. 이를 비추어 보면, 이 프로그램은 확산적 사고 훈련이 체계적으로 구성되어 있음을 알 수 있다.

2단계에서는 현실 상황에 밀접한 관련이 있는 문제를 통해 창의적 문제해결 능력을 기르게 한다. 창의적 문제해결 단계에 따라 적용될 수 있는 창의성 구성 요소를 활용할 수 있도록 하며, 각 단계에서 학생들이 반드시 수행해야 하는 것을 학습하게 한다.

3단계는 프로젝트 학습을 이용하여 1·2단계에서 학습한 방법을 실제 문제해결에 적용할 수 있도록 한다. 학생들이 직접 문제를 발견하고 그 문제를 파악한 후, 정보를 찾고 문제를 해결할 수 있는 방법을 찾는 것이다. 이 단계는 학습한 방법을 다양한 문제에 전이할 수 있게 하는 기회를 제공하였다.

조금 아쉬운 점이 있다면, 1단계에서 확산적 사고와 수렴적 사고 능력의 신장을 목표로 두었으나 창의성 관련 활동은 모두 확산적 사고만을 강조하고 있다는 것이다. 새로움과 적절성의 균형을 찾는 것이 창의적 사고의 핵심이므로 이 부분에 대한 보완이 필요하다고 본다.

4. 정보기술 유창성의 개념 및 관련 연구

앞에서 살펴보았듯이, 미래 사회가 요구하는 학습자의 역량을 향상시키기 위해서는 정보통신기술에 대한 소양을 갖추고 이를 활용한 창의적 사고와 문제해결력이 필수적이다. 또한 지식 기반 사회에서 컴퓨터와 인터넷을 통해 수많은 정보가 누구에게나 동일하게 제공되지만, 그 정보를 해석하고 분석하여 새로운 지식으로 창출해내는 능력을 요구하고 있다. 따라서 정보화와 관련된 많은 인프라가 구축되어 있다 하더라도 개인이 자기주도적으로 학습하고자 하는 기술이나 도구를 활용할 만한 역량을 가지고 체계화된 지식으로 받아들였을 때 의미가 있음을 나타낸다.

이러한 측면에서 활용 부문의 정보격차는 교육격차로 이어지며, 역량 부분의 정보격차로 이어진다. 따라서 정보격차의 근본적인 문제해결을 위해 학습자의 정보통신기술 활용 능력의 질적인 향상인 정보기술 유창성 교육이 필요하며, 정보기술 유창성은 창의적 문제해결력 증진을 위한 기본적인 능력이라고 할 수 있다. 이 절에서는 정보기술 유창성의 개념을 살펴보고, 정보격차 해소를 위한 정보기술 유창성 교육 관련 연구를 살펴보고자 한다.

1) 정보기술 유창성의 개념

정보기술 유창성(Information Technology Fluency)은 단지 정보통신기술 도구들을 사용하는 방법을 아는 것뿐 아니라, 해당 도구들을 활용하게 유의미하고 창의적인 것들을 스스로 구성할 수 있는 능력을 포함하는 개념이다. 이는 언어 유창성과 비교해 볼 때, 누군가가 유창한 외국어 실력을 갖추고 있다고 할 경우, 단지 외국어로 된 식당의 메뉴를 읽거나 길을 물어보는 정도의 문장을 구사하는 것이 아니라, 해당 언어를 사용하여 자신의 복잡한 아이디어를 명확하게 표현하고, 구성할 수 있는 경우를 의미한다. 정보기술 유창성이 포함하고 있는 개념을 구체적으로 살펴보면 다음과 같다.

(1) 컴퓨터를 활용할 수 있는 능력

컴퓨터 활용 능력은 기본적인 정보 소양 능력으로 운영 체제의 기본 특성을 사용하는 능력, 워드프로세서나 그래픽 도구들과 같은 기초적인 응용 프로그램들을 사용하는 능력, 인터넷상에 존재하는 정보를 검색하고 발견하고 평가하는 능력을 포함한다.

(2) 컴퓨터를 활용하기 위한 새로운 방법을 학습할 수 있는 능력

정보기술 유창성은 정보기술의 활용 능력에 더하여 새로운 활용 방법을 스스로 학습할 수 있는 능력까지 포함한다. 따라서 일상생활의 문제해결이나 전문성 증진을 위해 요구되는 프로그램의 새로운 특성들을 학습하고, 새로운 도구와 프로그램들을 학습하는 능력을 필요로 한다. 또한 새로운 프로그램과 특성들을 학습하는 것에 관한 자신감을 갖고 편안함을 느끼며, 프로젝트를 수행하기 위해 다양한 도구들과 프로그램들을 사용하고, 자신의 요구에 적합한 맞춤형 프로그램들을 사용하고, 명백하지 않은 방식 안에서 프로그램이나 프로그램의 특성들을 사용하는 능력을 포함한다.

(3) 컴퓨터를 활용하여 창의적 작품을 생성할 수 있는 능력

정보기술 유창성의 핵심은 정보기술 활용 능력의 습득 및 학습을 통해 이를 활용한 새롭고 유의미한 것을 생성할 수 있는 능력이다. 따라서 정보통신기술을 활용하여 이미지, 애니메이션, 음악, 비디오, 로봇의 구성 등을 생성하는 능력, 자신의 작품을 개선하는 능력, 오류가 발견되었을 때 자신의 작품을 디버깅하는 능력을 포함한다. 또한 주어진 도구를 가지고 생성 가능한 것이 무엇인지 한계를 이해하고, 자신의 작품을 확장하고 반복적으로 수정하는 능력, 더 진보적인 프로젝트를 생성하기 위해 컴퓨터 프로그램을 작성할 수 있는 능력과 더 많은 기능을 가지고 구체물을 생성하고 더 풍부한 상호작용을 수행할 수 있는 능력을 포함한다.

(4) 자신의 아이디어에 기초한 창의적 작품을 생성할 수 있는 능력

해당 능력은 자신이 만들고자 하는 것을 위한 아이디어를 생성하고, 초기의 영감으로부터 완성된 작품으로 프로젝트를 개발하고, 자신이 만들고자 하는 것을 위해 적절한 프로그램과 도구를 선택하고,

자신의 작품 속에 아이디어와 감정을 통합하는 능력을 포함한다.

(5) 주변 공동체에 기여하기 위해 기술을 사용할 수 있는 능력

이는 공동체 내의 다른 사람들과 함께 아이디어와 프로젝트를 공유하고, 협력적으로 프로젝트를 수행하는 능력과 공동체 내의 다른 사람들이 생성한 프로젝트를 확장하고 수정할 수 있는 능력을 포함한다. 또한 다른 사람들이 새로운 기능, 아이디어, 프로젝트들을 학습하는 것을 돕고, 주변 공동체에 의미 있는 것들을 생성하는 능력을 포함한다.

(6) 기술적 활동들과 관련된 개념들을 이해하는 것

정보기술 유창성은 정보통신 관련 기술을 이해하고 활용하는 능력뿐 아니라, 정보통신기술에 기초한 창의적 산출 생성과 관련된 기본적인 개념들의 이해를 포함한다. 예를 들어, 이미지를 생성할 때 원근법을 이해한다거나, 로봇 프로젝트에서 센싱과 피드백의 개념을 이해하고, 애니메이션에서 객체 좌표에 관한 수학적 개념을 이해하고, 프로그래밍과 관련된 기본 개념인 변수, 조건 등을 이해하는 것을 의미한다. 또한 이해한 개념들을 다른 상황에서 사용하고, 문제해결과 설계를 위한 체계적·과학적 접근에 사용하는 능력을 의미한다.

2) 정보기술 유창성 향상을 위한 교육 사례

(1) 크리켓 프로젝트

피코 크리켓(pico cricket)은 MIT 미디어 랩의 The Lifelong Kindergarten 그룹에서 미국과학재단의 10년 이상의 연구 지원을 받아 개발한 것으로, 기존의 레고 브릭에 더하여 다양한 종류의 재료들(예를 들어, 직물이나 종이, 플라스틱이나 금속 공예품, 구슬 등)을 통해 좀 더 광범위하고 창의적인 작품들(예를 들어, 꽃이나 곤충, 이동식 랜턴, 악기 등)을 만들고 각 작품들의 동작을 제어하기 위한 프로그래밍 환경을 제공한다. 학습자들은 크리켓을 통해 빛, 소리, 음악, 동작들을 통합한 예술적인 창작품을 설계하고 프로그래밍 할 수 있다. 이러한 전략은 기존의 로봇 활용 교육의 장점을 최대화함과 동시에 다양한 학습자, 특히 여학생들의 흥미와 관심을 유발하기 위한 것으로 볼 수 있다. 즉 기존의 레고 마인드스톰과 같은 로봇 활용 교육이 주로 로봇을 통한 도전과제 수행에 초점을 두고, 로봇 경기와

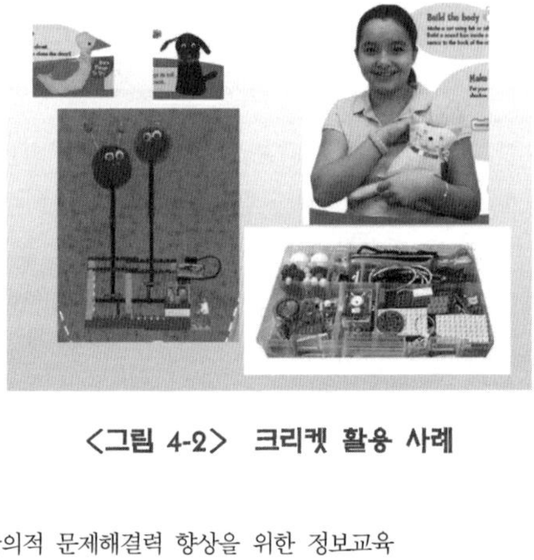

<그림 4-2> 크리켓 활용 사례

같은 경쟁적 구조를 지님에 따라 남학생들의 전유물이 됨으로써 다양한 학습자의 요구와 흥미를 유발하지 못한 단점을 보완하기 위한 시도이며, 크리켓을 도입함에 따라 더 많은 여학생들의 참여를 이끌어 낼 수 있었다(Resnick, 2007).

(2) 스크래치 프로젝트

스크래치(Scratch)는 MIT 미디어 랩의 The Lifelong Kindergarten 그룹에서 개발된 교육용 프로그래밍 언어로 풍부한 미디어 기반 프로그래밍 환경을 제공한다. 학습자들은 스크래치의 다양한 멀티미디어 지원 기능을 통해 쉽게 애니메이션, 게임, 스토리 등을 개발할 수 있다. 이 언어는 Pepert의 구성주의 철학을 기반으로 하고 있다. Pepert에 의하면, 학습자들이 실세계에서 구체적 산물을 구성하는 과정에 참여할 때 새로운 지식을 구성할 수 있으며, 학습자들의 최상의 학습경험은 학습자 스스로 이러한 구체적 산물을 직접 설계하고 생성 및 개발하는 과정을 통해 얻을 수 있다. 여기서 구체적 산물이란 컴퓨터 프로그램이라고 할 수 있다. 즉, 학습자들은 컴퓨터 프로그램을 직접 설계하고 개발하는 과정을 통해 최적의 학습경험을 하게 된다(Kafai, 2006; Resnick, 2006).

스크래치는 프로그램 작성을 위한 명령 구문들을 블록 형태로 제공함으로써 학습자들은 해당 블록을 차례대로 쌓는 과정에서 원하는 프로그램을 쉽게 구성할 수 있다. 또한 블록들을 쌓을 때, 각 블록들은 구문규칙에 적합한 경우에 한해서만 서로 결합하므로, 오류를 줄일 수 있으며, 각 블록들은 실행문, 조건검사, 조건문, 반복문, 변수와 같은 기본적인 프로그래밍 관련 개념들을 포함하고 있다. 또한 프로그램 블록들의 실행 결과를 무대(Stage)에 다양한 캐릭터(Sprites)들을 통해 즉각적으로 시연해 보는 과정을 통해 테스트 및 디버깅이 쉽게 이루어질 수 있으며, 쉽고 빠르게 하나의 통합 환경에서 다양한 멀티미디어 저작을 제공하기 위한 이미지 편집기와 녹음기를 내장하고 있다.

다음은 프로그램 작성을 위한 명령 구문을 포함하고 있는 각 블록들의 예를 제시한 것이다.

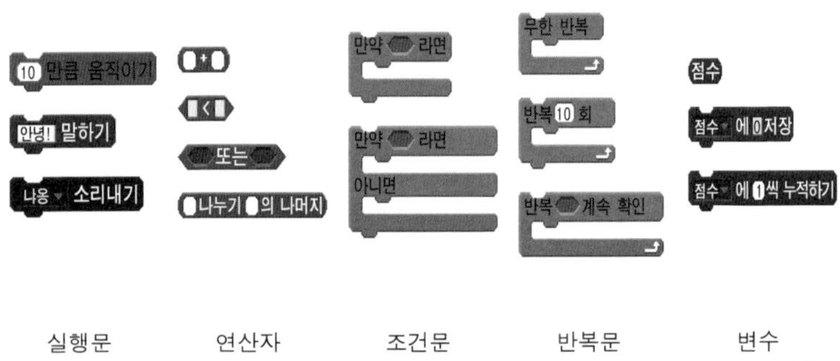

<그림 4-3> 프로그래밍의 기본 개념을 포함하고 있는 스크래치 블록들

제5장

창의적 정보교육 프로그램

1. 교육목표 및 내용
2. 교수 학습 및 평가 전략의 설계
3. 프로그램 설계 원리
4. 프로그램 내용 체계

제 5 장 창의적 정보교육 프로그램

이 연구에서 개발한 정보교육 프로그램의 핵심 목표는 정보 소외 계층 학습자들의 창의적 문제해결력 향상을 지원함으로써 질적 정보 격차를 해소하고자 하는 것이다. 따라서 이 프로그램은 실제적 과제 중심으로 교수 학습이 이루어지되, 각 과제에서 제시된 문제해결 활동은 창의적 문제해결 단계로 구성된다. 또한 각 문제해결을 위한 지식과 정보는 컴퓨터 과학의 기본 개념과 원리를 적용함과 동시에 다양한 컴퓨팅 도구를 활용하여 문제해결 과정을 구현할 수 있도록 구성하였다.

개발된 프로그램은 다음과 같은 특성으로 인해 질적 정보격차 해소에 기여할 수 있을 것으로 판단된다.

첫째, 교육 내용적 측면에서 해당 내용은 컴퓨터 과학의 기본 개념과 원리 습득에 효과적으로 구성되어 정보 소외지역 학생들의 기초적 인지 능력 향상에 기여할 수 있을 것이다.

둘째, 교수 학습 방법적 측면에서 해당 프로그램은 정보 소외지역 학생들의 문제해결 경험을 최대화할 수 있도록 구성되었으며 창의성 향상을 위한 구체적인 활동들로 구성되어 있다. 따라서 정보 소외지역 학생들의 고차적인 인지 능력 향상에 기여할 수 있을 것이다.

셋째, 개발된 프로그램은 정규 교육과정뿐 아니라 방과후학교 또는 이러닝 시스템으로 재구성되어 사이버가정학습 형태로 정보 소외지역 학생들에게 제공될 수 있으므로, 정보격차 해소에 기여할 수 있을 것으로 판단된다.

1. 교육목표 및 내용

1) 연구 방법

프로그램의 가장 중요한 핵심요소는 학습과제라고 할 수 있다. 따라서 학습과제의 설계 단계는 프로그램 개발을 위해 가장 중요한 단계이며 학습과제 구성을 위한 목표 설정 및 내용 체계 구성이 선행되어야 한다.

이 프로그램을 통해 학습자가 궁극적으로 습득해야 할 지식과 기술은 컴퓨터 과학의 기본 개념과 원리를 적용한 창의적인 문제해결 능력이며, 이 프로그램의 주요 적용 대상은 중학교 학습자들이다.

따라서 이 프로그램에서 다루는 세부 목표 및 내용은 2007 개정 교육과정의 중학교 '정보'의 교육내용 체계를 기준으로 구성하되(교육과학기술부, 2008), 정보 및 창의성 분야 교육 전문가들의 활발한 의사소통을 기반으로 타당성 및 다양성을 확보하기 위해 델파이 연구 방법을 사용하였다.

델파이 연구를 위한 전문가 집단은 교육심리 및 컴퓨터교육 전공 대학교수와 정보교육 경력 5년 이상의 현직 중등학교 교사 20명으로 구성하였다.

2) 델파이 연구 결과

(1) 델파이 1차 분석

1차 질문지는 2007 개정 교육과정에서 제시하고 있는 4개 영역 중 '문제해결방법과 절차' 영역의 내용체계를 기준으로 작성하였으며, 학습자의 창의적 문제해결력 향상을 위해 요구되는 주요 학습목표 및 내용이 무엇인지에 관해 묻는 6개의 개방형 문항으로 구성된다. 〈표 5-1〉은 질문지의 각 문항을 나타낸 것이다.

개방형으로 진행된 1차 검사 결과, 학습자의 창의적 문제해결력 향상을 위해 요구되는 세부 학습목표 및 내용, 과제들이 제시되었으며, 이들 중 유사하거나 동일한 개념요소들을 통합하여 16개의 세부 학습목표 및 내용을 도출하였으며 결과는 〈표 5-2〉와 같다.

〈표 5-1〉 델파이 연구 - 1차 질문지

문항번호	문항 내용
1	'문제와 문제해결 과정' 영역에서 다루어야 할 주요 학습목표 및 내용을 자유롭게 기술하여 주십시오.
2	'프로그래밍의 기초' 영역에서 다루어야 할 주요 학습목표 및 내용을 자유롭게 기술하여 주십시오.
3	'알고리즘의 개요' 영역에서 다루어야 할 주요 학습목표 및 내용을 자유롭게 기술하여 주십시오.
4	'알고리즘의 실제' 영역에서 다루어야 할 주요 학습목표 및 내용을 자유롭게 기술하여 주십시오.
5	'자료의 정렬' 영역에서 다루어야 할 주요 학습목표 및 내용을 자유롭게 기술하여 주십시오.
6	'자료의 탐색' 영역에서 다루어야 할 주요 학습목표 및 내용을 자유롭게 기술하여 주십시오.

<표 5-2> 델파이 1차 결과 – 도출된 학습목표 및 내용

2007 개정 교육과정의 문제해결방법과 절차 영역		세부 학습목표 및 내용
1단계	문제와 문제해결 과정	문제 분석 및 표현 문제해결 전략 설계 및 적용 결과 평가 및 오류 해결
	프로그래밍의 기초	자료 입출력 프로그램 개발 변수 활용 프로그램 개발 그래픽 처리 프로그램 개발
2단계	알고리즘의 개요	알고리즘 효율성 분석 알고리즘 정확성 분석
	알고리즘의 실제	절차적 문제해결을 위한 알고리즘 설계 문제점 해결(troubleshooting)을 위한 알고리즘 설계
3단계	자료의 정렬	삽입정렬 선택정렬 버블정렬 퀵정렬
	자료의 탐색	순차탐색 이진탐색

(2) 델파이 2차 분석

2차 검사는 1차 검사 결과 도출한 16개 세부 학습목표 및 내용 요소에 관한 타당성을 검증하고 필수요소를 파악하기 위한 전문가 합의 과정이다. 따라서 2차 질문지는 1차 검사 결과 도출된 각 항목들에 대한 5점 평정 척도 문항으로 구성하였다.

(3) 델파이 3차 분석

2차 응답 결과의 빈도분석 및 기술통계분석 결과를 기반으로 3차 질문지를 제작하였다. 3차 질문지는 2차 질문지와 동일한 문항으로 제작되었으며 2차 검사 결과에 관한 본인의 응답 및 전문가 집단 전체의 응답에 대한 분석 결과를 피드백으로 제공하였다.

3) 목표 및 내용 체계의 구성

델파이 연구의 최종 검사 결과를 토대로 전문가 집단의 응답 중 '그렇다'와 '매우 그렇다'의 응답률 합계가 50% 이상인 항목만을 추출하였다. 그 결과 11개의 세부 학습목표 및 내용이 추출되었으며 〈표 5-3〉과 같다.

〈표 5-3〉 세부 학습목표 및 내용 체계

2007 개정 교육과정의 문제해결방법과 절차 영역		세부 학습목표 및 내용
1단계	문제와 문제해결 과정	문제 분석 및 표현 문제해결 전략 설계 및 적용 결과 평가 및 오류 해결
	프로그래밍의 기초	그래픽 처리 프로그램 개발
2단계	알고리즘의 개요	알고리즘 효율성 분석 알고리즘 정확성 분석
	알고리즘의 실제	절차적 문제해결을 위한 알고리즘 설계 문제점 해결(troubleshooting)을 위한 알고리즘 설계
3단계	자료의 정렬	선택정렬
	자료의 탐색	순차탐색 이진탐색

2. 교수 학습 및 평가 전략의 설계

이 프로그램의 교수 학습 및 평가 전략은 크게 과제 중심 교수 전략 및 창의적 문제해결 전략으로 구분된다.

1) 과제 중심 교수 전략

과제 중심 교수 전략은 Merrill에 의해 제시된 것으로 학습자들이 과제 중심 교수 전략에 참여할 때 학습이 증진되며, 학습자들이 계열화된 전체 과제 해결 과정에 참여할 때 학습이 강화된다는 것이다. 특히 과제 중심 교수 전략은 구성주의적 관점의 문제 중심 학습과 달리 각 문제의 구성 요소들에 대한 직접적인 교수적 개입과 문제해결을 위한 지식과 기술의 통합을 함께 다룬다는 차이가 있다(이은경, 2009). 즉, 기존의 문제 중심 학습의 단점인 시간 효율성의 문제와 오개념 생성 문제, 학습 전이의 실패 문제를 해결하기 위한 전략으로, 계열화된 과제 제시 및 교수적 처치를 포함한다. 이 연구에서는 이러한 과제 중심 전략을 이용하여 정보교육 프로그램을 설계하였다. 따라서 이 프로그램의 모든 과제들은 실제적 상황과 실세계 문제의 형태를 지니지만, 창의적 문제해결의 각 단계에 따라 구조화된 형태로 제공된다. 또한, 프로그램의 진행 순서에 따라 간단한 과제들에서 복잡한 과제들로 계열화하여 구성하였다.

2) 창의적 문제해결 전략

(1) 창의적 아이디어의 생성 단계

창의적 문제해결 능력을 키우기 위한 창의적 아이디어 생성 단계는 일반적으로 문제의 정의, 정보의 수집, 아이디어의 생성, 아이디어의 검증과 수용의 네 단계로 구성된다. 각 단계의 특성과 활동을 간단히 살펴보면 다음과 같다.

① 1단계: 문제의 정의

창의적 아이디어를 얻는 첫 번째 단계는 문제를 정의하는 것이다. 문제를 정의하는 것은 문제해결을 위한 출발점이자 문제해결을 위한 중요한 단초를 제공한다. 이러한 이유로 몇몇 학자들은 창의성 발현의 중요 단계가 '문제 발견'이라고 주장하기도 한다(Gtzels & Csikszentmihalyi, 1976).

② 2단계: 정보의 수집

창의적 사고의 두 번째 단계는 정보를 수집하는 일이다. 정보 수집이란 문제해결을 위한 아이디어를 얻기 위해 관련된 모든 정보를 수집하여 활용 가능한 상태로 만드는 것이다. 정보 수집은 외부에서 관련된 정보를 탐색하여 얻는 것과 머릿속에 저장되어 있던 정보를 적시에 인출해내어 문제해결에 활용하는 것을 포함한다.

③ 3단계: 아이디어의 생성

창의적 사고의 세 번째 단계는 수집한 정보들을 이용하여 문제해결을 위한 아이디어를 얻어내는 일이다. 보유한 정보들로부터 새로운 연관관계를 이끌어내는 무의식적 활동을 통해 창의적 아이디어가 얻어진다. 창의성 발현을 위해 매우 중요한 과정 중의 하나는 보유한 정보들을 여러 가지로 조합해 문제해결과 관련된 연결고리를 발견해내는 것이다. 이때 다양한 발산적 사고능력이 요구되는데, 이를 위해 많은 사고기법들이 개발되어 있다. 이처럼 문제해결과 관련된 연결고리를 발견하는 현상을 '통찰'이라고 한다.

④ 4단계: 아이디어의 검증과 수용

창의적 사고를 위한 네 번째 단계는 생성한 아이디어를 검증하는 일이다. 이 단계에서 아이디어가 구체적으로 정리되고 논리적인 체계를 갖추게 된다. 아이디어를 평가하고 확인하는 검증과정을 통해 적합하다고 판단되면 아이디어는 수용되고, 부적합하다고 판단되면 아이디어는 폐기되며 정보의 수집 단계로 되돌아간다.

(2) 창의적 문제해결 단계

창의적 아이디어 생성단계 중 문제의 정의 단계는 해당 분야의 전문 지식, 성격, 사고 유형, 동기, 환경 등이 적절히 융합될 때 발현되며, 그 과정이 매우 복잡하여 단기적 프로그램으로 구성하기 어려운 면이 있다. 따라서 이 연구에서는 실세계와 유사한 문제 상황을 제공하고, 이에 대한 정보의 수집, 아이디어의 생성, 아이디어의 검증과 수용의 세 단계에 맞추어 설계된 프로그램을 사용하였다(이영준 외, 2010).

① 1단계: 정보의 수집(정보의 수집 및 정리)

현재 학습자가 이미 가지고 있는 정보를 활용하거나 문제해결을 위하여 필요한 정보를 수집하고 정리하여 문제해결에 필요한 형태로 발전시키기 위한 준비를 갖추는 단계이다. 이때 문제해결을 위하여 자신의 기억에 저장되어 있는 지식을 활용하는 것에 비해 외부의 정보를 자신의 내부로 받아들여 지식으로 변환하는 것은 한 단계 높은 수준의 사고를 요한다.

② 2단계: 아이디어의 생성(정보의 창의적 확산 및 발전)

1단계에서 정리 및 수집된 정보를 토대로 창의적 사고과정을 통하여 문제해결에 적절한 아이디어로 발전 및 변형하는 단계이다. 이 단계에서는 기존의 정보를 다른 관점에서 변형, 수정, 적용하는 과정을 통해 새로운 아이디어를 만들어내고 이를 문제해결에 적용할 수 있는 형태로 정교화하는 창의적 사고과정이 요구된다. 따라서 이 단계에서는 창의적 사고를 돕는 여러 가지 활동들로 구성된다. 각 활동은 논리적 연관성을 가지며, 이를 통해 점진적으로 아이디어를 창의적으로 확산 및 발전시켜 나가게 된다.

③ 3단계: 아이디어의 검증과 수용(발전된 정보 및 아이디어의 평가)

이 단계는 창의성의 중요한 속성인 '적절성'을 반영하는 단계이다. 2단계에서 발전된 정보 및 아이디어를 실제 문제에 비추어 다양한 측면을 고려하여 적절성을 판단하고 검증한다. 여기에서 적절하지 못하다는 판단이 내려지면 1단계로 돌아가 다시 아이디어를 생성한다. 이 과정을 통해 학습자는 새로운 아이디어를 만들어내고 검증하여 적용하는 일련의 완결된 사고과정을 경험하게 된다.

3) 교수 학습 단계

본 연구에서 사용된 프로그램의 교수 학습 단계는 이영준 외(2010)의 연구에서 개발한 창의적 정보교육 프로그램에 기반한다. 이 프로그램은 크게 Set A와 Set B로 구분된다. Set A는 학습자 내부의 기존정보를 활용하여 문제를 해결하는 활동들로 구성된다. 반면, Set B는 학습자 내부의 기존정보와 외부의 새로운 정보를 융합하여 문제를 해결하는 활동들로 구성된다.

문제해결을 위해 자신의 기억에 저장되어 있는 지식을 활용하는 것에 비해 외부의 정보를 자신의 내부로 받아들여 지식으로 변환하는 것은 한 단계 높은 수준의 사고를 요한다. 따라서 Set B가 Set A에 비해 높은 난이도의 활동들을 포함한다.

(1) Set A: 학습자 내부의 정보활용 프로그램

〈표 5-4〉는 학습자 내부의 기존정보를 활용하여 창의적으로 문제를 해결하는 프로그램의 전개 과정과 구조를 나타낸다.

〈표 5-4〉 Set A: 학습자 내부의 정보활용 프로그램

구 성	기존정보
〈1단계〉	브레인스토밍
	↓
	RAT
〈2단계〉	↓
	형태분석법
	↓
〈3단계〉	PMI

해당 프로그램의 단계별 구체적인 활동은 다음과 같다.

① 1단계: 정보의 수집(브레인스토밍)

정보의 수집 단계에서는 브레인스토밍 기법이 사용된다. 이는 학습자의 머릿속에 있는 많은 정보들을 문제해결을 위한 정보원으로 활용하기 위해 이끌어내고 정리하는 단계이다.

② 2단계: 아이디어의 생성(RAT와 형태분석법)

아이디어의 생성 단계에서는 RAT(Remote Associates Test)와 형태분석법(morphological analysis)이 사용된다(한순미 외, 2005). RAT 활동 단계에서는 서로 관련이 없는 먼 것들을 서로 결합하여 사고의 유연성을 기르며, 동시에 기존에 없는 새로운 관점의 아이디어를 만들어내는 사고 경험을 하게 된다(임규혁 · 임웅, 2008). 형태분석법은 문제해결을 위한 좀 더 체계적이고 조직적인 방법으로 RAT의 창의적 사고를 발전시키기 위해 사용된다(조연순 외, 2008). 형태분석법을 통해 문제에 포함되어 있는 요인별로 속성을 파악할 수 있고, 파악된 서로 다른 속성들을 조합하여 새로운 아이디어를 산출할 수 있다.

③ 3단계: 아이디어의 검증과 수용(PMI)

아이디어의 검증과 수용 단계는 제시된 아이디어의 적절성에 대해 비판적으로 검토하고, 부족한 부분을 보완하여 문제해결에 좀 더 적절한 아이디어로 정교화하는 단계이다. 이 단계에서는 PMI 기법이 사용된다. PMI는 생성된 아이디어의 긍정적인 면(Plus), 부정적인 면(Minus), 그리고 흥미로운 면(Interest)의 각 관점에서 아이디어를 평가하여 발생되는 득과 실을 비교한 뒤 최종적으로 아이디어의 적절성을 판단하는 방법이다(한순미 외, 2005).

(2) Set B: 학습자 내부의 정보와 새로운 정보활용 프로그램

〈표 5-5〉는 학습자 내부의 기존정보와 외부의 새로운 정보를 융합하여 창의적으로 문제를 해결하는 프로그램의 전개 과정과 구조를 나타낸다.

〈표 5-5〉 Set B: 기존정보와 새로운 정보활용 프로그램

구 성	기존정보 + 새로운 정보
〈1단계〉	여섯 색깔 모자
	↓
	시네틱스
〈2단계〉	↓
	스캠퍼
	↓
〈3단계〉	PMI

이 프로그램의 단계별 구체적 활동은 다음과 같다.

① 1단계: 정보의 수집(육색모)

정보의 수집 단계에서는 여섯 색깔 모자 사고 기법이 사용된다. 이는 문제와 관련된 학습자 머릿속의 지식을 정리하여 알고 있는 것과 알지 못하는 것을 구분하여 필요한 외부의 정보를 파악하고 찾아내어 수집하는 활동이다(De Bono, 정대서 역, 2005). 이 단계에서는 각각의 사고양식을 구분하여 한 가지에 집중함으로써, 정보를 문제해결에 필요한 형태로 선별하고 정리해 준다.

② 2단계: 아이디어의 생성(시네틱스와 스캠퍼)

아이디어의 생성 단계에서는 시네틱스(Synetics)와 스캠퍼(SCAMPER)를 사용한다. 시네틱스는 주어진 정보들을 유추적 사고를 통해 연결고리를 생성하여 기존에 없는 아이디어를 만들어내는 창의적 사고를 경험하는 활동이다(김영채, 2007). 이를 통해 서로 다른 두 가지 이상을 융합하여 새로운 아이디어를 만들어내는 사고과정을 경험하게 할 수 있다. 스캠퍼는 특정 대상이나 사물에 대한 정보를 여러 단계를 거쳐 변형, 조작하여 새로운 아이디어를 만들어내는 방법이다. 즉, 하나의 단순한 정보를 여러 번의 창의적 사고과정을 거쳐 새로운 정보로 만들어내는 방법이다(주상윤, 2007).

③ 3단계: **아이디어의 검증과 수용**(PMI)

아이디어의 검증과 수용 단계에서는 Set A와 마찬가지로 PMI 기법을 사용하여 아이디어의 적절성을 판단한다.

3. 프로그램 설계 원리

1) 브레인스토밍

(1) 활동 소개

브레인스토밍(brainstorming)이란 '두뇌에 폭풍을 일으켜서 어떤 문제를 해결하는 것'을 뜻한다. 제멋대로 거침없이 생각하도록 격려함으로써 좀 더 다양하고 폭넓은 사고를 통해 새롭고 우수한 아이디어를 얻는 방법으로써, 아이디어에 대한 평가를 유보한 채 최대한 많은 아이디어를 제안하고 추후에 수집된 아이디어들을 평가하는 것이다(한순미 외, 2005). 따라서 이 활동은 활동 참가자의 머릿속으로부터 가능한 한 많은 아이디어를 이끌어내는 것을 목표로 한다. 이후 산출된 아이디어를 유목화하는 마인드 맵을 활용하여 정리할 수 있다.

(2) 정보 교육에 주는 함의점

어떤 문제 상황에서 필요한 정보를 수집하는 활동은 정보의 원천을 외부에 두고 수집할 수도 있고, 문제를 해결해야 하는 사람의 내부인 장기기억에서 과거의 경험이나 지식으로부터 필요한 정보를 인출할 수도 있다. 그러나 외부에서 정보를 수집하더라도 일단 문제에 대해 현재 알고 있는 정보를 정리하여 활용할 수 있는 부분과 더 필요한 부분을 진단하는 것은 정보를 활용한 문제해결에서 매우 중요한 점이다. 따라서 이 활동은 내부의 정보를 최대한 이끌어 활용할 수 있게 하는 동시에 추가로 필요한 정보가 무엇인지를 스스로 알게 하는 정보를 활용하는 사고과정의 출발점으로 의미가 있다.

(3) 기대되는 효과

문제 상황에서 필요한 정보를 탐색하기 위한 첫 실마리를 잡는 것은 경험이 적고 미숙한 학습자들에게는 막막하고 어려울 수 있다. 본 활동은 특별한 제약이 없이 자유롭게 머릿속에서 떠오르는 생각을 이끌어내게 하기 때문에 과제 자체의 어려움으로 인한 동기감소를 최소화하는데 매우 강력한 장점을 갖는다. 그리고 주어진 활동의 순서에 따라 자신이 갖고 있는 정보를 정리할 수 있는 기회를 갖게 함으로써 문제해결에 필요한 정보의 원천을 우선 자기 내부에서 탐색하는 습관과 전략을 배울 수 있다.

(4) 프로그램의 예

① 주제(문제 상황): 우리 학교를 홍보해 보자.

② 활동 단계의 순서

〈홍보 내용에 대해〉

1단계(아이디어 생성): 학교에 대한 머릿속의 정보를 브레인스토밍을 통해 최대한 이끌어낸다.

예) 교실, 건물, 정원, 선생님, 수업, 학생, 친구들, 교장선생님, 동아리 등

2단계(아이디어 정리): 학교에 대해 떠올린 개념 중 홍보와 관련된 적절한 큰 개념으로 유목화한다(마인드 맵 활용).

예) 외형(교실, 건물, 정원), 선생님(교장선생님 등), 수업, 학생(친구들, 동아리) 등

3단계(아이디어 생성): 홍보에 적절한 개념별로 다시 각각 브레인스토밍을 통하여 여러 아이디어를 이끌어낸다.

예) 외형: 새 건물, 교실, 구조, 엘리베이터, 장애인 시설 등
선생님: 친절, 무서움, 엄격, 자상, 인자, 열정 등
학생(친구들): 재미, 동아리, 수학여행, 장난, 스터디 등
수업: 토론, 과제, 재미있음, 칠판, 지루함 등

4단계(아이디어 평가): 개념별로 생성된 아이디어들의 홍보 적절성 여부를 판단하여 최종 아이디어들을 걸러낸다(새로움, 효과, 적절성 측면 등).

〈홍보 방법에 대해〉

같은 방법(아이디어 1차 생성–아이디어 정리–아이디어 2차 생성–산출된 아이디어 평가)으로 활동을 반복한다.

2) RAT

(1) 활동 소개

RAT(Remote Associates Test)는 서로 관련이 없어 보이는 3개의 제시된 단어들과의 관련성을 발견하고, 이를 바탕으로 새로운 단어를 만들어냄으로써 새로운 아이디어를 산출해내는 기법이다(임규혁 · 임웅, 2008). 우리 머릿속의 정보가 네트워크로 이루어져 있기 때문에 관련성이 큰, 즉 가까운 것이 먼저 인출되고 멀리 떨어져 있는 것이 잘 연결되지 않는 속성이 있다. 창의적인 사람일수록 관련성이 먼 단어들을 결합해내는 능력, 즉 연합의 수평적 위계를 갖고 있는데, 이는 어떠한 자극에 대해서도 많은 연합을 만들어낼 수 있으며 모든 가능한 연합이 인출될 확률이 동일하다는 것을 의미한다. 이 방법은 이러한 사고의 유연성을 키워 새로운 아이디어를 만들어내는 유용한 방법 중의 하나이다. 본 기법은 발산적 사고가 창의적 문제해결에 도움이 된다는 가정하에 개발되었으며 발산적 사고 능력과 창의적 성취의 관계에 적절한 수준의 상관관계가 있음은 많은 연구들을 통하여 증명되었다(Sternberg, 임웅 역, 2009).

(2) 정보교육에 주는 함의점

문제해결을 위해 창의적인 접근이 필요할 때, 기존의 정보에서 새로운 개념, 아이디어로 발전시키는 과정에서 더욱 많은 개념을 산출할 필요가 있다. 정보들을 연결지어 새로운 정보를 창출할 때, 좀 더 많은 가능성을 확장시키는 방법으로 동일한 정보 속에서 이전에 없는 새로운 의미 연결 관계를 만드는 데 훌륭한 학습 기회를 제공할 것으로 예상된다.

(3) 기대되는 효과

창의적인 문제해결방법을 찾기 위해서는 기존의 정보를 다양한 각도에서 바라보고 새로운 답을 찾아내는 발산적 사고가 필요하다. 학습자는 주어진 서로 관련이 없는 정보들을 연결 짓는 연습을 함으로써 사고의 유연성을 키울 수 있으며, 이러한 학습은 학습자가 정보를 습득하고 의미를 짓는 능력의 확장을 이끌 것으로 예상된다. 동시에 창의성의 발현에서 필요한 기존에 없는 새로운 연결들을 만드는 가능성을 확장하는 데 기여할 것으로 보인다.

(4) 프로그램의 예

① RAT 기법 훈련: 학습자에게 세 개의 서로 관련 없는 단어를 제시하고 공통된 단어를 연상하도록 한다.

번 호	무연관 단어			공통 단어
1	소 원	미 역	초	생 일
2	어 둠	콜 라	연 인	극 장
3	독 약	미 인	가 을	사 과

② 다음 제시되는 단어들에서 자유롭게 연상되는 단어들을 적게 한다.

- 입시: 학원, 재수, 경찰, 추위, 엿, 시계, 지옥, 부정, 미역 등
- 우울증: 병원, 가을, 자살, 수면제, 이별, 죽음 등
- 비밀: 일기, 수첩, 암호, 번호, 콤플렉스, 연애, 편지, 비자금 등

③ 제시되는 단어 중 3개를 무작위로 추출하여 RAT를 실시한다. 예) 경찰, 시계, 미역: 청색, 해양순찰 등

④ '입시'에서 나온 개념들인데 출발개념이 잘 연상되지 않음을 보여줌: RAT를 할 경우 새로운 아이디어가 나오는 경향을 체험하게 한다.

⑤ 이와 같은 사고훈련 후, 처음 RAT 제시 단어에서 새로운 연결 가능성이 확장됨을 체험하게 한다.

번 호	무연관 단어			공통 단어
1	소 원	미 역	초	생일, **입시**
2	어 둠	콜 라	연 인	극장, **비밀**
3	독 약	미 인	가 을	사과, **우울증**

3) 형태분석법

(1) 활동 소개

형태분석법은 문제 상황에서 대상의 요인을 찾아내고, 각 요인의

속성을 열거하여 도표를 만들어 새로운 아이디어를 각 칸에 기록해 보도록 하는 방법으로 '행렬 기법' 또는 '가능성 격자 기법'이라고도 불린다. 이 기법은 여러 가능성의 조합을 만들어 보는 방법으로써 세부 절차는 다음과 같다(조연순 외, 2008).

① 요인 분석하기: 대상의 속성 영역을 찾아서 표의 왼쪽 윗부분(세로 영역)에 적는다. 속성 영역은 대상을 구성하는 중요한 것을 우선적으로 정한다. 그것의 중요성을 결정하기 위해서 '이 속성 영역이 없이도 대상이 존재할 수 있는가?'를 질문해 본다. 이를 통하여 학습자는 대상에 포함된 정보들을 고려해 보게 된다.

② 속성 열거와 도표 작성하기: 각 속성 영역 아래 다양한 속성들을 열거해 본다. 학습자는 대상에 포함된 정보들을 대치할 수 있는 여러 가지 가능성을 고려하는 동시에 다양한 해결방법을 생각해 볼 수 있다.

③ 아이디어 생성하기: 각 도표의 가로축과 세로축의 속성들을 체계적으로 다양하게 결합하여 새로운 아이디어들을 탐색한다. 이 결합으로부터 아이디어가 나오는지 살펴보고 아이디어가 나오면 기록한다.

④ 아이디어 평가하기: 생성된 아이디어의 실효성을 평가함으로써 부족한 부분을 수정하고 최선의 방안을 선택한다.

(2) 정보교육에 주는 함의점

주어진 정보를 잘 분석하고 그에 기초하여 새로운 의미를 만들어 내는 것은 기존의 정보를 활용하여 새로운 지식을 만들어내는 주요한 방법 중 하나이다. 정보의 다양한 측면에서 가능한 다양한 조합을 만들어 보는 활동은 이와 같이 정보를 효과적으로 분석하고 다루는 사고를 키울 수 있으며, 이를 기초로 창의적인 지식의 산출을 가능하게 한다.

(3) 기대되는 효과

본 활동은 문제 상황에서 대상의 중요한 특성을 나열하고 각 정보들을 결합하여 새로운 문제해결책을 얻는 방법이다. 학습자가 더 이상 새로운 아이디어가 나오지 않을 때, 단지 '새로운 아이디어는 없을까'라고 질문하는 것보다, 때로는 문제에서 주어진 정보를 각 특성별로 폭 넓고 깊이 있게 분석하여 이를 조합하는 것이 새로운 아이디어를 만들어내는 데 더 효과적일 수 있다. 이 활동을 통하여 학습자는 정보를 분석하고 다루는 능력을 키울 수 있으며, 이를 통하여 기존의 정보에서 새로운 정보를 창출할 가능성을 높일 수 있다.

(4) 프로그램의 예

① 문제 상황: 새로운 디자인의 세탁물 수거함을 개발하여 보자.
② 준비물: 종이, 필기도구, 검색용 컴퓨터
③ 활동

- 요인 분석하기: 세탁물 수거함의 기본적 속성 영역을 재료, 모양, 마감, 위치로 결정하며 다음과 같이 스스로 질문해 본다.
  –수거함을 만들기 위해 어떤 재료들이 이용될 수 있는가?
  –수거함을 어떤 모양으로 만들 수 있는가?

–수거함에 어떤 마감재를 사용할 수 있는가?

–수거함을 어디에 주로 고정하여 사용할 것인가?

- 속성 열거와 도표 작성하기: 예를 들어 다음 표와 같이 각 요인별로 5개씩의 속성들을 적어 볼 수 있다.

재 료	모 양	마감재	고정해 둘 주위치
목재	**높은 원기둥**	원자재 그대로	마룻바닥
플라스틱	가로로 납작한 모양	니스칠	천장
종이	서랍식	**페인트칠**	상황에 따라 이동
스테인리스스틸	빨래건조대처럼 펼치는 모양	사포로 문지르기	**문 옆이나 문 위**
실그물	휴지통 같은 모양	소품 부착	욕실 벽

〈세탁물 수거함의 디자인 개선을 위한 매트릭스의 예〉

- 아이디어 생성하기

–각 요인에서 하나 이상의 속성을 임의로 선택하고 결합하여 가능한 문제해결방법을 찾아본다. 위 예에서 보는 것과 같이 실그물, 높은 원기둥, 페인트칠, 문 옆이나 문 위를 결합한다면 다음과 같은 새로운 세탁물 수거함을 생각할 수 있다.(약 1m 길이의 농구 골대처럼 생긴 세탁물 수거함을 원통형 테에 붙여 문에 부착된 등판에 걸어 고정한다. 아이들은 더러워진 옷가지를 농구하듯이 수거함 속으로 던진다. 아이들은 빨래수거함에 빨래를 넣는 것을 재미있는 활동으로 생각하게 될 수도 있으며, 예전처럼 세탁물을 아무 데나 벗어놓지 않게 될 것이다. 수거함이 꽉 차면 끈을 세게 잡아당겨서 모아 둔 옷이 한꺼번에 나오게 한다.)

–학습자 각자가 만든 매트릭스의 각 요인을 결합하여 만든 새로운 방법들을 정리하여 기록한다.

- 문제해결방법 평가하기: 현실적으로 가장 합리적인 문제해결법을 선택한다.

–생성된 아이디어를 하나씩 그 실효성을 검토하여 부족한 부분을 수정하여 문제해결방법으로 가장 적절한 것을 선정한다.

4) 여섯 가지 색깔 모자 사고

(1) 활동 소개

복잡하게 얽힌 사고를 여섯 가지 측면으로 나누어 명료하고 단순하게 생각함으로써 최선의 답을 찾게 하기 위한 방법이다. 이 방법의 기법은 각 모자의 순서를 정해, 주어진 문제의 여러 측면을 차례로 검토하여 정보를 정리하고 발전시킨 다음, 이를 토대로 최선의 해결방안을 찾아내는 것이다. 색깔에 따른 각 모자가 의미하는 바는 다음과 같다.

- 하얀 모자: 중립적 · 객관적인 사실, 숫자, 정보
  → 주어진 문제에 필요한 정보가 무엇인지 파악하고, 현재 있는 정보가 무엇인지 객관적인 관점에서 찾아볼 수 있는 활동이 가능하며 인터넷이나 컴퓨터를 통해 정보를 찾는 활동을 통해 활용 능력의 향상도 꾀할 수 있다.
- 빨간 모자: 예감과 직관과 같은 감정, 느낌, 노여움, 기쁨 등
  → 객관적 정보와 그렇지 않은 것을 구별하게 해주는 기능을 한다.
- 검은 모자: 신중함, 주의, 경고, 잠재된 위험, 결점을 의미
- 노란 모자: 이득, 이점, 가치 등 희망적이고 긍정적인 관점

- 초록 모자: 창조적인 아이디어나 전혀 새로운 관점의 대안
  → 여기서 창의적인 문제접근법을 가르침으로써 주어진 정보에서 새로운 의미와 대안을 만들어내는 교육이 가능하다.
- 파란 모자: 사고과정의 순서를 짜거나 다른 모자들의 사용을 통제
  → 전체적인 계획과 전략을 배우는 단계로 이를 통해 총체적인 문제해결능력이 향상된다.

(2) 정보교육에 주는 함의점

문제해결을 하는 데 도움이 되는 정보와 그렇지 않은 정보를 구별하는 데 큰 도움이 되는 활동이다. 기존의 정보뿐 아니라 외부에서 필요한 정보가 어느 측면에 해당되는지를 파악하고 이것을 토대로 문제와 관련 있는 이점과 단점들을 정리함으로써 병렬적으로 나열되어 있는 수많은 정보에서 질적으로 높은 정보들을 구별하게 된다.

이것을 통해 최종적으로 문제해결에 필요한 정보를 활용하는 방법을 체득하게 된다. 복잡하게 정리되지 않은 정보들을 여러 측면에서 차례로 정리하는 방법은 실제 현실에서도 창의적 문제해결뿐 아니라 일반적 문제해결에 많은 도움이 되는 것으로 검증된 바 있다.

(3) 기대되는 효과

학습자들은 문제해결 상황에서 자신의 내부나 외부에서 얻게 되는 관련된 수많은 정보들을 다루는 전략을 배우게 된다. 복잡하게 얽혀 있는 정보들에 관해 한 번에 한 가지 일만 다루게 함으로써 간단하고 명확한 사고를 할 수 있게 해줄 것이다. 감정, 논리, 정보, 희망, 창조

성 등을 하나씩 분리해서 집중적으로 다룰 수 있도록 해 주며, 이는 사고의 전환 능력을 키워 정보를 다루는 능력의 향상을 꾀하고 있다.

(4) 프로그램의 예

- 주제: 소풍 계획을 세워 보자.
- 준비물: 여섯 가지 색깔 모자와 노트, 검색용 컴퓨터
- 활동 내용

① 본 활동에 필요한 규칙과 여섯 가지 색깔 모자 사고 기법에 대한 설명 제공함

② 문제 제시

③ 주제와 관련 있는 자료와 검색이 가능한 사이트를 제공함

④ 활동 순서

a. 파란 모자

–문제의 상황과 목적은 무엇인가?

–이를 위해 어떤 순서로 모자를 사용할 것인가?

b. 하얀 모자

–우리가 갖고 있는 정보는 무엇인가?

–우리는 어떤 정보를 필요로 하는가?

–우리는 어떻게 정보를 얻을 것인가?

c. 초록 모자

–소풍을 갈 수 있는 여러 가지 방법을 제안해 보자.

d. 노란 모자

–그 제안의 긍정적인 가치가 무엇인가?

–어떤 상황에서 가치가 있는가?

–그 가치는 어떻게 구체화될 수 있으며 또 다른 유용한 가치는 없는가?

e. 검은 모자

–우리가 이렇게 행동하면 무슨 일이 생길까?

–무엇이 잘못될 수 있을까?

–잠재적인 문제점들은 무엇이지?

f. 초록 모자

–전혀 다른 방법으로 해볼까?

–새로운 대안을 찾아보자.

g. 노란 모자

–그 대안의 긍정적인 평가

h. 검은 모자

–실천 불가능하거나 쓸모없는 것은 아닌지 확인

i. 파란 모자

–나온 내용 요약정리 및 결론 내기

–혹은 이를 토대로 수정된 목표나 방향 제시

5) 시네틱스

(1) 활동 소개

시네틱스의 어원은 '서로 다르고 관련이 없어 보이는 요소를 합친다'는 그리스어로, 관점을 다르게 하여 서로 다른 것을 연계해 유추하여 새롭게 이해하고 아이디어를 창출하는 방법이다(조연순 외, 2008). 본 활동에 사용되는 유추의 방법에는 다음의 네 가지가 있다.

① **환상적 유추법**(fantasy analogy)

가장 보편적이고 초기에 사용되는 방법이다. 환상적 유추를 통해 문제의 해결방법으로 상상을 통하여 이상적인 모습을 찾는다. 예를 들면 하늘을 나는 신발을 만들어 보라고 한다면 학습자들은 기존에 존재하는 신발 또는 날 수 있는 생물/무생물과 전혀 관계없는 모양을 만들어 볼 수 있다.

② **직접적 유추법**(direct analogy)

문제 상황과 실제 생활에서 가장 비슷한 것을 찾아 유추하는 방법이다. 해결하려는 문제와 비슷한 관계를 가진 현상이나 사실, 지식, 기술 등을 파악하여 문제에 비교해 보고 적용하여 새로운 관점을 찾아내는 것이다. 환상 기법과 직접 유추 방법 간의 주된 차이점은 환상 유추는 대상이 완전히 가상이라고 할 수 있는 반면에 유추는 대상을 실제 생활에서 찾아볼 수 있다는 점이다.

③ **개인 유추법**(personal analogy)

인간 자신을 사물과 동일화하여 그 자신이 만약 그 대상이라면 어떻게 느끼고 어떻게 행동할지 추측해 보는 것이다. 사물의 의인화가 강하면 강할수록 그 유추는 더욱 새로운 관점을 형성할 수 있는 가능성을 갖는다.

④ **상징적 유추법**(symbolic analogy)

상징적 유추는 이해된 문제(PAU: Problem-As-Understood)의 요지를 나타내는 중심어가 암시하는 바를 고도의 은유적이고 함축적으로 표현하는 것이다. 상징적 유추를 이끄는 과정은 우선 중심어를 선정하고, 그 중심어의 본질적 의미가 무엇인지를 파악한다. 그리고 그 단어의 중요한 함축성을 느끼고 이해한다. 그런 다음 그 단어에서 느낀 감정을 표현하여 새로운 상황에 적용한다.

(2) 정보교육에 주는 함의점

본 활동은 이미 잘 알고 있는 정보를 유추를 통하여 새로운 각도에서 이해하고 이를 통하여 새로운 정보와 의미를 구성해내는 방법이다. 정보를 활용하여 문제를 해결할 때, 유추는 매우 빈번하게 사용되는 인지 전략이다. 정보들이 구성되어 있는 낯선 관계에 있는 구조를 해당 문제에 접목해 봄으로써 새로운 정보를 창출해내는 이 기법은 일반적인 정보활용 능력뿐 아니라 창의적인 정보활용 능력을 키우는 데 유용한 방법이다.

(3) 기대되는 효과

시네틱스를 활용하는 과정에서 학생들은 근거나 타당성을 무시한 채 단순히 자유롭게 많은 아이디어를 발산하는 유창성보다는 정보의 한 측면에 주목하여 근거나 타당성을 합리적으로 연관시키는 유창성을 키울 수 있다. 그러한 과정에서 다소 비현실적이지만 새로운 아이디어를 창출하는 독창성, 문제와 관련된 또 다른 해결방안을 유추하여 직관적으로 발산하는 능력인 상상력, 정보의 특징적 요소를 구체화하는 직관력과 주위 환경하에서 정보를 유추해낼 수 있는 관찰력 등이 향상될 것으로 기대된다. 이러한 아이디어의 독창성과 상상력, 직관력, 관찰력 등은 창의성의 중요한 속성이 된다.

(4) 프로그램의 예

① 시네틱스의 4가지 유추법을 안내하고 연습한다.

② 주제: '지구의 환경 문제, 어떻게 해결할 수 있을까?'

③ 정보 분석

- 지구의 환경 문제는 어떤 것들이 있는가?: 대기, 수질, 공기 오염, 오존층 파괴, 화석에너지 고갈, 생태계 파괴, 온난화 등

④ 탐색하기: 다양한 유추를 통해 문제해결방법을 찾아본다.

- 환상적 유추
  - 우리가 지구를 떠난다면?
  - 오염물질을 우주 밖으로 보낸다면?
  - 쓰레기를 모두 없앤다면?
  - 흰 눈처럼 무엇인가 덮는다면?
- 직접적 유추
  - 오염된 음식물로 배탈이 난 우리 몸에 비유하면, 어떤 해결방법이 있을까?
  - 더러워진 방에 지구를 비유하면, 어떤 해결방법이 있을까?
- 의인적 유추
  - 내가 지구라면?
  - 내가 오염물질이라면?
- 상징적 유추
  - 지구에 오염물의 분포를 한마디로 상징하면? 수많은 점들
  - 공기 오염을 한마디로 상징하면?

⑤ 정교화한 유추와 주어진 문제를 결합하기: 유추를 통해 생성해낸 아이디어를 주어진 문제와 결합해 관련성을 분석하여 문제의 해결

책을 찾아낸다.

6) 스캠퍼

(1) 활동 소개

스캠퍼(SCAMPER)란 일련의 주어진 정보의 변형에 대한 사고 방법들의 약어로써 어떤 대상에서 출발하여 주어진 방법에 의해 변형시키는 방법이다. 주어진 정보에서 새로운 정보를 만들어내는 유용한 방법으로 효과가 검증된 창의적 사고기법 중의 하나이다.

스캠퍼를 이용해 이미 존재하는 것에 변화를 준 다음 새로운 문제해결방법이 나올 때까지 또 다른 변화를 계속 시도함으로써 문제를 해결해 볼 수도 있다. 본 질문들은 문제 상황의 변형과 조작을 통하여 창의적인 문제해결방법을 탐색한다는 공통점이 있으며, 반드시 아래의 순서대로 모든 질문을 다 사용하는 것이 아니라 필요에 따라 적절한 질문을 선택해 사용할 수도 있다. 스캠퍼의 일곱 가지 질문은 다음과 같다(주상윤, 2007).

① 대체(Substitute): 사용된 소재・용도・방법 등을 다른 것으로 대체할 수 있는가?(다른 누구? 다른 무엇? 다른 성분? 다른 재료? 다른 에너지? 다른 장소? 등)

② 결합(Combine): 기존에 사용되고 있는 문제해결방법, 대상들을 결합해 보면?(혼합해 보면? 단원을 조합하면? 목적을 합하면? 아이디어를 조합하면? 등)

③ 적용(Adapt): 기존의 방법, 대상을 다른 대상물에 응용해 보면?

(각색을 하면? 이것과 비슷한 것은? 이것은 어떤 아이디어를 시사하는가? 과거의 것과 비슷한 것은? 베낄 수 있는 것은? 내가 흉내 낼 수 있는 사람은? 등)

④ 변형(Modify-Magnify/Minify): 기존 대상의 일부를 크게 하거나 줄이거나 하는 식으로 여러 방법으로 변형하면?(확대하면? 빼면? 변형하면? 의미, 색깔, 소리, 향기, 형태 등을 바꾸면? 빈도를 높이면? 더 강하게 하면? 더 길면? 생략하면? 간소화하면? 분리하면? 작게-가볍게, 쉽게, 짧게-하면? 등)

⑤ 다른 용도로 사용(Put to other uses): 대상을 전혀 다른 용도로 사용해 보면?(모양, 무게 또는 형태 등으로 보아 다른 용도로 사용할 수 없을까? 수정하면? 맥락을 바꾸면? 등)

⑥ 제거(Eliminate): 대상의 특정한 부분, 성분, 기능 등을 없애보면?(없애버리면? 부품 수를 줄이면? 압축하면? 낮추면? 더 가볍게 하면? 등)

⑦ 재배열(Rearrange/Reverse): 일의 형식, 순서를 재조정하거나 아예 거꾸로 하면?(거꾸로 하면? 반대로 하면? 역할을 바꾸어 보면? 위치를 바꾸면? 보조를 바꾸면? 원인과 결과를 바꾸어 보면? 등)

(2) 정보교육에 주는 함의점

어떤 문제를 해결할 때 단순히 양적으로 많은 정보를 갖는 것보다 해당 문제에 적절한 형태로 기존의 정보를 변형하여 주어진 정보를 잘 활용하는 것이 유용할 때가 많다. 스캠퍼는 주어진 정보를 여러 측면에서 변형하여 봄으로써 문제해결에 적절한 다양한 정보를 산출해낸다는 점에서 정보의 양적 확대보다는 질적으로 심화된 활용에 도움을 줄 것이다.

(3) 기대되는 효과

스캠퍼는 문제해결에 필요한 아이디어를 자극하는 질문들의 체크리스트에 의하여 정보를 수집하기 전에 먼저 체계적으로 문제 상황을 분석하는 기회를 제공함으로써 정보에 대한 질적인 접근의 효율성을 높일 수 있다. 학생들은 이 기법을 활용하여 정보를 단계적으로 변형 조작하여 새로운 의미와 가능한 정보를 창출해내는 능력을 키울 수 있을 것으로 예상된다.

(4) 프로그램의 예

① 스캠퍼의 뜻과 예를 참가자에게 안내하고, 각 목록에 해당되는 7가지 내용을 적용한 사례를 든다.

–축소한 예: 휴대전화, 이어폰, 소형 라디오, 접는 지휘봉과 접는 자, 접는 우산 등

–확대한 예: '아이가 커졌어요', '고릴라'라는 제목의 영화 등

–결합한 예: 안과 겉을 뒤집어 입을 수 있는 옷, 라이터와 재떨이가 재결합된 것

–제거한 예: 팔 부분에 지퍼를 달아 조끼로도 입을 수 있는 옷

② 문제 상황: 교실에서 사용하는 학생용 책상을 개선해 보자.

③ 활동 순서

a. 본 활동의 순서를 개략적으로 설명

b. 학교에서 기존에 사용하는 책상을 제시(그림도 가능하면 함께

제시)

c. 책상을 개선하기 위한 방법을 생각해 본다.

스캠퍼의 7가지 방법을 제시하고 그중에서 최소 3가지 방법을 참가자가 임의로 선택하여 그 방법에 의해 문제해결방법을 고안하도록 한다. 문제해결방법을 그림으로 그리거나 글로 표현하도록 한다.

- 대체: 책상 대신에 무엇을 책상의 용도로 사용할 수 있을까?
  예) 모둠 활동할 때 쓰는 대형 탁자를 책상 대신에 사용할 수 있도록 설계한다.
- 결합: 책상에 무엇을 덧붙일 수 있을까?
  예) 작은 옷이나 소품을 걸 수 있는 고리를 책상 안쪽에 부착한다.
- 적용: 조건이나 목적에 맞도록 어떻게 조절할 수 있을까?
  예) 책상 위에서 엎드려 휴식을 취할 때 좀 더 편하도록 책상의 높낮이를 버튼을 이용하여 조절할 수 있도록 설계한다.
- 변형: 색이나 모양, 형태를 어떻게 바꿀 수 있을까?
  예) 책상의 디자인을 기역자의 유선형 모양으로 바꾸어 교실의 딱딱한 분위기를 부드럽게 해본다.
- 다른 용도로 사용: 책상을 다른 용도로 사용할 수 없을까?
  예) 교실 내의 또 다른 공간으로 활용한다.(책상끼리 붙인 후 틈새가 맞물려 조립되도록 설계하여 그 위에 올라가서 활동할 수 있도록 해본다.)
- 제거: 책상에서 삭제하거나 떼어낼 수 있는 것은 없을까?
  예 1) 책을 넣도록 되어 있는 서랍을 원하면 떼어낼 수 있도록 설계해 본다.

예 2) 발을 놓는 막대 모양의 부착물을 떼어내 책상의 앞뒤가 없도록 한다.

- 재배열: 어떻게 하면 책상을 돌리거나 원 위치와 반대되는 곳에 놓을까?

d. 개선한 방법들을 평가해 본다.

–현실 적용 가능성 및 독창성 등의 관점에서 평가한다.

7) PMI

(1) 활동 소개

PMI는 좋은 점(좋아하는 이유, 긍정적 측면), 나쁜 점(싫어하는 이유, 부정적 측면), 흥미로운 점(재미있는 이유, 재미있는 점)을 찾는 방법이다. 본 활동은 대상의 긍정적 측면, 부정적 측면, 재미있는 측면 등으로 대안의 모든 측면을 고려해 보고, 발생되는 득과 실을 분석한 후, 그 반대의 결정을 내릴 때 발생되는 득과 실을 놓고 최선의 선택을 하도록 하게 하는 데 있다(한순미 외, 2005). 본 활동의 세부적인 내용은 다음과 같다.

- P(Plus)찾기: 문제 상황의 긍정적인 점, 좋은 점을 찾아 열거한다.
- M(Minus)찾기: 문제 상황의 부정적인 점, 나쁜 점을 찾아 열거한다.
- I(Interesting)찾기: 문제 상황의 흥미로운 점, 새로운 점, 재미

있는 점을 찾아 열거한다.

(2) 정보교육에 주는 함의점

창의적 문제를 해결하는 데에는 확산적 사고와 수렴적 사고를 모두 사용할 필요가 있다. 따라서 생각한 새로운 방법들이 문제해결에 얼마나 적절한지에 대한 정보를 얻는 것은 매우 중요하다. 본 활동은 이러한 적절성과 관련된 정보를 요약·정리하는 데 매우 유용한 활동이다. 새로운 정보가 기존 문제해결에 얼마나 적절한지를 판단할 수 있을 때 궁극적으로 유용한 정보를 가려낼 수 있기 때문이다.

(3) 기대되는 효과

본 활동은 동시에 여러 요인이 혼합되어 작용하는 사고 상황에서 좀 더 냉철한 판단 아래 사고를 전개할 수 있는 장점이 있다. 이는 어떤 아이디어나 제안을 다룰 때 위의 세 가지 관점으로 대안의 모든 측면을 고려해 본 다음에 결정함으로써 학생들이 어떤 문제 장면에 대하여 충동적으로 아이디어를 내거나 정서적으로 치우쳐 반응하는 것을 막고 시야를 넓혀 주는 데에 매우 유용하며 창의적인 문제해결에서 가능한 모든 측면을 고려해 보고, 발생되는 득과 실을 비교하여 적절성을 판단하는 능력을 키워 줄 수 있다.

(4) 프로그램의 예

① PMI 기법을 소개한다.

② 주제: 교실에서 휴식을 취할 수 있는 방법을 찾아보자.(간이침대, 소파, 매트리스 등)

③ 활동 내용 및 순서: 각각의 아이디어에 대해 세 부분으로 나누어서 P, M, I로 구분하고 도출해낸다.

④ P에 해당하는 의견을 기록하게 한다.

(이때 감정에 의해 판단하는 것을 지양하고 의견의 장단점에 근거를 두고 판단한다.)

예) 교실에서 잠을 자면 어떤 점이 좋을까?

공부와 관련해서 어떤 점이 좋을까?

건강과 관련해서 어떤 점이 좋을까?

누구에게 가장 좋은 혜택이 갈까?

⑤ M에 해당하는 점에 대한 원인과 대책을 제시한다.

예) 수업의 효율성 측면에서 어떤 점이 나쁠까?

공부와 관련해서 어떤 점이 나쁠까?

건강 측면에서 어떤 점이 나쁠까?

누구에게 가장 피해가 갈까?

⑥ I에 해당하는 흥미로운 점을 새로운 대안 도출의 원천으로 삼는다.

예) 어떤 재미있는 일들이 일어날 수 있을까?

흥미 있는 점은 어떤 것이 있을까?

⑦ 각각의 아이디어에 대해 ④–⑥을 반복하여 정보를 나열한다.

⑧ 가장 좋은 문제해결방법을 평가하고 선택한다.

–좋은 점과 나쁜 점 중 어떤 것이 더 많은가? 흥미 있는 점은 독창적인가? 현실적으로 가능한가? 등의 기준에 의해 평가한다.

–여러 대안 중 가장 적절한 방법을 선택한다.

8) 교수 학습 도구의 선정

정보기술 유창성 향상을 위한 교수 학습 도구는 문제해결을 위해 구안한 창의적 아이디어를 구현하기 위한 다양한 컴퓨팅 장치를 의미한다. 이때 컴퓨팅 장치는 컴퓨터 하드웨어와 소프트웨어뿐 아니라, 창의적 아이디어를 실행하고 구현하기 위해 사용 가능한 다양한 장치와 도구를 포함할 수 있다. 정보기술 유창성의 하위 범주 중 본 프로그램에서 중점을 둔 영역은 자신의 아이디어와 다양한 컴퓨팅 장치의 활용을 통해 창의적 작품을 생성하고 창의적으로 문제를 해결하는 능력이다. 이러한 관점에서 본 프로그램은 다양한 컴퓨팅 장치를 교수 학습 도구로 활용하되, 교육내용과 제시된 과제의 특성에 따라 적합한 컴퓨팅 장치를 선택하여 활용할 수 있도록 구성하였다.

해당 프로그램의 교수 학습 도구로 선정된 컴퓨팅 장치의 종류는 크게 세 종류로 구분된다. 종류별 역할 및 특성을 요약하면 다음과 같다.

(1) 종이와 연필

종이와 연필의 사용은 컴퓨터를 사용하지 않고 컴퓨터 과학의 기본 개념과 원리를 가르친다는 접근으로, 창의적 해법을 생성하기 위한 아이디어 구안, 시스템 설계 등을 위해 기본적으로 요구된다.

(2) 교육용 프로그래밍 언어

교육용 프로그래밍 언어는 창의적 해법을 실제로 구현하고 실행하기 위해 가장 유용한 도구라고 할 수 있다. 학습의 목적이 프로그래밍 언어의 사용법을 익히는 것이 아니라, 정보기술을 통한 창의적 문제해결에 있다면 학습자의 외적 인지 부하를 감소시키기 위해 교육용 프로그래밍 언어를 사용하는 것이 바람직하다. 해당 프로그램에서는 풍부한 멀티미디어 저작 및 프로그래밍 환경을 지원하는 스크래치[1]와 DBN(Design By Numbers) 프로그램[2]을 활용한 활동들을 설계하였다. DBN은 시각 디자인과 예술 작품 생성에 활용할 수 있는 프로그래밍 언어로 계산학적 설계 원리로 구현된다. 따라서 정보기술을 활용한 창의적 작품 설계를 지원하는 대표적인 도구로 볼 수 있다.

(3) 교육용 로봇

교육용 로봇은 좀 더 실제적인 시뮬레이션 환경을 제공할 수 있다. 여기서 로봇은 다양한 형태의 모터와 센서들로 구성되고, 프로그래밍 가능한 프로세서를 포함하고 있는 모든 물리적 객체를 의미한다. 기본적인 센서와 모터 제어를 위한 프로그래밍 언어는 스크래치나 해당 로봇을 제어하기 위해 개발된 언어 중 교육용 프로그래밍 언어를 선정하여 사용할 수 있다. 예를 들어, 피코보드, 피코크리켓을 활용하거나 레고 WeDo 로봇 등을 활용한다. 레고 WeDo 로봇의 경우, 스크래치를 통해 제어가 가능하다.

---

1) http://scratch.mit.edu/
2) http://dbn.media.mit.edu/

4. 프로그램 내용 체계

프로그램 세부 내용은 델파이 연구를 통해 선정된 목표 및 내용 요소, 학습자 발달 특성, 정보 소외지역 학습자의 환경적 특성 등을 고려하여 구성하였다. 또한, 정보기술 활용을 통한 창의적 문제해결력 향상을 목표로 하고 있으므로, 과제 수행을 통해 자연스럽게 최신의 정보기술 습득, 관련된 컴퓨터 과학의 기본 개념과 원리, 창의적 아이디어 발견법 등을 학습할 수 있도록 내용을 조직하였다.

〈표 5-6〉은 이러한 원칙에 따라 구성된 내용 체계를 나타낸다.

각 학습 과제에서 제시되는 문제의 유형은 크게 의사결정, 시스템 분석 및 설계, 문제점 해결의 세 가지 유형으로 구분된다. 각 유형은 OECD/PISA의 문제해결 영역 평가 틀에 따른 것으로(OECD, 2004), 의사결정 유형은 주어진 제한점을 고려하여 학생들의 의사결정을 내릴 것을 요구하는 문제들이다. 시스템 분석 및 설계는 제시된 문제해결을 위해 효율적인 시스템을 설계하거나 시스템의 성능 등을 비교·분석하는 활동들을 포함한다. 문제점 해결 유형은 제시된 시스템이나 상황의 결함이 무엇인지 발견하고 수정을 요구하는 문제들이다.

본 프로그램에서는 이 세 가지 유형의 문제들을 전반적으로 다룰 수 있는 능력을 향상하기 위해 세 유형의 문제를 포함한 과제들을 난이도별로 구성하였다. 즉, 의사결정, 시스템 분석 및 설계, 문제점 해결 유형의 문제가 3주간 진행되며, 이후 동일한 순서대로 난이도를 높여 3주씩 두 번 더 진행한다. 따라서 유형별 난이도에 따라 3주 분량의 학습이 이루어진다.

<표 5-6> 프로그램의 세부 내용 체계

기간	학습 개념	학습 과제	문제 유형	창의적 문제해결 단계	교수 학습 도구
1주	문제와 문제 해결 과정	지도 색칠하기	의사결정	Set A 브레인스토밍 → 형태분석법 → PMI	종이 색연필
2주	프로그래밍의 기초	수에 의한 디자인	시스템 분석 및 설계	Set B 육색모 → 시네틱스 → PMI	컴퓨터 수에 의한 디자인 프로그램(DBN)
3주	알고리즘의 분석	도서관 관리체계	문제점 해결	Set A 브레인스토밍 → 형태분석법 → PMI	종이 연필
4주	알고리즘의 설계	실습실 사용 관리	의사결정	Set A 브레인스토밍 → 형태분석법 → PMI	종이 연필
5주	자료의 정렬	친구 명단 정리하기	시스템 분석 및 설계	Set B 육색모 → 시네틱스 → PMI	종이 컴퓨터 교육용 프로그래밍 언어(스크래치)
6주	알고리즘의 분석	길 건너는 로봇	문제점 해결	Set A 브레인스토밍 → RAT → PMI	종이 컴퓨터 교육용 로봇
7주	알고리즘의 설계	하노이의 탑	의사결정	Set A 브레인스토밍 → 형태분석법 → PMI	종이 컴퓨터 시뮬레이션 프로그램
8주	자료의 탐색	자리 배치하기	시스템 분석 및 설계	Set B 육색모 → 스캠퍼 → PMI	종이 컴퓨터 교육용 프로그래밍 언어(스크래치)
9주	알고리즘의 분석	청소 로봇	문제점 해결	Set B 육색모 → 스캠퍼 → PMI	종이 컴퓨터 교육용 로봇

창의적 문제해결 단계의 경우, 문제의 유형에 따라 분류된다. 의사결정과 문제점 해결 유형의 문제는 Set A 단계로 다루어지고, 시스템 분석 및 설계 유형의 문제는 Set B 단계로 다루어진다. Set A는 학습자 내부의 기존정보를 활용한 문제해결 단계로 의사결정과 문제

점 해결은 제시된 문제 상황에서 최적의 판단과 문제점을 발견해야 하기 때문이다. 반면, Set B의 경우, 학습자 내부의 지식뿐 아니라, 외부 정보를 습득하고 활용하여 문제를 해결하는 단계로 시스템을 분석하고 새로운 시스템을 설계하기 위한 유형에 적합하다고 할 수 있다.

제 6 장

현장 적용 사례

제 6 장 현장 적용 사례

1. 연구 방법

1) 연구 가설

연구 목적 달성을 위해 설정한 연구 가설은 다음과 같다.

창의적 문제해결력 향상을 위한 정보교육 프로그램은 정보 취약 지역 중학교 학습자의 문제해결력에 유의한 영향을 미친다.

2) 연구 대상

도시와 농촌 지역 간의 정보격차 해소에 미치는 영향을 분석하기 위해 실험 집단으로 농촌 지역 학교를, 통제 집단으로 도시 지역 학교를 선정하였다. 실험 집단은 경기도 농촌 지역 2개교 중학생들(67명)로 구성되며 통제 집단은 경기도 도시 지역에 소재한 1개교 중학생들(72명)로 구성된다.

3) 연구 설계

본 연구에서 개발한 정보교육 프로그램이 정보 취약지역 학습자의 문제해결력에 미치는 영향을 분석하기 위해, 이질 통제 집단 전후 검사 설계 방법을 적용하였으며 구체적인 연구의 실험 설계는 〈표 6-1〉과 같다.

〈표 6-1〉 실험 설계

실험 집단	O_1	X_1	O_2
통제 집단	O_3	X_2	O_4

O_1, O_3: 사전 검사(문제해결력 검사)
X_1: 창의적 문제해결력 향상을 위한 정보교육 프로그램
X_2: 전통적인 정보교육 프로그램
O_2, O_4: 사후 검사(문제해결력 검사)

(1) 연구 도구

문제해결력 검사를 위해 이은경(2009)의 연구에서 사용한 9개의 문항을 사용하였다. 해당 문항들은 2003년 OECD 학업성취도국제비교연구(PISA, 2003) 문제해결 영역의 공개 문항 중 일부를 발췌, 수정한 것으로, 중학교 1학년 학습자의 발달 수준 및 국내의 사회문화적 상황에 맞게 수정하였다. 구체적인 문항의 특성은 〈표 6-2〉와 같이 의사결정, 시스템 분석과 설계, 문제점 해결의 3가지 유형의 문항들로 구성된다.

검사 결과는 정답의 경우 2점, 오답의 경우 0점을 부여하였으며, OECD에서 공개한 문항채점기준에 따라 부분점수로 인정될 경우 1점을 부여하였다. 따라서 가능한 점수 분포는 최고 18에서 최저 0이다.

<표 6-2> 문제해결력 측정 문항

번 호	주 제	문제 유형	형 태
1	에너지 요구량	의사결정	개방 서술형
2	도서관 관리체계	시스템 분석과 설계	개방 서술형
3	냉동고	문제점 해결	선택형
4	수에 의한 디자인	시스템 분석과 설계	선택형
5	수에 의한 디자인	시스템 분석과 설계	개방 서술형
6	영화 보러 가기	의사결정	선택형
7	환승 체계	의사결정	개방 서술형
8	관개	문제점 해결	개방 서술형
9	관개	문제점 해결	선택형

(2) 연구 절차

가장 먼저 사전 문제해결력 검사를 통해 두 집단의 동질성 여부를 분석하였다. 이후, 실험 집단에는 본 연구에서 개발한 창의적 문제해결력 향상을 위한 정보교육 프로그램을 진행하고, 통제 집단에는 전통적인 정보교육 프로그램을 실시하였다. 전통적인 정보교육 프로그램은 본 연구에서 설계한 과제 중심 및 창의적 문제해결 단계 전략이 제거되고 단지 학습자에게 학습 내용을 전달하고 실습할 수 있는 환경을 제공하는 것을 의미한다. 단 두 집단 모두 동일하게 2007 개정 '정보' 교육과정에서 제시하고 있는 '문제해결방법과 절차' 영역을 위한 학습 내용들로 구성하였으며, 18차시(9주)에 걸쳐 학습이 진행되었다. 실험 처치 직후, 사후 문제해결력 검사를 실시하여 효과성을 분석하였다.

2. 현장 적용 프로그램

개발된 프로그램의 각 학습 과제별 상세 계획 및 내용은 다음과 같다.

〈표 6-3〉 지도 색칠하기(의사결정) 과제 학습 상세 계획

<table>
<tr><td>학습 과제</td><td>지도 색칠하기</td><td>유 형</td><td>의사결정</td></tr>
<tr><td>관련 교육과정</td><td>중학교 〈정보 1단계〉
III. 문제해결방법과 절차
1. 문제와 문제해결 과정</td><td>차 시</td><td>1</td></tr>
<tr><td>창의적
문제해결 단계</td><td>Set A</td><td>도 구</td><td>종이, 색연필</td></tr>
<tr><td>학습 목표</td><td colspan="3">지도 색칠하기 문제를 체계적으로 분석하고 해결 방법을 찾을 수 있다.</td></tr>
<tr><td>단 계</td><td colspan="3">교수 학습 활동</td></tr>
<tr><td>브레인스토밍</td><td colspan="3">문제해결방법과 전략을 얻기 위한 브레인스토밍하기
1. 아이디어 이끌어 내기
2. 아이디어 정리하기</td></tr>
<tr><td>RAT</td><td colspan="3">생략</td></tr>
<tr><td>형태분석법</td><td colspan="3">문제에서 제시된 속성들의 조합을 통해 가능한 문제해결 전략 산출하기
1. 문제의 속성 분석하기
2. 속성 나열 및 조합하기
3. 문제해결 전략 생성하기</td></tr>
<tr><td>PMI</td><td colspan="3">산출된 다양한 문제해결 전략 평가 및 선택하기
1. 산출된 다양한 문제해결 전략 평가하기
2. 가장 효율적인 문제해결 전략 선택하기</td></tr>
</table>

• 지도 색칠하기 •

〔학습 과제〕

다음 그림은 우리나라의 지도이다. 각 지역을 서로 구분하기 위하여 '서로 인접하고 있는 지역은 서로 다른 색'을 칠하려고 한다. 색칠 가능한 색상은 빨강, 녹색, 파랑의 3가지 색상이며, 한 번 칠한 색상의 경우, 언제든지 색상을 변경하여 다시 칠할 수 있지만, 가능한 한 최소한의 수정을 거쳐 지도 색칠하기를 완성하려고 한다.

[1단계: 브레인스토밍]

1. 아이디어 이끌어내기

위 문제의 해결 방법이나 전략에 관해 자유롭게 이야기해 봅시다.

2. 아이디어 정리하기

브레인스토밍을 통해 얻은 아이디어들을 다음 유형에 따라 분류해 봅시다.

1) 색칠할 지역 선택 전략

예) 가장 첫 번째 지역을 선택한다.

2) 선택한 지역에 칠할 색상 선택 전략

예) 가장 첫 번째 색상을 선택한다.

[2단계: 형태분석법]

1. 문제의 속성 분석하기

다음 질문에 따라 문제의 속성을 분석해 봅시다.

1) 반드시 지켜야 하는 조건은 무엇인가?
2) 칠할 수 있는 색상의 종류는 무엇인가?
3) 칠해야 하는 지역은 모두 몇 개인가?

2. 속성 나열 및 조합하기

다음 각 단계에 따라 속성들을 나열하고 조합해 봅시다.

1) 다음 빈 칸에 각 지역별 인접 지역의 이름과 수를 적어 봅시다.

지역	인접 지역의 이름	인접 지역의 수
가	나, 다	2
나		
다		
라		
마		
바		
사		

2) 위 그림의 지도를 간단한 그래프로 표현해 봅시다.

(단, ○는 각 지역을 표현하고, 선분(−)은 지역 간의 관계를 나타낸다.)

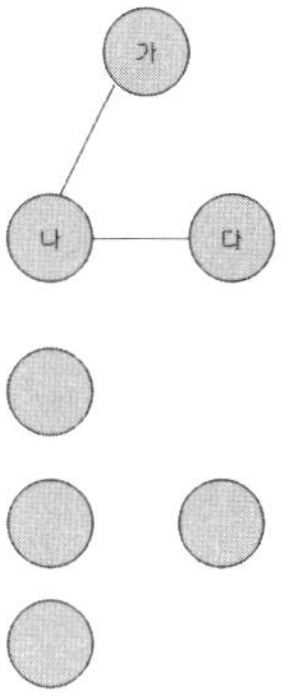

3. 문제해결 전략 생성하기

다음 각 단계에 따라 아이디어들을 나열하고 조합해 봅시다.

1) 브레인스토밍 단계에서 생성한 아이디어에 따라 지역 및 색상 선택 전략을 조합해 봅시다. 이때 이전 단계에서 탐색한 속성 조합을 함께 고려하여 아이디어를 생각해 봅시다.

−브레인스토밍 단계에서 생성한 아이디어 나열 예

지역 선택 전략	색상 선택 전략
가나다 오름차순	빨강, 녹색, 파랑 순
가나다 내림차순	빨강, 파랑, 녹색 순
가장 넓은 곳	녹색, 빨강, 파랑 순
가장 좁은 곳	녹색, 파랑, 빨강 순
인접 지역이 가장 많은 곳	파랑, 빨강, 녹색 순
인접 지역이 가장 적은 곳	파랑, 녹색, 빨강 순

–아이디어 조합을 통해 생성한 문제해결 전략의 예

가나다 오름차순 → 녹색, 파랑, 빨강 순

가장 넓은 곳 → 빨강, 녹색, 파랑 순

인접 지역이 가장 많은 곳 → 빨강, 녹색, 파랑 순

2) 각 전략을 사용하여 지도를 색칠해 봅시다.

〔3단계: PMI〕

1. 산출된 다양한 문제해결 전략 평가하기

각 전략을 사용하여 지도를 색칠하였을 경우, 장점과 단점을 생각해 봅시다.

전 략	장 점	단 점
예) 인접 지역이 가장 많은 곳 → 빨강, 녹색, 파랑 순	주변 지역 색상 선택을 위한 경우의 수가 감소한다.	

2. 가장 효율적인 문제해결 전략 선택하기

위 표를 비교·분석하여 가장 효율적인 전략을 선택하여 지도를 색칠해 봅시다.

〈표 6-4〉 수에 의한 디자인(시스템 분석 및 설계) 과제 학습 상세 계획

학습 과제	수에 의한 디자인	유 형	시스템 분석 및 설계
관련 교육과정	중학교 〈정보 1단계〉 III. 문제해결방법과 절차 2. 프로그래밍의 기초	차 시	2
창의적 문제해결 단계	Set B	도 구	컴퓨터, DBN 프로그램
학습 목표	다양한 그래픽 생성을 위한 프로그램을 설계하고 개발할 수 있다.		
단 계	교수 학습 활동		
육색모	육색모 활동으로 문제 분석하기 1. 6가지 사고양식에 따라 정보 선별 및 정리하기		
시네틱스	주어진 정보를 활용한 아이디어 생성하기 1. 프로그래밍 방법 유추하기 2. 방법에 따라 프로그래밍하기		
스캠퍼	생략		
PMI	개발 프로그램 평가 및 정교화하기 1. 개발 프로그램의 적절성 평가하기 2. 개발 프로그램 수정 보완하기		

• 수에 의한 디자인 •

〔학습 과제〕

수에 의한 디자인은 컴퓨터에서 그래픽을 만들어내는 디자인 도구이다.

즉, 프로그램에 일련의 명령어를 줌으로써 그림들이 생성될 수 있다. 문제에 답하기 전에 아래에 예로 제시한 명령어와 그림을 주의깊게 살펴보자.

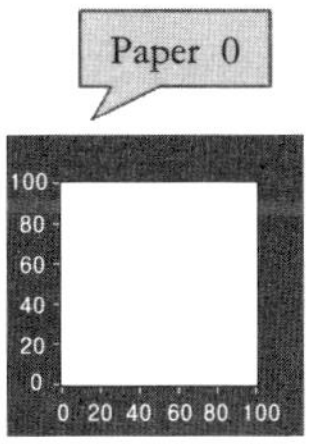

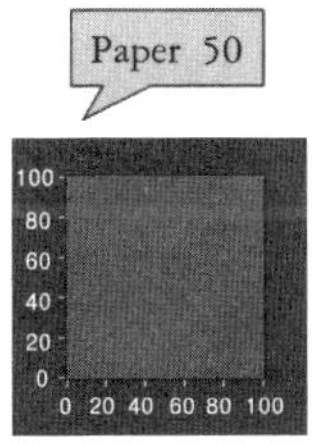

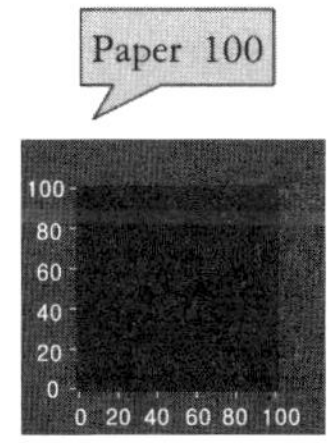

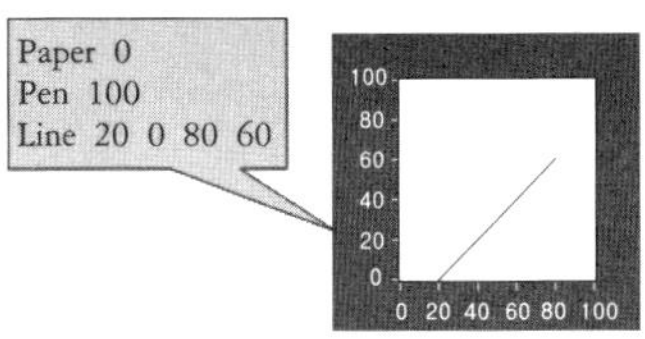

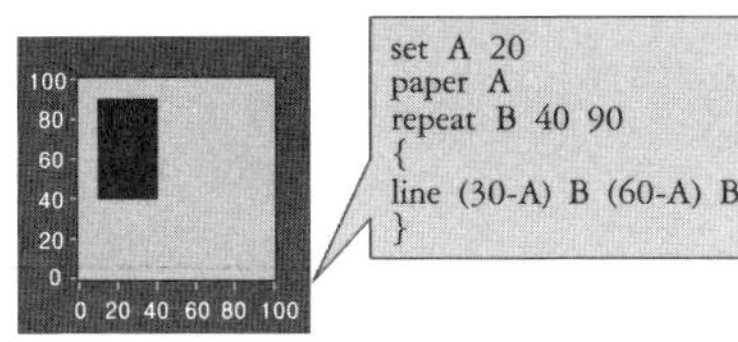

1. 다음은 아래에 제시된 그래픽을 생성하기 위한 일련의 명령어를 기술한 것이다. 빈 칸을 알맞은 내용으로 채워 완성하시오.

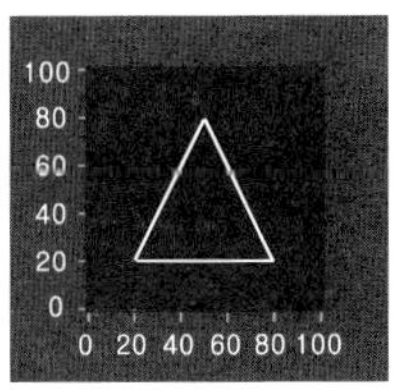

```
paper  (      )
(    ) 0
line   (              )
line   (              )
line   (              )
```

2. 다음 그래프를 생성하기 위한 명령어를 쓰시오.(단, 반복구조를 활용하고 하나의 변수(A)만을 활용한다)

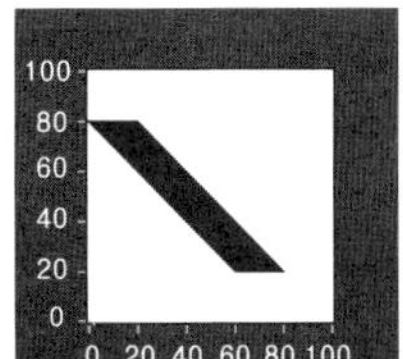

[1단계: 육색모]

· 6가지 사고양식에 따라 정보 선별 및 정리하기

육색모 활동으로 제시된 명령어와 그림 정보들을 파악하여 문제해결을 위해 사용할 정보들을 선별하고 정리해 봅시다.
(참고: 각 문제에 대하여 각각 육색모 활동을 진행합니다.)

1) 파란 모자
   문제의 상황과 목적은 무엇인가?
   문제해결을 위해 어떤 순서로 모자를 사용할 것인가?
2) 하얀 모자
   문제에서 제시된 정보는 무엇인가?
   문제해결을 위해 어떤 정보를 필요로 하는가?
3) 빨간 모자
   문제에서 제시된 정보 중 활용하고 싶은 것은 무엇인가?
4) 초록 모자
   문제를 해결할 수 있는 방법은 무엇인가?
5) 노란 모자
   제시된 해결 방법의 긍정적인 면은 무엇인가?
6) 검은 모자
   제시된 해결 방법의 잠정적인 문제점은 무엇인가?
7) 파란 모자
   제시된 해결 방법 및 관련 정보들을 요약 · 정리해 보자.

[2단계: 시네틱스]

1. 프로그래밍 방법 유추하기

실행 결과에 따른 명령어를 유추하여 다음 각 내용을 완성해 봅시다.

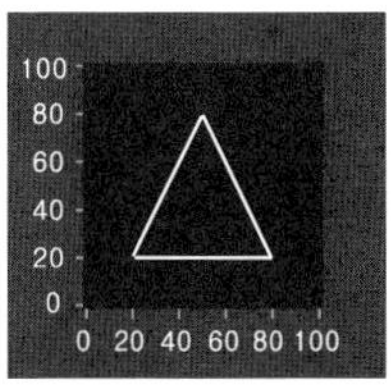

paper ( )
( ) 0
line ( )
line ( )
line ( )

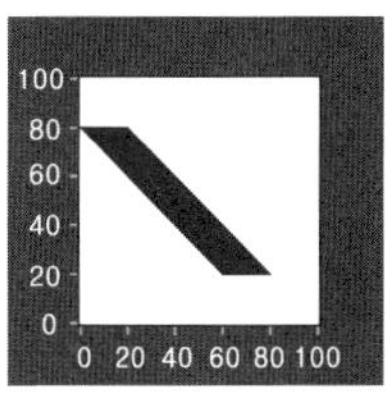

2. 방법에 따라 프로그래밍하기

위에서 유추한 방법과 절차에 따라 프로그램을 만들어 봅시다.

[3단계: PMI]

1. 프로그램의 적절성 평가하기

다음 각 질문을 토대로 개발한 각 프로그램의 실행 결과가 정확한지 평가해 봅시다.

1) 화면 색상이 정확하게 표현되었는가?

2) 펜의 색상이 정확하게 표현되었는가?

3) 선이 정확하게 표현되었는가?

4) 문제에서 제시한 조건(반복구조 활용, 하나의 변수(A)만 활용)을 정확하게 지켰는가?

2. 개발 프로그램 수정 보완하기

평가 결과에 따라 잘못된 프로그램이 있으면 수정해 봅시다.

〈표 6-5〉 도서관 관리 체계(문제점 해결) 과제 학습 상세 계획

<table>
<tr><td>학습 과제</td><td>도서관 관리 체계</td><td>유 형</td><td>문제점 해결</td></tr>
<tr><td>관련
교육과정</td><td>중학교 〈정보 2단계〉
III. 문제해결방법과 절차
2. 알고리즘의 실제</td><td>차 시</td><td>3</td></tr>
<tr><td>창의적
문제해결 단계</td><td>Set A</td><td>도 구</td><td>종이, 연필</td></tr>
<tr><td>학습 목표</td><td colspan="3">도서관 관리체계의 문제점을 발견하고 수정할 수 있다.</td></tr>
<tr><td>단 계</td><td colspan="3">교수 학습 활동</td></tr>
<tr><td>브레인스토밍</td><td colspan="3">문제 발견을 위한 브레인스토밍하기
1. 문제점 발견하기
2. 발견한 문제점 정리하기</td></tr>
<tr><td>RAT</td><td colspan="3">생략</td></tr>
<tr><td>형태분석법</td><td colspan="3">문제에서 제시된 속성들의 조합을 통해 가능한 문제해결 전략 산출하기
1. 문제의 속성 분석하기
2. 속성 나열 및 조합하기
3. 문제해결 전략 생성하기</td></tr>
<tr><td>PMI</td><td colspan="3">문제점 해결 방안 평가 및 적용하기
1. 문제점 해결 방안의 적절성 평가하기
2. 프로그램 수정 보완하기</td></tr>
</table>

• 도서관 관리 체계 •

〔학습 과제〕

한국 고등학교의 도서관은 다소 복잡한 대출 체계를 가지고 있으며, 그 내용은 다음과 같다.

—"제한"으로 분류된 모든 간행물의 대출 기간은 3일이다.

—"제한" 목록에 없는 모든 책들(정기간행물 제외)의 대출 기간은 교사들의 경우 28일이며, 학생들의 경우는 14일이다.

–"제한" 목록에 없는 정기간행물(또는 잡지)의 대출 기간은 교직원, 학생 모두 7일이다.

–반납일이 지난 책 또는 잡지를 대여 중인 사람은 다른 책을 대출할 수 없다.

–반납일을 경과하여 책 또는 잡지를 반납한 경우, 반납 날짜로부터 30일간 다른 책을 대출할 수 없다.

한국 고등학교의 도서관 관리자는 복잡한 대출 체계를 자동화하기 위한 도서관 관리 프로그램을 개발하였으며, 프로그램의 실행순서는 다음과 같다.

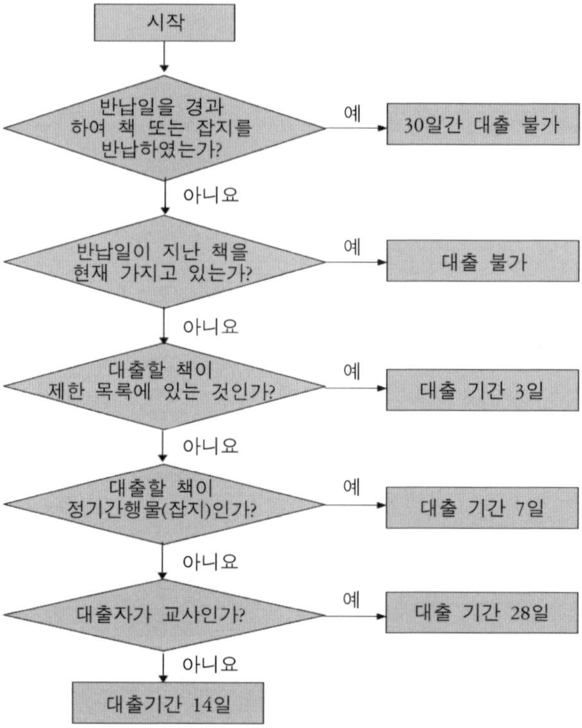

위 프로그램 실행 시 심각한 오류가 발생하였다. 위 순서도에서 잘못된 부분을 찾아 수정하시오.

[1단계: 브레인스토밍]

1. 문제점 발견하기

위 도서관 관리 체계 프로그램의 문제점이 무엇인지 찾아 자유롭게 이야기해 봅시다.

2. 발견한 문제점 정리하기

브레인스토밍을 통해 발견한 문제점을 다음 유형에 따라 분류해 봅시다.

1) 대출 조건
2) 대출 기간
3) 대출 대상

[2단계: 형태분석법]

1. 문제의 속성 분석하기

다음 질문에 따라 문제의 속성을 분석해 봅시다.

1) 간행물의 종류는 무엇인가?

2) 대출 대상은 누구인가?

3) 대출 제한 조건은 무엇인가?

2. 속성 나열 및 조합하기

다음 각 단계에 따라 속성들을 나열하고 조합해 봅시다.

1) 다음 빈 칸에 각 지역별 인접 지역의 이름과 수를 적어 봅시다.

간행물 분류	대출 대상	대출 제한 조건
제한 목록	교사	반납일이 지난 책 또는 잡지를 대여 중
제한 목록에 없는 책들	학생	반납일을 경과하여 책 또는 잡지를 반납
제한 목록에 없는 정기간행물 (또는 잡지)		

2) 위에서 나열한 각 속성의 조합에 따른 대출 기간을 생각해 봅시다.

조 건	대출 기간
제한 목록, 교사	3일

3. 문제 해결 전략 생성하기

다음 각 단계에 따라 아이디어들을 나열하고 생성해 봅시다.

1) 브레인스토밍 단계에서 발견한 문제점들을 나열하고, 각 문제별 해결 방안을 생각해 봅시다. 이때 이전 단계에서 탐색한 속성 조합을 함께 고려하여 아이디어를 생각해 봅시다.

프로그램의 문제점	해결 방법
반납일을 경과하여 책 또는 잡지를 반납하면, 30일간 대출 불가	반납 날짜로부터 30일간 대출 불가로 수정

2) 발견한 각 문제와 해결 방법을 적용하여 프로그램을 수정해 봅시다.

[3단계: PMI]

1. 문제점 해결 방안의 적절성 평가하기

각 방법을 사용하여 프로그램을 수정할 경우, 적절한지, 또 다른 문제점은 없는지 생각해 봅시다.

2. 프로그램 수정 보완하기

평가 결과에 따라 도서관 관리 체계 프로그램을 수정해 봅시다.

〈표 6-6〉 실습실 사용 관리(의사결정) 과제 학습 상세 계획

학습 과제	실습실 사용 관리	유 형	의사결정
관련 교육과정	중학교 〈정보 2단계〉 III. 문제해결방법과 절차 2. 알고리즘의 실제	차 시	4
창의적 문제해결 단계	Set A	도 구	종이, 연필
학습 목표	실생활의 문제를 체계적으로 분석하고 해결 방법을 찾을 수 있다.		
단 계	교수 학습 활동		
브레인스토밍	문제해결방법과 전략을 얻기 위한 브레인스토밍하기 1. 아이디어 이끌어내기 2. 아이디어 정리하기		
RAT	생략		
형태분석법	문제에서 제시된 속성들의 조합을 통해 가능한 문제해결 전략 산출하기 1. 문제의 속성 분석하기 2. 속성 나열 및 조합하기 3. 문제해결 전략 생성하기		
PMI	산출된 다양한 문제해결 전략 평가 및 선택하기 1. 산출된 다양한 문제해결 전략 평가하기 2. 가장 효율적인 문제해결 전략 선택하기		

• 실습실 사용 관리 •

〔학습 과제〕

한국대학교의 지구과학과는 최근 최첨단 우주 시뮬레이션 학습실을 설립하고, 학생들이 자유롭게 이용할 수 있도록 24시간 전면 개방하였다. 그러나 불행히도 이 실습실은 한 번에 한 명만 이용 가능하다. 또한 예약을 신청하는 학생들의 총 실습 시간이 각각 다르며, 한 번 실습이 시작되면 중간 상태를 저장할 수가 없으므로 중간에 종료

할 수도 없다. 다음은 실습실 사용을 원하는 신청자들의 접수 현황이며, 신청 번호는 신청 순서대로 부여한 것이다.

신청자 수	11명	
신청 번호	실습 시작 시간	실습 종료 시간
1	3시	8시
2	5시	9시
3	3시	5시
4	1시	4시
5	8시	12시
6	0시	6시
7	8시	11시
8	2시	13시
9	5시	7시
10	6시	10시
11	12시	14시

1. 하루 24시간 동안 가장 많은 학생들이 실습실을 이용하도록 하기 위해 어떤 학생들이 어떤 순서로 실습실을 이용해야 하는지 이용 순서를 결정하시오.

2. 하루 24시간 동안 실습실이 비어 있는 시간을 최소화하기 위해 어떤 학생들이 어떤 순서로 실습실을 이용해야 하는지 이용 순서를 결정하시오.

[1단계: 브레인스토밍]

1. 아이디어 이끌어내기

위 문제의 해결 방법이나 전략에 관해 자유롭게 이야기해 봅시다.

2. 아이디어 정리하기

브레인스토밍을 통해 얻은 아이디어들을 다음 유형에 따라 분류해 봅시다.

1) 가장 많은 학생들이 실습실을 이용하도록 하기 위한 전략
   예) 이용 시간이 가장 짧은 순으로 배열한다.
2) 실습실이 비어 있는 시간을 최소화하기 위한 전략

[2단계: 형태분석법]

1. 문제의 속성 분석하기

다음 질문에 따라 문제의 속성을 분석해 봅시다.

1) 반드시 지켜야 하는 조건은 무엇인가?
2) 신청자 수는 얼마인가? 또 신청 순서는 어떻게 되는가?
3) 각 학생별 실습에 소요되는 시간은 얼마인가?

2. 속성 나열 및 조합하기

다음 빈 칸에 각 학생별 시작, 종료, 사용 시간을 적어 봅시다.

신청 번호	시작 시간	종료 시간	사용 시간
1	3시	8시	5시간
2			
3			
4			
5			

6			
7			
8			
9			
10			
11			

3. 문제해결 전략 생성하기

1) 위에서 나열한 각 속성의 조합 및 브레인스토밍 단계에서 생성한 아이디어에 따른 사용 순서를 생각해 봅시다.

문제해결 전략	사용 순서
신청 번호 순(오름차순)	
시작 시간 순(오름차순)	
종료 시간 순(오름차순)	
사용 시간 순(오름차순)	

2) 각 전략에 따른 사용 시간 그래프를 작성해 봅시다.

0 24

0 24

0 24

0 24

[3단계: PMI]

1. 산출된 다양한 문제해결 전략 평가하기

각 전략을 사용하였을 경우, 사용 가능한 학생 수와 빈 시간을 생각해 봅시다.

전 략	사용 학생 수	비어 있는 시간
신청 번호 순(오름차순)		
시작 시간 순(오름차순)		
종료 시간 순(오름차순)		
사용 시간 순(오름차순)		

2. 가장 효율적인 문제해결 전략 선택하기

위 표를 비교 분석하여 가장 효율적인 전략을 선택하여 실습실 이용 순서를 나타내 봅시다.

1) 가장 많은 학생들이 실습실을 이용하기 위한 이용 순서

신청 번호	시작 시간	종료 시간	사용 시간
1	3시	8시	
2			
3			
4			
5			
6			
7			
8			
9			
10			
11			

2) 실습실이 비어 있는 시간을 최소화하기 위한 이용 순서

신청 번호	시작 시간	종료 시간	사용 시간
1	3시	8시	
2			
3			
4			
5			
6			
7			
8			
9			
10			
11			

<표 6-7> 친구 명단 정리하기(시스템 분석 및 설계) 과제 학습 상세 계획

학습 과제	친구 명단 정리하기	유 형	시스템 분석 및 설계
관련 교육과정	중학교 〈정보 3단계〉 III. 문제해결방법과 절차 1. 자료의 정렬	차 시	5
창의적 문제해결 단계	Set B	도 구	종이, 컴퓨터, 스크래치
학습 목표	자료 정렬 프로그램을 개발하여 문제를 해결할 수 있다.		
단 계	교수 학습 활동		
육색모	육색모 활동으로 문제 분석하기 1. 6가지 사고양식에 따라 정보 선별 및 정리하기		
시네틱스	주어진 정보를 활용한 아이디어 생성하기 1. 프로그래밍 방법 유추하기 2. 방법에 따라 프로그래밍하기		
스캠퍼	생략		
PMI	개발 프로그램 평가 및 정교화하기 1. 개발 프로그램의 적절성 평가하기 2. 개발 프로그램 수정 보완하기		

• 친구 명단 정리하기 •

〔학습 과제〕

컴퓨터 프로그램을 이용하여 자료를 정렬하면 좀 더 효율적으로 자료를 관리할 수 있을 뿐 아니라 빠른 시간 안에 원하는 자료를 찾을 수 있다. 다음은 내 생일 파티에 초대할 친구들의 이름 정렬 방법, 정렬 과정을 나타낸다.

이름들 중 가장 작은 것(가나다순으로 가장 앞서는 것)을 선택하여 가장 앞에 배치하고, 그 다음 작은 것을 선택해서 그 바로 뒤에 배치하는 작업을 전체 자료의 개수만큼 반복한다.

초기	홍길동	허준	김유신	김홍도	이순신	박지원	전봉준	최영	장영실	주몽
1단계	**김유신**	허준	홍길동	김홍도	이순신	박지원	전봉준	최영	장영실	주몽
2단계	**김유신**	**김홍도**	홍길동	허준	이순신	박지원	전봉준	최영	장영실	주몽
3단계	**김유신**	**김홍도**	**박지원**	허준	이순신	홍길동	전봉준	최영	장영실	주몽
4단계	**김유신**	**김홍도**	**박지원**	**이순신**	허준	홍길동	전봉준	최영	장영실	주몽
5단계	**김유신**	**김홍도**	**박지원**	**이순신**	**장영실**	홍길동	전봉준	최영	허준	주몽
6단계	**김유신**	**김홍도**	**박지원**	**이순신**	**장영실**	**전봉준**	홍길동	최영	허준	주몽
7단계	**김유신**	**김홍도**	**박지원**	**이순신**	**장영실**	**전봉준**	**주몽**	최영	허준	홍길동
8단계	**김유신**	**김홍도**	**박지원**	**이순신**	**장영실**	**전봉준**	**주몽**	**최영**	허준	홍길동
9단계	**김유신**	**김홍도**	**박지원**	**이순신**	**장영실**	**전봉준**	**주몽**	**최영**	**허준**	홍길동
10단계	**김유신**	**김홍도**	**박지원**	**이순신**	**장영실**	**전봉준**	**주몽**	**최영**	**허준**	**홍길동**

이러한 정렬 방법과 단계를 적용한 프로그램을 만들어 보자.

[1단계: 육색모]

1. 6가지 사고양식에 따라 정보 선별 및 정리하기

육색모 활동으로 정렬 과정을 분석하여 프로그램 작성에 사용할 정보들을 선별하고 정리해 봅시다.

1) 파란 모자

문제의 상황과 목적은 무엇인가?

문제해결을 위해 어떤 순서로 모자를 사용할 것인가?

2) 하얀 모자

문제에서 제시된 정보는 무엇인가?

문제해결을 위해 어떤 정보를 필요로 하는가?

3) 빨간 모자

문제에서 제시된 정보 중 활용하고 싶은 것은 무엇인가?

4) 초록 모자

문제를 해결할 수 있는 방법은 무엇인가?

5) 노란 모자

제시된 해결 방법의 긍정적인 면은 무엇인가?

6) 검은 모자

제시된 해결 방법의 잠정적인 문제점은 무엇인가?

7) 파란 모자

제시된 해결 방법 및 관련 정보들을 요약 · 정리해 보자.

[2단계: 시네틱스]

1. 프로그래밍 방법 유추하기

정렬 방법 및 과정에 따른 명령어를 유추하여 내용을 완성해 봅시다.

```
S ← 1
repeat {
        M ← S;
        C ← S+1;
        repeat {
                if (________ < ________)
                then M ← C;
                C ← C+1;
                } until( C > 목록의 크기 )
        ________________ ;
        ________________;
        ________________;
        S ← S+1;
        } until(S > 목록의 크기−1)
```

2. 방법에 따라 프로그래밍하기

위에서 유추한 방법과 절차에 따라 프로그램을 만들어 봅시다.

[3단계: PMI]

1. 개발 프로그램의 적절성 평가하기

다음 각 질문을 토대로 개발한 프로그램의 실행 결과가 정확한지 평가해 봅시다.

1) 친구 명단이 가나다순으로 정렬되는가?
2) 정렬 과정 중 몇 번의 비교와 교환이 이루어지는가?
3) 프로그램은 시간과 공간적 측면에서 효율적인가?

2. 개발 프로그램 수정 보완하기

평가 결과에 따라 잘못된 프로그램이 있으면 수정해 봅시다.

<표 6-8> 길 건너는 로봇(문제점 해결) 과제 학습 상세 계획

학습 과제	길 건너는 로봇	유 형	문제점 해결
관련 교육과정	중학교 〈정보 2단계〉 III. 문제해결방법과 절차 2. 알고리즘의 실제	차 시	6
창의적 문제해결 단계	Set A	도 구	종이, 컴퓨터, 교육용 로봇
학습 목표	로봇 제어 프로그램의 문제점을 발견하고 수정할 수 있다.		
단 계	교수 학습 활동		
브레인스토밍	문제 발견을 위한 브레인스토밍하기 1. 문제점 발견하기 2. 발견한 문제점 정리하기		
RAT	RAT 방법으로 아이디어 생성하기 1. 문제 상황들 사이의 관련성 찾기 2. 문제점 해결 방안 찾기		
형태분석법	생략		
PMI	문제점 해결 방안 평가 및 적용하기 1. 문제점 해결 방안의 적절성 평가하기 2. 프로그램 수정 보완하기		

• 길 건너는 로봇 •

〔학습 과제〕

과학자들은 도로를 건너도록 프로그램되어 있는 로봇을 개발하였다. 이 도로는 일방통행 도로가 아니며 프로그램 실행 순서는 다음 그림과 같다.

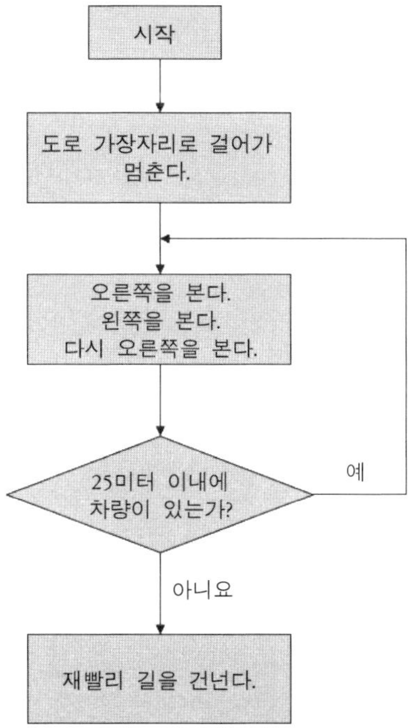

그러나 과학자들이 중대한 실수를 저지르는 바람에 로봇이 길을 건너는 데 8시간이나 걸렸다.

위 프로그램에서 잘못된 내용을 찾아 수정하시오.

[1단계: 브레인스토밍]

1. 문제점 발견하기

위 로봇 제어 프로그램의 문제점이 무엇인지 찾아 자유롭게 이야기해 봅시다.

2. 발견한 문제점 정리하기

브레인스토밍을 통해 발견한 문제점을 다음 유형에 따라 분류해 봅시다.

1) 센싱 동작
2) 이동 동작
3) 동작 순서

[2단계: RAT]

1. 문제 상황들 사이의 관련성 찾기

무관해 보이는 문제 상황들 사이의 관련성을 연상해 봅시다.

무관해 보이는 상황들	관련성
도로 가장자리, 차량, 길 건너기	주차

2. 문제점 해결 방안 찾기

1) 브레인스토밍 단계에서 발견한 문제점들을 나열하고, 각 문제별 해결 방안을 생각해 봅시다. 이때 이전 단계에서 탐색한 상황들 사이의 관련성을 함께 고려하여 아이디어를 생각해 봅시다.

프로그램의 문제점	해결 방법
차량이 25미터 이내에 주차되어 있으면 로봇이 길을 건널 수 없다.	움직임을 감지하도록 프로그램 수정

2) 발견한 각 문제와 해결 방법을 적용하여 프로그램을 수정해 봅시다.

[3단계: PMI]

1. 문제점 해결 방안의 적절성 평가하기

각 방법을 사용하여 프로그램을 수정할 경우, 적절한지, 또 다른 문제점은 없는지 생각해 봅시다.

2. 프로그램 수정 보완하기

평가 결과에 따라 로봇 제어 프로그램을 수정해 봅시다.

<표 6-9> 하노이의 탑(의사결정) 과제 학습 상세 계획

학습 과제	하노이의 탑	유 형	의사결정
관련 교육과정	중학교 〈정보 2단계〉 III. 문제해결방법과 절차 2. 알고리즘의 실제	차 시	7
창의적 문제해결 단계	Set A	도 구	컴퓨터, 시뮬레이션 프로그램
학습 목표	하노이의 탑 문제해결 과정을 설계할 수 있다.		
단 계	교수 학습 활동		
브레인스토밍	문제해결방법과 전략을 얻기 위한 브레인스토밍하기 1. 아이디어 이끌어내기 2. 아이디어 정리하기		
RAT	생략		
형태분석법	문제에서 제시된 속성들의 조합을 통해 가능한 문제해결 전략 산출하기 1. 문제의 속성 분석하기 2. 속성 나열 및 조합하기 3. 문제해결 전략 생성하기		
PMI	산출된 다양한 문제해결 전략 평가 및 선택하기 1. 산출된 문제해결 전략 평가하기 2. 문제해결 실행하기		

• 하노이의 탑 •

베나레스에는 세계의 중심이 있고, 그곳에는 아주 큰 사원이 있다. 이 사원에는 높이가 50cm 정도 되는 다이아몬드 막대가 3개 있다. 그중 한 막대에는 천지창조 때에 신이 구멍이 뚫린 3장의 순금으로 된 원판을 크기가 큰 것부터 아래에 놓이도록 하면서 차례로 쌓아 놓았다. 그리고 신은 승려들에게 "반드시 한 장씩만 원판을 옮겨서 빈 다이아몬드 막대로 순금 원판을 모두 옮겨 놓도록 하여라"라고 지시하였다.

여러분이 만일 사원의 승려라면, 어떤 순서로 원판을 옮길 것인지 생각해 보자.

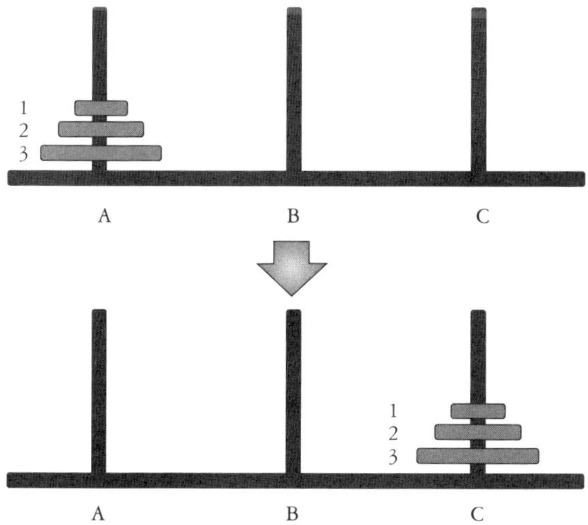

조건

1. 한 장씩 옮겨야 한다.
2. 어떤 막대에서도, 원래 모습처럼, 크기가 큰 원판이 아래에 쌓이도록 해야 한다.

[1단계] 브레인스토밍

1. 아이디어 이끌어내기

원판을 어떻게 옮겨야 할지 생각해 보고 자유롭게 이야기해 봅시다.
(참고: 하노이의 탑 옮기기 위한 시뮬레이션 프로그램이나 모형을 이용하여 직접 옮겨 본다.)

2. 아이디어 정리하기

브레인스토밍을 통해 얻은 아이디어들을 다음 유형에 따라 분류해 봅시다.

1) 원판을 옮길 막대 선택 전략
 예) 최종적으로 옮겨야 하는 막대인 C 선택
2) 기타 전략
 예) 막대의 개수 늘리기

[2단계] 형태분석법

1. 문제의 속성 분석하기

다음 질문에 따라 문제의 속성을 분석해 봅시다.

1) 반드시 지켜야 하는 조건은 무엇인가?
2) 활용 가능한 막대의 수는 몇 개인가?
3) 옮겨야 하는 원판의 수는 몇 개인가?

2. 속성 나열 및 조합하기

다음 각 단계에 따라 속성들을 나열하고 조합해 봅시다.

1) 다음 빈 칸에 각 단계별 동작 및 동작에 따라 변하는 상태를 빈 칸에 적어 봅시다.

단 계	동 작	A	B	C
초기	없음	3 → 2 → 1	없음	없음
1단계	1을 C로 옮기기	3 → 2	없음	1
2단계				
3단계				
4단계				
5단계				
6단계				
7단계				

2) 막대의 수를 하나 늘릴 경우, 각 단계별 동작 및 상태를 빈 칸에 적어 봅시다.

단 계	동 작	A	B	C	D
초기	없음	3 → 2 → 1	없음	없음	없음
1단계					
2단계					
3단계					
4단계					
5단계					

3. 문제해결 전략 생성하기

다음 각 단계에 따라 아이디어들을 나열하고 조합해 봅시다.

1) 브레인스토밍 단계에서 생성한 아이디어와 이전 단계에서 탐색한 속성 조합을 함께 고려하여 원판 이동 시 막대 사용 순서와 옮기는 횟수를 생각해 봅시다.

막대 개수	원판 개수	막대 사용 순서	이동 횟수
3	3		
	4		
	5		
4	3		
	4		
	5		

[3단계] PMI

1. 산출된 문제해결 전략 평가하기

막대가 3개일 때나 4개일 때, 원판의 개수가 아무리 많이 늘어나더라도 한 번에 해결할 수 있는 규칙이나 방법이 있는지 생각해 봅시다.

–막대가 3개일 때:

–막대가 4개일 때:

2. 문제해결 실행하기

산출된 문제해결 전략에 따라 하노이의 탑을 옮겨 봅시다.

(참고: 하노이의 탑 옮기기 위한 시뮬레이션 프로그램이나 모형을 이용)

<표 6-10> 자리 배치하기(시스템 분석 및 설계) 과제 학습 상세 계획

학습 과제	자리 배치하기	유 형	시스템 분석 및 설계
관련 교육과정	중학교 〈정보 3단계〉 III. 문제해결방법과 절차 2. 자료의 탐색	차 시	8
창의적 문제해결 단계	Set B	도 구	종이, 컴퓨터, 스크래치
학습 목표	자료 탐색 프로그램을 개발하여 문제를 해결할 수 있다.		
단 계	교수 학습 활동		
육색모	육색모 활동으로 문제 분석하기 1. 6가지 사고양식에 따라 정보 선별 및 정리하기		
시네틱스	생략		
스캠퍼	스캠퍼 활동으로 문제해결 전략 생성하기 1. 정보 변형, 조작으로 아이디어 생성하기 2. 아이디어 적용하여 프로그램 개발하기		
PMI	개발 프로그램 평가 및 정교화하기 1. 개발 프로그램의 적절성 평가하기 2. 개발 프로그램 수정 보완하기		

• 자리 배치하기 •

〔학습 과제〕

우리 학급의 총 학생 수는 10명이며 현재의 자리 배치도는 다음과 같다.

순 서	1	2	3	4	5	6	7	8	9	10
키(cm)	137	140	147	150	155	160	161	163	169	170

새로운 학생이 전입되어 왔다. 전입생의 키는 알 수 없기 때문에 기존 학생과 직접 키를 비교해 보고 위치를 지정해 주어야 한다. 선생님은 1번 학생부터 10번 학생까지 차례대로 전입생과 기존 학생의

키를 비교하는 과정을 거쳐 11번 위치에 전입생을 배치하였다. 전입생의 키가 가장 컸기 때문이다. 다음은 이러한 과정을 의사코드로 나타낸 것이다.

```
첫 번째 학생을 '비교 대상'으로 선택한다.
while (전입생의 키 > 비교 대상의 키 and 비교할 학생이 남아 있음)
do { 다음 학생을 '비교 대상'으로 선택;
        if (전입생의 키 < 비교 대상의 키)
            then (전입생을 비교 대상 앞에 위치시킴)
            else (전입생을 비교 대상 뒤에 위치시킴)
    }
```

비교 횟수를 최소화하여 자리를 배치할 수 있는 다른 방법을 생각해 보고 프로그램으로 개발해 보자.

[1단계: 육색모]

1. 6가지 사고양식에 따라 정보 선별 및 정리하기

육색모 활동으로 문제를 분석하여 프로그램 작성에 사용할 정보들을 선별하고 정리해 봅시다.

1) 파란 모자
   문제의 상황과 목적은 무엇인가?
   문제해결을 위해 어떤 순서로 모자를 사용할 것인가?

2) 하얀 모자

문제에서 제시된 정보는 무엇인가?

문제해결을 위해 어떤 정보를 필요로 하는가?

3) 빨간 모자

문제에서 제시된 정보 중 활용하고 싶은 것은 무엇인가?

4) 초록 모자

문제를 해결할 수 있는 방법은 무엇인가?

5) 노란 모자

제시된 해결 방법의 긍정적인 면은 무엇인가?

6) 검은 모자

제시된 해결 방법의 잠정적인 문제점은 무엇인가?

7) 파란 모자

제시된 해결 방법 및 관련 정보들을 요약·정리해 보자.

[2단계: 스캠퍼]

1. 정보 변형, 조작으로 아이디어 생성하기

위에서 제시된 알고리즘을 다음 각 질문에 따라 변경하여 새로운 아이디어를 생성해 봅시다.

1) 대체: 비교 순서를 다르게 변경해 보자.

예) 가장 가운데 학생부터 비교

2) 적용: 변경된 비교 순서대로 전입생의 위치를 탐색해 보자.

3) 수정: 변경된 방법을 적용하여 알고리즘을 수정해 보자.

2. 아이디어 적용하여 프로그램 개발하기

수정된 알고리즘을 적용하여 프로그램을 개발해 보자.

[3단계: PMI]

1. 개발 프로그램의 적절성 평가하기

다음 각 질문을 토대로 개발한 프로그램의 실행 결과가 정확한지 평가해 봅시다.

1) 자리 배치가 키 순서대로 정렬되는가?
2) 탐색 과정 중 몇 번의 비교와 교환이 이루어지는가?
3) 프로그램은 시간과 공간적 측면에서 효율적인가?

2. 개발 프로그램 수정 보완하기

평가 결과에 따라 잘못된 프로그램이 있으면 수정해 봅시다.

<표 6-11> 청소 로봇(문제점 해결) 과제 학습 상세 계획

학습 과제	청소 로봇	유 형	문제점 해결
관련 교육과정	중학교 〈정보 2단계〉 III. 문제해결방법과 절차 2. 알고리즘의 실제	차 시	9
창의적 문제 해결 단계	Set B	도 구	종이, 컴퓨터, 교육용 로봇
학습 목표	청소 로봇 프로그램의 문제점을 발견하고 수정할 수 있다.		
단 계	교수 학습 활동		
육색모	육색모 활동으로 문제점 발견하기 1. 6가지 사고양식에 따라 정보 선별 및 정리하기		
시네틱스	생략		
스캠퍼	스캠퍼 활동으로 문제해결 전략 생성하기 1. 정보 변형, 조작으로 아이디어 생성하기 2. 아이디어 적용하여 프로그램 수정하기		
PMI	수정 프로그램 평가 및 정교화하기 1. 문제점 해결 방안의 적절성 평가하기 2. 프로그램 수정 보완하기		

• 청소 로봇 •

〔학습 과제〕

다음과 같은 작동 원리에 의해 청소 로봇 프로그램을 개발하였다.

> 청소 로봇은 정해진 시간 동안 집 안 곳곳을 돌아다니며 먼지를 청소한다. 가다가 벽을 만나면 20cm 뒤로 간 후 90도 회전하여 다시 움직인다. 청소를 하던 도중 배터리가 부족하면 본체가 있는 곳을 찾아가 자동 충전을 한다.

그러나 로봇은 동작 중 심각한 오류가 발생하여 제대로 청소를 진행하지 못하였다. 무엇이 잘못되었는지 찾아서 수정하시오.

[1단계: 육색모]

1. 6가지 사고양식에 따라 정보 선별 및 정리하기

육색모 활동으로 문제를 분석하여 프로그램 작성에 사용할 정보들을 선별하고 정리해 봅시다.

1) 파란 모자

문제의 상황과 목적은 무엇인가?

문제해결을 위해 어떤 순서로 모자를 사용할 것인가?

2) 하얀 모자

문제에서 제시된 정보는 무엇인가?

문제해결을 위해 어떤 정보를 필요로 하는가?

3) 빨간 모자

문제에서 제시된 정보 중 활용하고 싶은 것은 무엇인가?

4) 초록 모자

문제를 해결할 수 있는 방법은 무엇인가?

5) 노란 모자

제시된 해결 방법의 긍정적인 면은 무엇인가?

6) 검은 모자

제시된 해결 방법의 잠정적인 문제점은 무엇인가?

7) 파란 모자

제시된 해결 방법 및 관련 정보들을 요약·정리해 보자.

[2단계: 스캠퍼]

1. 정보 변형, 조작으로 아이디어 생성하기

위에서 제시한 동작 원리를 다음 각 질문에 따라 변경하여 문제점 해결 방안을 찾아봅시다.

1) 대체: 벽 감지에 따른 동작 수행을 변경해 보자.
   예) 가장 가운데 학생부터 비교
2) 수정: 변경된 방법을 적용하여 알고리즘을 수정해 보자.
3) 적용: 다양한 장애물이 놓여 있는 상황에 청소 로봇을 동작시켜 보자.

2. 아이디어 적용하여 프로그램 수정하기

수정된 아이디어를 적용하여 프로그램을 개발해 보자.

[3단계: PMI]

1. 문제점 해결 방안의 적절성 평가하기

각 방법을 사용하여 프로그램을 수정할 경우, 적절한지, 또 다른 문제점은 없는지 생각해 봅시다.

2. 프로그램 수정 보완하기

평가 결과에 따라 로봇 제어 프로그램을 수정해 봅시다.

3. 적용 결과 및 논의

1) 사전 검사 결과

실험 집단과 통제 집단의 동질성 여부를 검증하기 위해 문제해결력 사전 검사를 실시하였다. 결과는 〈표 6-12〉에서와 같이 통계적으로 유의한 차이가 나타나지 않아(t=-1.446, p=.150) 동질 집단으로 드러났다.

〈표 6-12〉 사전 검사 결과

구 분	학생 수	평 균	표준편차	t	df	p
실험 집단	67	8.36	3.675	-1.446	137	.150
통제 집단	72	7.53	3.086			

* p < .05, ** p < .01, *** p < .001

2) 사후 검사 결과

실험 처치 후, 프로그램의 효과성 검증을 위해 사후 검사를 실시하였다. 결과는 〈표 6-13〉에서와 같이 실험 집단의 문제해결력이 통제 집단에 비해 유의한 향상(P<.001)을 보이고 있다. 또한, 문제해결력의 향상 정도가 유의한지 살펴보기 위해 각 집단의 사전·사후 문제해결력 차이 검증 결과, 〈표 6-14〉와 같이 각 집단의 문제해결력 향상이 통계적으로 유의한 것으로 나타났다(P<.001).

〈표 6-13〉 사후 검사 결과

구 분	학생 수	평 균	표준편차	t	df	p
실험 집단	67	12.88	3.087	-3.980***	137	.000
통제 집단	72	10.75	3.214			

* p < .05, ** p < .01, *** p < .001

<표 6-14> 사전 · 사후 차이 검증 결과

구분	학생 수	사후 문제해결력－사전 문제해결력				
		평균	표준편차	t	df	p
실험 집단	67	4.522	2.113	17.518^{***}	66	.000
통제 집단	72	3.222	3.013	9.075^{***}	71	.000

* p < .05, ** p < .01, *** p < .001

3) 논의

실험 처치 이후 이루어진 사후 문제해결력 검사 결과를 살펴보면, 농산어촌 지역 학습자들로 구성된 실험 집단뿐 아니라, 중소도시 지역 학습자들로 구성된 통제 집단 모두 유의하게 문제해결력이 향상되었음을 알 수 있다. 이러한 결과는 정보교육의 효과성을 드러내는 것으로 일정 기간 체계적인 정보교육이 이루어진다면 학습자들의 창의적 문제해결력이 향상될 수 있음을 나타낸다. 또한, 두 집단 모두 유의한 문제해결력의 향상을 보이고 있지만, 두 집단의 사후 검사 결과를 비교해 보면, 실험 집단(M＝12.88, SD＝3.087)이 통제 집단(M＝10.75, SD＝3.214)에 비해 문제해결력의 평균이 높게 나타났으며, 이러한 차이는 통계적으로 유의한 것으로 드러났다. 이러한 연구 결과는 본 연구에서 개발한 프로그램이 일반적으로 이루어지는 정보교육 프로그램에 비해 더 나은 향상을 유도한 것으로 판단된다.

제 7 장

요약 및 결론

제 7 장 요약 및 결론

1. 연구의 배경, 목적과 방법론적 특성

1) 연구의 배경과 목적

국내의 정보격차 해소를 위한 기존의 정책적 노력들은 정보 취약계층의 정보접근성 향상에 기여하였지만, 역량강화 및 정보이용능력의 질적 향상 측면에서는 성과가 미흡한 실정이다. 이러한 현상의 가장 큰 원인은 정보격차 해소를 위한 노력이 예방이 아닌 처방적 차원에서 이루어졌다는 점과 정보 소외계층들을 위한 정보교육 내용이 정보사회가 요구하는 고차원적인 사고능력인 창의성과 문제해결력 신장을 위한 것이라기보다는 단지 정보통신기기의 활용이나 소프트웨어의 활용 위주로 구성되어 있기 때문이라고 할 수 있다. 또한 정보 취약계층을 위한 교육은 주로 정보기술과 관련된 산업현장의 취업을 위한 '직업교육' 형태를 추구하고 있다. 그러나 정보 취약계층을 위한 정보교육이 이러한 정보기술과 관련된 '직업교육'에 머문다면, 단기적 관점에서 취약계층의 소득기회를 창출함으로써 정보격차를 해소하는 것처럼 보이지만, 근본적으로 취약계층의 정보화 수준의 질적 향상을 기대하기는 어렵다.

정보통신기술과 풍부한 미디어 기반 환경으로 대표되는 21세기를 살아가기 위한 인간이 갖추어야 할 소양은 단지 정보기술 활용 능력이 아닌 정보기술 유창성이라고 할 수 있으며, 정보기술 유창성은 컴퓨터를 인터넷에서 정보를 검색하거나, 워드프로세서로 문서를 작성하거나, 이메일을 보내기 위해 사용하는 방법을 익히는 것뿐 아니라, 컴퓨터를 통해 새로운 의미 있는 것을 만들어내는 능력을 뜻한다.

따라서 정보격차 해소를 위한 교육내용들은 단지 정보기술 활용 능력 신장의 차원에서 벗어나 이러한 정보기술 유창성 증진을 위한 교육내용들로 전환될 필요가 있다. 또한 정보격차 해소를 위한 노력이 처방이 아닌 예방적 차원에서 이루어지기 위해서는 초·중등학교 단위에서부터 체계적인 정보교육이 이루어져야 하며, 근본적인 정보격차 해소를 위해서는 단지 정보기술의 습득이나 활용방법보다 정보기술을 통한 창의성과 문제해결력을 증진할 수 있는 새로운 교육내용과 방법에 관한 연구들이 요구된다.

본 연구에서는 이러한 국내 정보격차 교육의 문제점을 해소하기 위한 방안으로 초·중등학교 단위의 정보 소외계층 학습자를 대상으로 한 정보교육 프로그램을 개발하고자 하였다. 본 연구를 통해 제시되는 정보교육의 내용은 정보기술 활용 능력뿐 아니라 새로운 정보를 창출하고 스스로 새로운 정보기술을 학습할 수 있는 능력, 공동체 사회에 공헌하기 위한 정보기술의 사용 능력과 더불어 정보기술과 관련된 기본 개념 이해를 포함한다. 즉, 소외계층 학생들에게 미래 지식기반 사회를 대비하기 위한 기초 능력인 정보기술을 통한 창의성 및 문제해결력 향상을 위한 차별화된 교육기회를 부여함으로써 질적 정보격차의 근본적인 문제를 해결하고자 하였다.

2) 연구 방법론적 특성

정보격차 해소 및 정보교육 프로그램 개발과 관련된 기존 연구에 비해 차별되는 본 연구의 방법론적 특성은 다음과 같다.

첫째, 정보격차 해소를 위한 교육적 접근 방안을 제시하기 위해 먼저 국내의 정보격차 현황을 살펴보고 국내 정보격차 해소 정책의 문제와 개선 사항을 도출하였다.

둘째, 정보격차 해소를 위한 교육 프로그램 개발에 앞서 국내와 해외 추진 사례를 살펴보고, 시사점을 도출하였다.

셋째, 창의성과 문제해결력 향상을 위한 기존 연구와 달리, 창의성과 문제해결력의 개념과 속성을 살펴보고, 이를 바탕으로 창의성과 문제해결력의 관계를 검토하여 창의성과 문제해결력의 모든 속성을 다루기 위한 교육 프로그램을 개발하였다.

넷째, 정보기술 활용을 통한 실생활의 복잡한 문제를 창의적으로 해결하는 능력을 향상시키기 위해, 복잡한 문제해결 학습에 적합한 교수 설계 모델을 적용하였다. 따라서 본 연구에서 개발한 정보교육 프로그램은 과제 중심 교수 전략을 지향하며, 학습한 지식과 기술의 통합적 적용 능력 향상을 목표로 한다. 이와 더불어, 학습자에게 부가될 수 있는 과도한 인지적 부담을 감소시키고 흥미와 동기를 유발하기 위한 교수 전략을 도입하였다.

다섯째, 정보기술 유창성 향상의 일환으로 응용 소프트웨어뿐 아니라 다양한 컴퓨팅 장치의 활용 기회를 제공하기 위해 교육용 프로그래밍 언어, 교육용 로봇 등 다양한 교수 학습 도구 활용 방안을 도입하였다.

여섯째, 이론적 연구 단계에서 그치는 것이 아니라, 현장 적용 사례 연구를 함께 진행함으로써 실용적이고 체계적인 프로그램 개선을 위한 시사점을 도출하였다.

2. 창의적 문제해결력 향상을 위한 정보교육 프로그램의 특성

정보격차 해소를 위한 교육적 접근으로 정보 소외계층 학습자들에게 좀 더 향상된 정보교육 기회를 제공한다면 정보역량 및 질적 정보활용 부문의 격차 해소를 기대할 수 있다. 또한 정보격차 해소를 위한 노력이 사후 처방이 아닌 사전 예방의 차원에서 이루어지기 위해서는 초·중등학교 단위에서부터 체계적인 정보교육이 필수적이며, 교육 내용의 전환이 필요하다.

기존의 정보교육을 위한 교육 내용 및 방법들은 정보를 수집, 분석, 활용하여 창의적으로 문제를 해결하는 과정보다 컴퓨터라는 도구 자체의 사용법, 특히 응용 소프트웨어의 사용법 습득 단계에 머무르고 있다. 그러나 좀 더 근본적인 정보활용 능력인 정보기술 유창성 습득이 이루어지려면 정보의 체계적 수집 및 활용을 통한 창의적 아이디어 생성 및 이를 활용한 문제해결력 향상을 위한 교육 내용과 방법이 제시되어야 한다.

따라서 본 연구에서는 창의적 문제해결력 향상을 위한 정보교육 프로그램을 개발하였으며, 해당 프로그램의 차별성을 제시하면 다음과 같다.

1) 교육 내용적 측면

교육 내용 취약의 문제는 기존 국내 정보격차 해소 정책의 큰 문제로 지적되고 있다. 부가가치 창출과 취업이 가능한 실용적 정보교육을 통해 취약계층의 소득창출 기회를 확대한다는 정책은 '직업교육'의 수준에 머무르고 있다. 그러나 취약계층을 위한 교육이 이러한 형태에 머무른다면, 이들은 여전히 소외계층으로 존재할 따름이다. 국내와 다르게 해외 추진 사례에서 알 수 있듯이, 21세기 지식 정보사회를 대비하기 위한 필수 능력인 정보기술 유창성 향상과 더불어 창의적 문제해결력과 같은 고차원적인 사고능력 함양이 총체적으로 이루어질 수 있는 교육 내용의 설계가 필요하다. 이러한 관점에서 본 연구에서 개발한 프로그램의 내용적 특성을 요약하면 다음과 같다.

첫째, 특정 하드웨어나 소프트웨어 사용법 위주의 교육 내용에서 탈피하고, 컴퓨터 과학의 기본 개념과 원리, 문제 해결을 위해 요구되는 기술의 습득과 사용법, 창의적 아이디어의 생성 방법 등을 습득할 수 있는 내용으로 구성하였다.

둘째, 학습자의 발달 특성 및 정규 교육과정과의 연계를 고려하여 교육 내용 체계를 구성하였다. 본 프로그램의 주요 대상은 중학교 학습자들이며, 이에 따라 2007 개정 교육과정의 중학교 '정보'의 교육 내용 체계와 단계를 따른다. 특히, 해당 교육과정의 '문제해결방법과 절차' 영역의 내용 체계에서 다루는 주요 학습 개념과 목표를 포함하였다.

셋째, 학습 목표 달성을 위한 과제들은 9개의 과제 집합으로 구성된다. 각 과제들은 실생활이나 각 학문 분야에서 접할 수 있는 실제적 문제 형태로 구성되며, 정보 관련 학습 개념 습득 및 컴퓨터 과학의 기본 원리와 정보기술을 활용하여 해결할 수 있는 형태의 과제들로 구성되었다. 이러한 과제의 학습을 통해 지식과 정보, 기술의 통합적 적용 능력을 향상시킬 수 있다.

2) 교육 방법적 측면

정보기술 유창성, 창의성, 문제해결력은 고차적인 인지 능력으로 해당 능력 향상을 위한 교육 내용은 학습자들에게 어렵고 지루한 과정으로 인식될 수 있다. 특히, 다양한 컴퓨팅 장치들을 다루는 기본 능력을 갖추고 있어야 한다는 점에서 학습자들에게 과도한 학습 부담을 초래하며, 상대적으로 정보 접근 및 교육 기회로부터 소외된 취약 계층의 경우 더 많은 인지적 부담을 초래할 수 있다. 따라서 학습자들에게 과도하게 부가될 수 있는 인지적 부담을 해소함과 동시에 학습 내용에 관한 흥미와 동기 유발을 위한 교수 학습 방법이 요구된다. 이러한 관점에서 본 연구에서 개발한 프로그램의 교수 학습 방법적 측면의 특성을 요약하면 다음과 같다.

첫째, 창의성 향상을 위한 방안으로 창의성의 전반적인 속성을 모두 다룰 수 있는 일련의 논리적 단계를 구성하였다. 기존 연구에서 제시하는 대부분의 창의성 향상 프로그램은 발산적 사고, 즉 사고의 유창성과 융통성, 독창성 등만을 강조하여 이들을 향상시키기 위한 부분적 활동 단계들을 조합하여 제공하고 있다. 그러나 창의성은 '새로움'뿐 아니라 '적절성'이라는 중요한 속성을 포함하고 있으며, '새로움'과 '다양성'만을 강조해서는 창의성을 키울 수 없을 뿐 아니라, 오히려 역효과를 가져올 수 있으므로, '적절성'을 반드시 고려해야 한다.

둘째, 문제해결력 향상을 위한 방안으로 과제 중심 교수 전략을 적용하였다. 즉, 복잡한 문제해결의 전체적인 경험을 제공하되, 학습자 내부의 지식뿐 아니라 새로운 정보를 수집, 활용하여 문제를 해결하기 위한 단계로 구성된다. 각 과제들은 학습자의 인지적 부담을 최소화하기 위해 구조화된 형태로 제공된다.

셋째, 다양한 컴퓨팅 장치 활용 기회를 제공하기 위해 교육용 프로그래밍 언어, 교육용 로봇, 종이와 연필 등의 교수 학습 도구를 도입하였다. 각 도구는 과제의 특성에 따라 적합한 장치를 선택하여 활용할 수 있도록 하였으며, 컴퓨팅 장치 사용법 습득으로 인한 인지적 부담을 최소화하기 위해 교육용 프로그래밍 언어와 교육용 로봇을 사용하게 한다.

3) 교수 설계적 측면

복잡한 문제해결력 향상을 위한 교수 학습 설계는 전체 과제를 중심으로 설계되어야 한다. 따라서 기존의 전통적인 교수 설계 모델인 ADDIE(Analysis, Design, Development, Implementation, Evaluation) 모델은 적합하지 않으며, 과제 중심 교수 전략의 특성에 부합하는 교수 설계 모델의 적용이 필요하다. 따라서 본 연구에서는 복잡한 문제해결 학습에 중점을 둔 교수 설계 이론인 Pebble-in-the-Pond 모델과 4C/ID(four-component instructional design) 모델을 토대로 교수 설계를 진행하였다. 이러한 관점에서 본 연구에서 개발한 프로그램의 교수 설계적 측면의 특성을 요약하면 다음과 같다.

첫째, 전체 과제 중심 교수 전략 설계를 위해 Merrill(2002)이 제시한 Pebble-in-the-Pond 모델의 단계를 따라 프로그램을 개발하였다. 해당 모델은 전체 과제 분석, 과제 진행 단계 구성, 지식과 기술 요소 분석, 교수 전략 설계, 인터페이스 설계, 프로그램 생성의 단계로 이루어진다.

둘째, 학습 과제 설계를 위해 4C/ID 모델의 학습 과제 설계 및 제시 전략을 사용하였다. 해당 모델은 잘 설계된 학습 환경의 특성으로 학습 과제, 지원 정보, 절차 정보, 부분 과제 연습의 4가지 구성 요소를 제시하고 있으며, 각 구성 요소 개발을 위한 방법과 절차를 제공한다(Van Merriënboer, 1997).

3. 현장 적용 사례 연구 결과에 따른 시사점

9주(18차시) 분량으로 구성된 정보교육 프로그램은 농촌 지역 2개교 중학생들(67명)에게 적용되었다. 연구 대상들은 도시 지역 학습자들에 비해 정보접근성 측면뿐 아니라, 정보활용 및 역량 부문 모두 취약한 소외계층에 해당된다. 적용 이전 단계에서 실시한 문제해결력 검사 결과 18점 만점에 8.36점이라는 낮은 평균을 나타냈다. 그러나 적용 이후 실시한 사후 검사 결과, 평균 12.88점으로 약 4.52점이 향상되었다($p<.001$). 또한 사전 문제해결력 검사에서 동질 집단으로 드러났던 도시 지역 중학생들(72명)에 비해 사후 문제해결력 검사 결과 평균 점수가 2.13 더 높게 나타났으며, 이러한 차이는 통계적으로 유의한 것으로 드러났다($p<.001$). 즉, 본 프로그램의 적용이 일반적인 정보교육 프로그램에 비해 더 나은 학습의 증진을 이끌어냈음을 확인할 수 있었다. 이러한 연구결과에 따라 도출한 시사점은 다음과

같다.

첫째, 정보기술 유창성과 같은 역량 강화를 위해 창의성이나 문제해결력과 같은 기본적인 사고와 인지 기술의 학습이 필수적으로 이루어져야 한다.

둘째, 정보접근성이 미비한 환경이더라도 교육 내용의 전환을 통해 질적 정보격차 해소에 기여할 수 있다.

셋째, 정보격차 해소를 위한 노력이 PC나 통신비 지원, 교육비 지원과 같은 물적 지원에서 벗어나 양질의 교육 프로그램 개발 및 보급, 양질의 교육 기회 제공으로 전환되어야 한다.

넷째, 성인이 아닌 어린 학습자들을 대상으로 한 정보격차 해소 노력이 단기적 성과를 가져오지는 못하더라도 근본적인 정보격차 해소에 기여할 수 있으므로, 초·중등학교 단위에서부터 체계적인 정보교육이 이루어져야 한다.

4. 정보격차 해소를 위한 향후 과제

결론적으로 향후 정보격차 해소를 위한 정책 및 연구들이 다음과 같은 점을 지향한다면 근본적인 정보격차 해소 문제해결뿐 아니라, 정보격차 발생 원인을 제거하는 데 기여할 수 있을 것이다.

첫째, 인프라 구축을 통한 정보접근 부문 격차 해소 정책에서 벗어나 활용 능력 향상을 위한 노력이 이루어져야 한다. 국내 추진 사례에서 알 수 있듯이 초고속망의 구축과 정보이용시설의 설치, PC 보급 등 정보화를 위한 기본적 환경 조성을 통해 취약계층의 정보 접근 기회를 향상시켰지만, 여전히 일반국민 대비 상당한 격차가 나타나고 있으며, 투자 대비 실질적인 성과는 미흡한 편이다. 특히, 접근 부문에 비해 역량이나 양적·질적 활용 부문의 격차지수는 4배 이상 차이가 난다. 이러한 현상은 인프라 구축이 근본적인 문제를 해결할 수 없음을 시사한다. 이에 반해 본 연구의 현장 적용 결과를 살펴보면, 별도의 정보 접근성 향상을 위한 조치가 없었음에도 불구하고, 학습자들의 정보역량이 강화될 수 있음을 알 수 있다.

둘째, 처방이 아닌 예방적 관점에서의 정보격차 해소 정책 추진이 요구된다. 기존의 국내 정보격차 해소를 위한 노력은 주로 처방 차원에서 이루어져 왔다. 이러한 관점의 한계는 취약계층의 정보활용 능력의 향상이 선도 집단의 수준을 따라가게 하는 데 그친다는 점이다. 즉, 선도 집단의 능력을 뛰어넘을 수 없다는 것을 의미하며 이는 결국 격차가 해소된 것으로 보기 어렵다. 본 연구에서는 예방적 차원의 정보격차 해소를 위한 방안으로 질적으로 차별화된 교육적 처치를 취약계층에게 적용하는 방법을 시도하였다. 현장 연구결과, 선도 집단의 수준보다 높은 문제해결력을 드러냄으로써 교육적 처치의 효과성을 확인할 수 있었다.

셋째, 정보교육을 위한 체계적이고 장기적 관점의 연구 지원이 필요하다. 국내 정보격차 해소 정책의 가장 큰 문제점은 양질의 정보교육 프로그램의 부재에 있다. 지식 정보 사회로 대표되는 현대와 미래 사회의 인재가 갖추어야 할 핵심 역량은 정보기술 유창성, 창의성, 문제해결력과 같은 고차원적인 사고 능력과 기술 수준을 요구한다. 그러나 국내 정보교육의 현실은 직업교육 및 단기적 처방을 위한 교육 수준에 머무르고 있다. 이에 반해 해외 선진국 사례들은 좀 더 광범위하고 장기적인 정보교육 활성화를 위한 연구 지원의 효과성을 보여 주고 있다. 국가기관과 대학연구소, 기업, 학교 네트워크의 연계를 통해 정보교육을 위한 효과적인 교수 학습 도구와 교육과정의 개발, 보급, 연구가 이루어지고 있으며, 연구 성과들은 전 세계로 보급되어 전 세계 취약계층 학습자들의 정보교육에 활용되고 있다. 대표적인 예로 컴퓨터 클럽하우스 활동, 스크래치와 같은 교육용 프로그래밍 언어, 교육용 로봇, 개발도상국 지원을 위한 저가 교육용 컴퓨터의 개발 등이 있다. 이러한 해외 사례들의 성과를 볼 때, 국내 정보 취약계층 학습자들을 지원하기 위한 연구가 장기적이고 체계적으로 이루어진다면 결국 근본적인 정보격차 해소 문제해결뿐 아니라, 사회통합에 기여할 수 있을 것이다.

다섯째, 초・중등학교 단위에서부터 필수적으로 정보교육이 이루어져야 한다. 현재 정보 취약계층을 위한 교육이 초・중등학교 단위에서부터 체계적이고 의무적으로 이루어지지 않고 있기 때문에 근본적인 정보격차 해소에 한계가 있을 뿐 아니라, 의무교육 단계에서의 정보교육의 부재가 정보격차 문제를 발생시키는 원인이라고 볼 수 있다. 따라서 학교 교육으로서의 정보교육이 필수적으로 이루어져야 하며 정보교육 정상화를 위한 교사 연수, 교육 내용 연구, 교수 학습 도구 개발 등의 지원이 이루어져야 할 것이다.

● 참고문헌 ●

교육인적자원부(2007). 『2007학년도 방과후학교 운영계획』. 교육인적자원부.

교육과학기술부(2008). 『중학교 교육과정 해설』. V. 대한교과서.

김영채(2007). 『창의력의 이론과 개발』. 교육과학사.

김은정 · 이재웅(2009). 『2008 정보격차 현황 분석 및 제언』. KADO ISSUE REPORT 통권 63호. 6(2). 한국정보문화진흥원.

김은정 · 이재웅 · 양희인(2008). 『2007년 정보격차 현황분석 및 시사점』. KADO ISSUE REPORT 통권 51호. 5(2). 한국정보문화진흥원.

김홍원 · 양애경 · 노신민 · 조호제 · 김경성(2008). 『2008 방과후학교 성과분석 연구』. 한국교육개발원.

손연기(2008). 『선진 고령사회를 위한 고령층 정보격차해소 정책방안 고찰』. 정보와사회 제13호. 한국정보사회학회.

우동하(2007). 미국에서의 창의성 교육. 경상북도교육연수원(편). 『초등 창의성교육 직무연수』. 24-31. 경상북도교육연수원.

우성명(2008). 창의 체험 마당 프로그램 구안 · 적용을 통한 창의성 증진 사례. 『경기교육』. 178. 65-70. 경기도교육청.

유승무(2007). 『ICT산업진흥을 위한 네 가지 정책』. 정보격차 · 정보문화 해외동향. 한국정보문화진흥원.

유승무(2007). 『해외 주요국가 정보격차해소 정책현황』. 정보격차 · 정보문화 동향심층분석. 07-01. 한국정보문화진흥원.

이기식(2008). 『정보격차 해소를 위한 거버넌스 구축 방안: 정부의 역할』. KADO ISSUE REPORT 통권 53호. 5(4). 한국정보문화진흥원.

이순연(2003). 『창의력이 세계로 흐른다』. 도서출판 열린아트.

이원규 · 고정현(2007). 『정보격차해소 인식제고를 위한 초·중등 교육과정』. 한국정보문화진흥원.

이자성(2009). 『말레이시아의 IT정책과 전자정부 협력 전략』. 한국지역정보화학회지. 12(3). 1-169.

이재웅(2009). 2009 『정보격차 지수 및 실태조사 주요결과 분석자료집』. 한국정보화진흥원.

이영준 · 임웅 · 이은경(2010). 창의적 문제해결력 향상을 위한 정보교육 프로그램. 『컴퓨터교육학회논문지』. 13(1). 1-8.

이은경(2009). 『Computational Thinking 능력 향상을 위한 로봇 프로그래밍 교수 학습 모형』. 박사학위 논문. 한국교원대학교.

임규혁 · 임웅(2008). 『교육심리학. 학지사.

정보통신국제협력진흥원(2007). 『말레이시아 유망 IT시장진출 가이드』. 정보통신국제협력진흥원.

조연순 · 성진숙 · 이혜주(2008). 『창의성 교육』. 이화여자대학교 출판부. 192-194.

주상윤(2007). 『창의성 발상의 원리와 기법』. 울산대학교출판부. 167- 172.

지운종(2007). 『지역도서관 정보화로 정보격차 해소』. 정보격차 · 정보문화 해외동향. 한국정보문화진흥원.

채미옥(2003). 창의적 문제해결력 증진을 위한 온라인 창의성 과학교실 운영. 『교과교육 연구 결과자료』. 상서CPS교과연구회.

한순미 · 김선 · 박숙희 · 이경화 · 성은현(2005). 『창의성』. 학지사. 192-197.

한국교육학술정보원(2008). 『사이버가정학습의 이해』. KERIS 이슈리포트. 한국교육학술정보원.

한국교육학술정보원(2009). 『2009년 교육정보화백서』. 한국교육학술정보원.

한국소프트웨어진흥원(2007). 『방통융합시대 디지털콘텐츠 진흥(유통)촉진 선진사례 조사』. 한국소프트웨어진흥원.

한국인터넷진흥원(2010). 『인도네시아 방송통신 정책 보고서』. 한국인터넷진흥원.

한국전산원(2000). 『정보격차 해소를 위한 종합 방안 연구보고서』. 한국전산원.

한국정보문화진흥원(2003). 『선진 고령사회를 위한 고령층 정보격차해소 정책방안 고찰』. 한국정보문화진흥원.

한국정보문화진흥원(2006). 『정보격차 패러다임 전환에 따른 정보격차해소를 위한 새로운 방향 모색』. 한국정보문화진흥원.

한국정보문화진흥원(2008). 『2008 정보격차해소백서』. 한국정보문화진흥원.

한국정보문화진흥원(2009). 『2009 정보격차해소백서』. 한국정보문화진흥원.

한국정보문화진흥원(2009). 『정보격차, 정보문화 해외동향 2009』. 한국정보문화진흥원.

한국정보사회진흥원(2006). 『싱가포르 iN2015 주요내용 및 시사점. 한국정보사회진흥원.

화학공학연구정보센터(2005), 『일본의 차세대 브로드밴드 2010 구상』. 해외과학기술동향. 678호. 화학공학연구정보센터.

Amabile, T. M.(1983). *The social psychology of creativity*. New York: Springer-Verlag.

Anderson, J. R.(1995). *Cognitive Psychology and Its Implications*(4th ed.). New York: W. H. Freeman & Company. 이영애 역(2000). 『인지심리학과 그 응용』. 이화여자대학교 출판부.

Attewell, P.(2001). The first and second digital divide. *Sociology of Education, 74*(3), 252-259.

Barron, B., & Kafai, Y. B.(2006). Clubs, homes, and online communities as contexts for engaging youth in technology fluency building activities. *Proceedings of the 7th international conference on Learning sciences*, Bloomington, Indiana, USA, 1022-1028.

Basadur, M.(1994). *Managing the creative process in organizations.* In M. A. Runco(ed.), Problem finding, problem solving, and creativity (pp. 237-268). Norwood, NJ: Ablex Publishing Corporation.

Baskaran, A., & Muchie, M(ed.)(2007). *Bridging The Digital Divide: Innovation Systems for ICT in Brazil, China, India, Thailand and Southern Africa.* Adonis & Abbey Publishers.

Bransford, G. D., & Stein, B. S.(1984). *The ideal problem solver.* New York: Freeman.

Brown, R. T.(1989). *Creativity: What are we to measure?* In J. A. Glover,

R. R. Ronning, & C. R. Reynolds(eds.). Handbook of creativity (3-32). New York: Plenum.

Csikszentmihalyi, M., & Getzels, J. W.(1971). Discovery-oriented behavior and the orginality of creative products: A study with artists. *Journal of Personality and Social Psychology, 19*, 47-52.

Csikszentmihalyi, M.(1996). *Creativity: Flow and the psychology of discovery and invention.* New York: Harper Collins.

De Bono. 정대서 역.(2005). 『여섯 색깔 모자』. 한언.

Fairlie, R. W.(2005). Are we really a nation online? Ethnic and racial disparities in access to technology and their consequences, http://www.freepress.net/docs/lccrdigitaldivide.pdf

Feldhusen, J. F., & Treffinger, D. J.(1986). Creative thinking and problem solving in gifted education. Dubuque, IO:Kendall. Hunt.

Getzels, J. W.(1975). Problem finding and the inventiveness of solutions. *Journal of Creative Behavior, 9*, 12-18.

Getzels, J. W., & Csikszentmihalyi, M.(1976). *The Creative vision: A longitudinal study of problem finding in art.* NY: Wiley.

Guilford, J. P.(1959). Three faces of intellect. *American Psychologist, 14,* 469-479.

Harper, V.(2003). The digital divide: a reconceptualization for educators. *Educational Technology Review, 11*(1), 96-103.

Mansell, R. E.(2002). From digital divides to digital entitlements in knowledge societies. *Current Sociology, 50*(3), 407-426.

Mayer, R. E.(1999). *Problem solving.* In M. A. Runco & S. R. Pritzker (eds.), Encyclopedia of creativity: vol. 2(295-300). San Diego, CA: Academic Press.

Merrill, M. D.(2002). A pebble-in-the-pond model for instructional design. *Performance Improvement*, 41(7), 39-44.

Merrill, M. D.(2007). *First principles of instruction: a synthesis.* In Reiser, R. A., & Dempsey, J. V.(Eds.), Trends and Issues in Instructional Design and Technology 2nd Edition(pp. 62-71). Upper Saddle River, NJ: Merrill/Prentice Hall.

Molnár, S.(2003). The Explanation Frame of the Digital Divide, Proceedings of the Summer School, 'Risks and Challenges of the Network Society', Karlstad University, Sweden.

Monroe, B.(2004). *Crossing the Digital Divide: Race, Writing, and Technology in the Classroom*, New York: Teacher's College Press.

Mossberger, K., Tolbert, C., & Stansbury, M.(2003). *Virtual Inequality: Beyond the Digital Divide*. Georgetown University Press.

Mumford, M. D., Reiter-Palmon, R., & Remond, M. R.(1994). *Problem finding revisited.* In M. A. Runco(ed.), Problem finding, problem solving, and creativity(pp.3-39). Norwood, NJ: Ablex Publishing Corporation.

Newell, A., Shaw, J. C., & Simon, H. A.(1962). *The processes of creative thinking.* In H. Guber, G. Terrell, & M. Wieczerkowski(eds.), Giftedness: A continuing worldwide challenge(131-140). New York: Atherton.

Norris, P.(2001). *Digital divide: civic engagement, information poverty, and the Internet worldwide.* Cambridge University Press.

NTIA(1998). *Falling through the Net II: New Data on the Digital Divide,* Washington, DC: US Dept. Commerce.

NTIA(1999). *Falling through the Net III: Defining the Digital Divide*, Washington, DC: US Dep. Commerce.

NTIA(2000). *Falling through the Net: Toward Digital Inclusion*, A Report on Americans Access to Technology Tools, Washington, DC: US Dept of Commerce.

OECD(2001). *Bridging the Digital Divide: Issues and Policies in OECD Countries*, DSTI/ICCP(2001)/FINAL.

OECD(2004). *Problem Solving for Tomorrow's World-First measures of Cross-Curricular Competencies from PISA 2003*. Paris:OECD.

OECD(2007). *Broadband and ICT Access and Use by Households and Individuals*, DSTI/ICCP/IE(2007)/FINAL.

Partnershop for 21st Century Skills(2009). *P21 Framework Definitions Document.* http://www.21stcenturyskills.org

Plucker, J. A., & Beghetto, R. A.(2004). *Why creativity is domain general, Why it looks domain specific, and why the distinction does not matter.* In R. J, Sternberg, E. L, Grigorenko & J. L, Singer(eds.), Creativity: From Potential to Realization(153-167). Washington, DC: American Psychological Association.

Polya, G.(1957). *How to solve it: A new aspect of mathematical method.*

Garden City, New York: Doubleday.

Resnick, M.(2002). *Rethinking Learning in the Digital Age.* In G. Kirkman(ed.), The Global Information Technology Report: Readiness for the Networked Word. Oxford: Oxford University Press.

Resnick, M.(2007). Sowing the Seeds for a More Creative Society. *Learning & Leading with Technology*, 18-22.

Resnick, M., Kafai, Y. B., & Maeda, J.(2003). *A Networked, Media-Rich Programming Environment to Enhance Technological Fluency at After-School Centers in Economically-Disadvantaged Communities.* Proposal(funded) to the National Science Foundation: Arlington, VA.

Smith, J. A.(1966). *Setting conditions for creative teaching in the elementary school*. Boston: Allyn and Bacon.

Sternberg, R. J., Grigorenko, E. L., & Singer, Jerome.(2004). *Creativity: From Potential to Realization*. American Psychological Association. 임웅 역(2009). 『창의성: 그 잠재력의 실현을 위하여』. 학지사.

Todd, R. D., Todd, K. R., & McCrory, D. L.(1996). *Introduction to design and technology.* New York: Thomson Learning Tools.

Van Merriënboer, J. J. G.(1997). *Training complex cognitive skills: A four-component instructional design model for technical training*. Englewood Cliffs, NJ: Educational Technology Publications.

Warschauer, M.(2004). *Technology and Social Inclusion: Rethinking the Digital Divide*. MIT Press.

Weisberg, R. W.(2006). *Creativity: Understanding Innovation in Problem Solving, Science, Invention, and the Arts*. Hoboken, NJ: John Wiley & Sons, Inc.

Wilhelm, A. G.(2006). *Digital Nation: Toward an Inclusive Information Society.* MIT Press.

http://www.cisco.com/web/learning/netacad/index.html

http://www.computerclubhouse.org

http://www.firstlegoleague.org

http://www.imentor.org

http://www.kidsfuture.or.kr

http://www.mic.go.kr

http://www.microsoft.com/education/pil/partnersinlearning.aspx
http://www.microsoft.com/unlimitedpotential/default.mspx
http://www.mspil.co.kr
http://www.oecd.org
http://www.pluggedin.org
http://www.PowerUP.org
http://www.techcorps.org
http://www-static.laptop.org

찾아보기

저자 소개

이영준(李英俊) 고려대학교 전산과학과 졸업
(미)미네소타대학교 컴퓨터학과 박사졸업
현재 한국교원대학교 컴퓨터교육과 교수

임 웅(林 雄) 고려대학교 교육학과 졸업
(미)인디애나대학교 교육심리학과 박사졸업
현재 한국교원대학교 교육학과 교수

아산재단 연구총서 제319집
정보격차 해소를 위한 창의적 정보교육 프로그램 값 12,000원

2011년 9월 20일 1판 1쇄

저 자 이영준 · 임웅
발 행 인 임 동 규
발 행 처 **집 문 당**
주 소 413-756 경기도 파주시 교하읍 문발리 514-7(본사)
110-360 서울시 종로구 와룡동 95번지(서울사무소)
등 록 1971. 3. 23. 제406-2003-000039호
영 업 부 (02)743-3192～3 팩스(02)742-4657
전자우편 sale@jipmoon.co.kr
편 집 부 (02)743-3096 팩스(02)743-0227
전자우편 edit@jipmoon.co.kr
홈페이지 www.jipmoon.co.kr

ISBN 978-89-303-1524-1
978-89-303-1500-5(세트)

이 도서의 국립중앙도서관 출판시도서목록(CIP)은 e-CIP홈페이지(http://www.nl.go.kr/ecip)와 국가자료공동목록시스템(http://www.nl.go.kr/kolisnet)에서 이용하실 수 있습니다.
(CIP제어번호: CIP2011003365)

아 | 산 | 재 | 단 | 연 | 구 | 총 | 서

1 전환기의 중국경제
김윤환 외 | 단국대 경제학과

2 폴란드 경제의 변천 개혁과 그 전망
김광수 | 숭실대 경제학과

3 재소한인
이광규 외 | 서울대 인류학과

4 소련산림과 임업
홍성천 외 | 경북대 임학과

5 아세안의 정치경제
김국진 외 | 외교안보연구원

6 태국의 사회변동과 경제발전
최석만 외 | 전남대 사회학과

7 중국의 사회경제 통계분석
신한풍 외 | 고려대 통계학과

8 중국의 정치와 경제
박두복 외 | 외교안보연구원

9 동유럽의 개혁과 시장경제의 도입
허만 외 | 부산대 사범대학

10 동유럽의 개혁운동
박영신 | 연세대 사회학과

11 현대 러시아 연구
기연수 외 | 한국외대 노어과

12 전략적 선택과 기업의 국제경쟁력
이장호 | 서강대 경영대학

13 협동사회의 정착과 정부의 역할
이종범 외 | 고려대 행정학과

14 한국 제조기업 생산성의 동적 분석
노부호 외 | 중앙대 경영대학

15 분배의 정의
변형윤 외 | 서울대 경제학과

16 도덕적 행동의 강화
이훈구 외 | 연세대 심리학과

17 관료부패와 통제
김해동 외 | 서울대 행정대학원

18 한국경제의 내실 있는 성장
정창영 외 | 연세대 경제학과

19 한국국민정신운동의 역사와 발전방향
박수명 외 | 부산대 사범대학

20 한국대학생의 가치성향과 상담효과
이영희 외 | 숙명여대 교육학과

21 가출청소년과 학교관리체제
안창규 외 | 부산대 교육학과

22 동북아 정세변화와 한·일관계
한승조 외 | 고려대 정치외교학과

23 언론과 부정부패
정대철 외 | 한양대 신문방송학과

24 한국의 고등학교 교육
이원호 외 | 부산대 교육학과

25 가족과 방송
김학수 외 | 서강대 신문방송학과

26 재정개혁의 전망과 재산세제의 개편 과제
오연천 | 서울대 행정대학원

27 청소년을 위한 전자게임 프로그램의 규제 및 평가체계 개발
박혜원 외 | 울산대 가정관리학과

28 정신장애자 가족의 사회심리적 특성
이근후 외 | 이화여대 의과대학

29 가족의 관계역동성과 문제인식
이광규 외 | 서울대 인류학과

30 현대인과 한국전통음식
승정자 | 숙명여대 식품영양학과

31 기업의 초고속정보통신망활용
안중호 | 서울대 경영학과

32 지역발전을 위한 교육자치제의 개선방안
김남순 | 조선대 사범대학

33 전환기의 공무원 가치관
조경호 | 울산대 행정학과

34 지방자치와 사회복지의 과제
김영모 | 중앙대 사회복지학과

35 WTO체제하의 지방중소기업 지원정책
최명주 외 | 계명대 통상학부

36 현대한국의 시민운동
이효신 | 중앙대 사회학과

37 기업 세계화의 단계 및 정도의 측정
허영도 외 | 울산대 경영학과

38 가족복지를 위한 가족주치의 시범사업의 효과
이혜리 외 | 연세대 가정의학교실

39 한국대학생의 삶의 만족도
김재은 외 | 이화여대 교육심리학과

40 지역경제와 지역산업구조의 개편방향
정기화 외 | 전남대 경제학부

41 중국기업의 소유형태별 경영특성
노철화 외 | 부산대 무역학과

42 남북한의 인성·사상교육
한승조 외 | 고려대 정치외교학과

43 연계적 뇌기능 조언을 위한 의료용 멀티미디어 시스템의 설계
유선국 | 연세대 의용공학교실

44 다민족국가의 민족문제와 한인사회
최협 외 | 전남대 인류학과

45 저소득층지역 청소년 여가문화와 소집단 활성화
박문수 외 | 서강대 사회학과

46 삶의 질의 국제비교와 지역간 비교분석
이재기 외 | 울산대 경제학과

47 21세기 지역주민의 삶의 질
양종회 외 | 성균관대 사회학과

48 삶의 질에 대한 국가간 비교
조명한 외 | 서울대 심리학과

49 외국인 노동자의 노사관계와 사회적 적응
석현호 외 | 성균관대 사회학과

50 한국의 사법제도와 발전 모델
정종섭 | 건국대 법학과

51 고령화사회와 중상층 노인의 사회활동
조성남 외 | 이화여대 사회학과

52 한국의 서비스 시장 개방정책
한홍렬 | 한양대 경제학부

53 한국과 AFTA간의 교역증진 및 경제 협력방안
손일태 외 | 경희대 경제통상학부항

54 물류비 절감을 위한 무역업체의 정보화전략
이영수 외 | 경북대 경제통상학부

55 사회주의 체제전환과 사회정책
오정수 외 | 충남대 사회복지학과

56 남북통일 이후 농업생산체계 개편
홍성규 외 | 건국대 농업경제학과

57 국제화와 세계화
하영선 외 | 서울대 외교학과

58 IMF 개혁정책의 평가와 한국경제의 신(新) 패러다임
조동근 | 명지대 경제학과

59 구조개혁과 실업대책
박동운 | 단국대 경제무역학부

60 21세기 신노사관계
심윤종 외 | 성균관대 사회학과

61 학교에서의 집단 따돌림
이춘재 외 | 가톨릭대 심리학과

62 한국노인의 정신건강실태와 건강증진
조맹제 외 | 서울대 의과대학

63 혁명과 개혁 속의 중국 농민
김광억 | 서울대 인류학과

64 중국의 경제환경과 한국기업의 진출 전략
지용희 외 | 서강대 경영학과

65 김대중 대통령의 시스템 사고
김동환 | 중앙대 공공정책학부

66 실업과 가족해체
최일섭 외 | 서울대 사회복지학과

67 합리적 부채비율 조정방안
오상근 | 동아대 경제학과

68 한국 중산층의 생활문화
문숙재 외 | 이화여대 소비자 · 인간발달학과

69 계층간 갈등상태에서 최적소득세
김진욱 | 건국대 경상학부

70 글로벌 경쟁력 제고를 위한 기업전략과 조직구축
이만우 외 | 고려대 경영학과

71 의료보험과 국민연금의 관리효율화를 위한 통합방안
사공진 외 | 한양대 경제학부

72 정부개혁의 과제와 전략
박우서 외 | 연세대 행정학과

73 책임운영기관 제도에 관한 비교분석
김근세 | 가톨릭대 행정학과

74 새로운 패러다임하에서의 한국기업의 바람직한 지배구조
최운열 외 | 서강대 경영학과

75 현대 한국사회의 계층구조
양춘 외 | 고려대 사회학과

76 한국의 산업정책과 산업구조조정
강인수 | 숙명여대 경제학부

77 기업구조조정
김석진 | 경북대 경영학부

78 지식경영을 위한 인적자원 개발 및 관리체계
장영철 | 경희대 경영학부

79 뉴 비즈니스 모델
전성현 | 국민대 정보관리학부

80 중산층의 정체성과 소비문화
함인희 외 | 이화여대 사회학과

81 외국관광객 유치를 위한 마케팅 전략
박상규 | 강원대 경영학과

82 한국인의 세대별 문학의식
이동순 | 영남대 국문과

83 공공부문의 효율성 평가와 측정
김재홍 외 | 울산대 사회과학부

84 한국 청소년의 정치의식과 형성요인
김광웅 외 | 숙명여대 아동복지학과

85 한국 대학생의 정치의식
배한동 | 경북대 윤리교육과

86 산업의 정보화와 산업발전
이기동 | 계명대 통상학부

87 한국 제조업의 고용조정 분석
이종원 외 | 성균관대 경제학부

88 지식자산에 대한 경영전략적 평가모형 개발
배재학 외 | 울산대 컴퓨터 · 정보통신공학부

89 관광사업을 위한 한국적 이미지의 휴식복 개발
채금석 | 숙명여대 의류학과

90 한국 정치제도의 개혁
신정현 | 경희대 사회과학부

91 e비즈니스와 아웃소싱 전략
정승화 외 | 연세대 경영학과

92 집단 따돌림의 진단 및 치료방안
홍준표 | 중앙대 인간생활환경학과

93 16대 총선과 낙선운동
조기숙 | 이화여대 국제대학원

94 부동층 유권자 행태 분석
진영재 | 연세대 정치외교학과

95 사이버 공동체의 성공요인
이재관 | 숭실대 경영학부

96 온라인 소비자 행동의 이론과 실증
윤성준 | 경기대 경영학부

97 글로벌 시대 정약용 세계관의 가능성과 한계
차성환 | 한일장신대 역사사회학과

98 러시아의 체제전환 과정에서 나타난 국가의 역할과 그 전망
이상민 외 | 부산대 정치외교학과

99 남북한의 경제발전 수준과 산업구조 비교, 그리고 경제교류 협력방향
주성환 | 건국대 경제학과

100 집단따돌림과 교육해체
한준상 | 연세대 교육학과

101 공적연금제도의 효율성과 개선방안
유금록 | 군산대 행정복지학부

102 벤처기업-대기업의 성공적인 협력 모델
나중덕 | 경산대 경영학과

103 북한의 재외동포정책
조정남 외 | 고려대 정치외교학과

104 사이버 공동체 형성의 역동적 모형
장용호 | 서강대 신문방송학과

105 기업이론과 기업의 소유지배구조
김일태 외 | 전남대 경제학부

106 가축분뇨 자원화를 위한 공동이용조직에 대한 농가선호도 분석
유덕기 | 동국대 생명자원경제학과

107 개혁정책과 전문가 집단
이경원 외 | 제주대 행정학과

108 현대 한국사회의 이중가치체계
신수진 외 | 이화여대 가정관리학과

109 한국의 산업구조 변화와 기업집단 다각화 전략
김용학 외 | 연세대 사회학과

110 지식정보사회의 경제적 모형 설정 및 사례 연구
김범환 | 배재대 경영정보학부

111 변호사징계제도
오종근 | 한림대 법학부

112 인터넷 특허법
김순석 | 광주대 법학과

113 e-비즈니스 시대의 금융 및 재정정책의 새로운 패러다임
이종욱 | 서울여대 경제학과

114 청소년의 하위문화와 정체성
조성남 | 이화여대 사회학과

115 디지털금융시대의 금융구조변화와 정부규제 및 정책
이충열 | 고려대 경제학부

116 지식경영을 위한 기업의 조직설계방안
김경수 외 | 전남대 경영학과

117 전자금융의 발달과 경제정책의 새로운 패러다임
이명훈 | 명지대 경제학과

118 동아시아의 안보와 유엔체제
강성학 편저 | 고려대 정치외교학과

119 유료 치매노인 그룹홈의 개발과 관련 정책
최정신 외 | 가톨릭대 소비자·주거학과

120 소비자 지향적 문화산업 정책
홍영준 | 호남대 광고홍보학과

121 국제·국가·지방 환경규제의 연계
정준금 외 | 울산대 행정학과

122 현행 회사 합병·분할제도의 평가와 개선방안
옥무석 외 | 이화여대 법학과

123 배려지향적 도덕성과 정의지향적 도덕성
정옥분 외 | 고려대 사범대학

124 기업구조조정에 대한 채권금융기관 및 금융감독기관의 역할과 책임
이중기 | 한림대 법학과

125 실업대책으로서 한국의 법정기준근로시간 단축
박영범 | 한성대 경제학과

126 프랑스어의 비분리성 소유개념 표현
노윤채 | 연세대 언어정보연구원

127 지방채의 효율적 관리방안
강태구 | 호원대 법행정학부

128 21세기 산업구조 변화와 과학기술정책
임채성 외 | 그리스도신학대 경영정보학부

129 인터넷 쇼핑몰 이용자의 불평행동
예종석 | 한양대 경영학부

130 한국기업의 성과급제도 현황, 효과 및 개선방안
김성수 | 서울대 경영학과

131 전자상거래와 소비자보호
서민교 외 | 경일대 인터넷국제통상학과

132 평생학습 사회에서의 인적자원개발을 위한 사회적 파트너십 구축
김영화 | 홍익대 교육학과

133 한국 공교육의 새로운 구상과 전략
권대봉 외 | 고려대 교육학과

134 한국의 정부개혁
김태룡 | 상지대 행정학과

135 지방정부 생산성 측정의 이론과 실제
이은국 외 | 연세대 행정학과

136 불가 시문학론
배규범 | 경희대 학술연구 교수

137 남북경제교류의 법적 문제
제성호 | 중앙대 법학과

138 경제위기와 청소년 발달
구인회 | 서울대 사회복지학과

139 생명과학기술의 응용과 기본권보호적 한계
정상기 외 | 한남대 법학과

140 경제발전과 정치환경의 한 · 일 비교분석
정갑영 외 | 연세대 동서문제연구원

141 한국 공교육의 진단
윤정일 외 | 서울대 교육학과

142 우리나라 지방자치 발전을 위한 자치단체장의 역할
정성호 외 | 경기대 사회과학부

143 의료보험제도의 개혁방안
권순원 | 덕성여대 경제학과

144 중등 도덕교육의 현실과 문제
손동현 외 | 성균관대 철학과

145 사이버공동체 발전론
이명식 | 상명대 경영학과

146 남북경협 확대에 대비한 북한 담보제도의 정비방안
박훤일 | 경희대 법과대학

147 한국 공무원 인사제도 개혁
김판석 | 연세대 행정학과

148 교사화법 교육
임칠성 외 | 전남대 국어교육과

149 세계화의 문화정치학
임혁백 외 | 고려대 정치외교학과

150 효과적인 e-SCM을 위한 의사결정 조정 시스템 모형
이원준 | 성균관대 경영학부

151 환경거버넌스
김종순 외 | 건국대 행정학과

152 자동차산업의 인적자원관리
이덕로 | 서원대 경영학부

153 한국과 영국 간 지식기반산업 비교
이명호 | 한국외대 경영학과

154 한국 벤처기업의 기술네트워킹 및 기술마케팅 전략
장영일 | 인제대 경영학부

155 회사변호사의 윤리
오승종 | 성균관대 법과대학

156 미디어교육론
이정춘 | 중앙대 신문방송학과

157 조선시대 서원과 양반
윤희면 | 전남대 역사교육과

158 환경문제와 철학
박찬국 | 서울대 철학과

159 노인보건복지 이론과 실제
김명 외 | 이화여대 보건교육학과

160 북한의 법체계
권재열 외 | 숭실대 법학과

161 생명공학기술의 안전성 확보에 관한 법적 고찰
이재협 | 경희대 법학부

162 청소년복지학
김성이 외 | 이화여대 사회복지학과

163 변화하는 세계, 변화하는 복지국가
조영훈 | 동의대 사회복지학과

164 의리의 윤리와 한국의 유교문화
김낙진 | 진주교대 도덕교육과

165 미국의 통상정책과 통상법
윤충원 | 전북대 무역학과

166 사회복지 프로그램 평가
김학주 | 경상대 사회복지학과

167 환경주의와 지속가능한 발전
정대연 | 제주대 사회학과

168 무역과 환경
김기홍 외 | 경기대 경제학부

169 산업계 유해폐기물의 위험과 관리
김금수 | 호서대 경상학부

170 백범 김구의 지적 계발과정 탐색
문용린 | 서울대 교육학과

171 태평양전쟁 발발 이후 일제의 인적 지배와 그리스도교계의 대응
윤선자 | 전남대 사학과

172 거버넌스 상황에서 갈등관리를 위한 대체적 분쟁해결제도
서순복 | 광주대 법정학부

173 시장경제의 유형과 민주주의
최배근 | 건국대 경상학부

174 일본고전소설 총론
김현정 | 국립한국전통문화학교

175 국어 교육을 위한 국어 문법론
이관규 | 홍익대 국어교육과

176 율곡의 군주론
전세영 | 부산교대 윤리교육과

177 동북아시아 환경협력
정서용 | 명지대 법학과

178 기후변화협약과 기후정책
신의순 외 | 연세대 경제학과

179 인터넷과 국제 학술정보 네트워크-하이퍼링크 분석
박한우 | 영남대 언론정보학과

180 국내 기업복지의 활성화 방안
최수찬 | 연세대 사회복지대학원

181 세계화와 인간안보
김우상 외 | 연세대 정치외교학과

182 세계문화유산 종묘 이야기
지두환 | 국민대 국사학과

183 한국 평생교육의 사회철학적 과제
곽삼근 | 이화여대 교육학과

184 강점모델
정순둘 | 이화여대 사회복지학과

185 글로벌시대의 계약법
박영복 | 한국외대 법과대학

186 배심제와 시민의 사법참여
안경환 | 서울대 법학과

187 동북아공동체
김재한 | 한림대 정치외교학과

188 정치 참여와 탈물질주의
김욱 | 배재대 정치외교학과

189 퍼지전문가회로망을 이용한 금융기관의 사이버 기업여신결정 지원시스템의 개발
권혁대 | 목원대 경영학과

190 환경정책과 환경법
송인성 | 전남대 지역개발학과

191 포스트모던 시대의 평생교육학
한숭희 | 서울대 교육학과

192 현대 한국인의 세대경험과 문화
박길성 외 | 고려대 사회학과

193 서구의 근로연계복지
김종일 | 건국대 사회복지학과

194 사회복지운동론
현외성 | 경남대 사회복지학과

195 외국의 역모기지 사례
유선종 | 건국대 부동산학과

196 옛이야기와 어린이문학
이지호 | 진주교대 국어교육학과

197 노인사회복지관광의 정책과세와 방안
김창수 | 경기대 관광학부

198 복지서비스의 민간위탁 시스템 분석
김순양 | 영남대 행정학부

199 새로운 빈곤층의 대두와 정부의 정책과제
김진욱 | 건국대 경제학과

200 문화행정론
김정수 | 한양대 행정학과

201 스칸디나비아 노인용 코하우징의 계획과 적용
최정신 외 | 가톨릭대 생활과학부

202 북한의 자연생태계
공우석 | 경희대 지리학과

203 통계로 이해하는 러시아
전홍찬 | 부산대 정치외교학과

204 사회복지법인의 경영과 회계
이동규 | 충남대 회계학과

205 의약분업 정책과정
차흥봉 | 한림대 사회복지학과

206 지역공동체와 평생교육
오혁진 | 동의대 평생교육학부

207 아동보호서비스의 실제
한미현 | 백석대 사회복지학부

208 그린마케팅
박재기 | 충남대 경영학부

209 아동권리와 아동복지
이혜원 | 성공회대 사회복지학과

210 국제 이주와 인도인 디아스포라
김경학 | 전남대 인류학과

211 질병과 의료의 사회학
조병희 | 서울대 보건대학원

212 북한이탈주민의 사회통합을 위한 지역복지실천의 모색
이기영 | 부산대 사회복지학과

213 치매노인케어론
조유향 | 초당대 간호학과

214 노인상담입문
서혜경 외 | 한림대 대학원 사회복지학과

215 '통일 이후 통일과정'으로서의 독일 통일영화
이준서 | 이화여대 독어독문학과

216 중국의 사회보장
오정수 | 충남대 사회복지학과

217 환경자원의 경제적 가치와 환경오염의 사회적 비용
김재홍 | 울산대 사회과학부

218 사회복지프로그램의 경제적 평가방법
박창제 외 | 상주대 사회복지학과

219 자유의지와 결정론
안건훈 | 강원대 철학과

220 심리학자들이 쓴 행복한 결혼의 심리학
채규만 외 | 성신여대 심리학과

221 현내 해석학 강의
양해림 | 충남대 철학과

222 한국인의 주거 빈곤과 공공주택
하성규 | 중앙대 도시 및 지역계획학과

223 IMF 경제위기와 한국 출산력의 변화
김두섭 | 한양대 사회학과

224 동아시아의 영토분쟁과 국제법
이석우 | 인하대 법학부

225 독일 복지국가와 사회복지서비스
정재훈 | 서울여대 사회사업학과

226 사회복지사를 위한 실용 비모수통계
엄명용 | 성균관대 사회복지학과

227 피해자학 연구
이윤호 | 동국대 경찰행정학과

228 광고언어창작론
박영준 외 | 부경대 국어국문학과

229 환경규제 패러다임의 전환
한철 | 한남대 법학과

230 고령사회의 노동환경변화와 고용시스템의 문제점 및 법적 대응
고준기 | 국립군산대 법학과

231 세계화와 소득불평등
이성균 외 | 울산대 사회과학부

232 유비쿼터스 사회의 이해
안중호 외 | 서울대 경영학과

233 국제환경책임법론
박병도 | 건국대 법학과

234 한국의 선거와 민주주의
윤종빈 | 명지대 정치외교학과

235 한국 시민운동의 구조와 동학
조대엽 외 | 고려대 사회학과

236 또래관계
송영혜 | 대구대 재활심리학과

237 해외 한국기업과 현지인 노동자
석현호 외 | 에스콰이아학술문화재단

238 독일 국가복지에서 민간복지단체의 역할과 의미
차성환 외 | 한일장신대 사회복지학부

239 청정공학
조정호 | 동양대 생명화학공학과

240 한국전통연희론
심상교 | 부산교육대 국어교육학과

241 정신장애와 가족
서미경 | 경상대 사회복지학부

242 빈곤통계의 작성과 활용
김주환 | 동국대 정보통계학과

243 인터넷과 한국정치
강원택 | 숭실대 정치외교학과

244 북한의 시장경제이행
정영화 외 | 서경대 법학과

245 시스템사고로 본 지속가능한 도시
문태훈 | 중앙대 도시및지역계획학과

246 실버산업과 유비쿼터스 컴퓨팅
고일상 | 전남대 경영학부

247 재활상담과 사례관리
나운환 | 대구대 직업재활학과

248 영유아교육기관에서의 장애 이해 교육
유수옥 | 우석대 유아특수교육과

249 장애의 사회적 의미와 사회통합
박수경 | 대진대 사회복지학과

250 경제분석의 수리적 기초
조인성 | 공주대 경제통상학부

251 비영리부문의 비교연구
김승현 | 서울산업대 행정학과

252 고등교육경제학
반상진 | 전북대 교육학과

253 과학윤리교육의 이론과 방법
조희형 | 강원대 과학교육학부

254 결혼이민자가족의 이해
김오남 | 대불대 사회복지학과

255 동아시아 국가의 공공부조
신동면 | 경희대 사회과학부

256 특수아동 진단 및 평가
이나미 | 대불대 특수교육과

257 계약형 사회복지와 권리옹호시스템
이명현 | 경북대 상주캠퍼스 사회복지학과

258 실내공기질 및 위해성 관리
양원호 | 대구가톨릭대 산업보건학과

259 충남 방언 문법
한영목 | 충남대 국어국문학과

260 교육권론
노기호 | 군산대 법학과

261 도시경관계획론
임승빈 | 서울대 조경 · 지역시스템공학부

262 교통의 새로운 패러다임
김형철 | 경원대 도시계획 · 조경학부

263 노인의 삶의 질 향상을 위한 주거환경 디자인
천진희 | 상명대 디자인대학 실내디자인전공

264 사회복지와 문화
박병현 | 부산대 사회복지학과

265 장애인복지의 이론과 실제
이선우 | 인제대 사회복지학과

266 창의성 개발을 위한 디자인교육 콘텐츠
김선영 | 인천가톨릭대 조형예술대학 환경디자인학과

267 구성주의 사회복지 실천 기술론
고미영 | 서울신학대 사회복지학과

268 장애아교육학
김기흥 | 부산교육대 유아교육과

269 지역사회복지와 자원부문
한상진 외 | 울산대 사회학과

270 환경관리회계
육근효 | 부산외국어대 회계학부

271 인권 관점에서 보는 장애인복지
유동철 | 동의대 사회복지학과

272 정신증상
송지영 | 경희대 의과대학병원 신경정신과

273 사이버공간의 사회심리학
이성식 외 | 숭실대 정보사회학과

274 노인에 대한 사회적 돌봄과 돌봄 서비스의 질 보장
최희경 | 신라대 가족노인복지학과

275 아동 심리치료의 실제
신현균 | 전남대 심리학과

276 사회복지와 위험관리
노충래 | 이화여대 사회복지전문대학원

277 국제 탄소시장의 이해
양승룡 | 고려대 식품자원경제학과

278 타자의 초상
신문수 | 서울대 영어교육과

279 한국정치와 환경정치
나정원 | 강원대 정치외교학과

280 북한이주민
윤인진 | 고려대 사회학과

281 음주의 사회경제적 비용
정우진 외 | 연세대 보건대학원

282 지방정치와 동북아 도시거버넌스
박재욱 | 신라대 행정학과

283 노숙인 복지론
남기철 | 동덕여대 사회복지학과

284 유럽통합과정과 지역협력
이규영 | 서강대 국제대학원

285 사회복지재정 연구
지은구 | 계명대 사회과학대학 사회복지학과

286 지역사회 교육개혁을 위한 시민사회 조직의 참여
김영화 | 홍익대 교육학과

287 복지사회를 대비한 국민연금의 구조개혁
박영석 외 | 서강대 경영학부

288 한미 FTA 지재권 협상에 따른 의약품 분야 사회후생 변화
오근엽 | 충남대 무역학과

289 산업입지, 환경 그리고 지역경제
이기동 외 | 계명대 국제통상학과

290 감성지능 개발을 통한 삶의 질 향상
김경수 외 | 전남대 경영학부

291 교육복지론
이용교 외 | 광주대 사회복지학부

292 인간과 행복에 대한 철학적 성찰
박찬국 | 서울대 철학과

293 유럽연합의 사회통합 사례와 교훈
이무성 | 명지대 정치외교학과

294 민영화와 사회후생
이상호 | 전남대 경제학부

295 북한의 교육학 체계 연구
최영표 외 | 동신대 교육대학원

296 한국 지속가능발전의 구조와 변동
정대연 | 제주대 사회학과

297 우리나라의 공익 연계 마케팅에 관한 연구
임승희 | 전주대 경영학부

298 시각장애인복지론
김영일 | 조선대 특수교육과

299 그린에너지와 환경촉매
정석진 | 경희대 화학공학과

300 취약학교 초등학생을 위한 온라인 보건 교육 프로그램
박경옥 | 이화여대 보건관리학과

301 신탁제도를 통한 고령자의 보호와 지원
최수정 | 서강대 법학전문대학원

302 사회적 약자계층에 대한 실태분석 및 정책방안
이은우 외 | 울산대 경제학과

303 한류 문화와 동북아 공동체
최혜실 | 경희대 국어국문학과

304 노동유연화와 해고보호법
권혁 | 부산대 법학전문대학원

305 사회복지 위험관리의 이해
박미은 | 한남대 사회복지학과

306 의료기관의 회계와 세무
노준화 | 충남대 경영학부

307 여성인적자원의 전문성 확보를 위한 경력개발
백지연 | 이화여대 국제사무학과

308 정신병리
강선경 | 서강대 신학대학원

309 바다의 반란 적조
윤양호 | 전남대 해양기술학부

310 한국 장애인 복지 발달사
이성규 | 서울시립대 사회복지학과

311 서양예술 속의 동양 탐색
진상범 | 전북대 독어독문학과

312 한국인의 도덕성 발달 진단
문용린 | 서울대 교육학과

313 영국정치와 국가복지
고세훈 | 고려대 공공행정학부

314 인간학적 사유를 여는 중도 · 중복장애 교육학
이숙정 | 단국대 특수교육과

315 개별화 교육과정
이소현 | 이화여대 특수교육과

316 인간의 긍정적 성품
권석만 | 서울대 심리학과

317 지방자치와 지역여성의 전망
이혜숙 | 경상대 사회학과

318 한국 현대 노년소설 연구
전흥남 | 한려대 교양학부

319 정보격차 해소를 위한 창의적 정보교육 프로그램
이영준 외 | 한국교원대 컴퓨터교육과

아 | 산 | 재 | 단 | 연 | 구 | 보 | 고 | 서

1. 한국인의 도덕성 연구
   배해수 | 고려대 국문학과
2. 산업화와 청소년 진로
   이원호 | 울산대 교육학과
3. 공동체의식과 시민운동
   김영섭 | 한양대 행정학과
4. 한국청년의 삶의 의미 충족도와 만족적 태도
   안정수 | 경희대 철학과
5. 중국조선족의 사회발전과 한·중관계의 위상
   손장권 | 고려대 사회학과
6. 해송림 "솔껍질깍지벌레"의 천적 및 주요 종의 생태
   김규진 | 전남대 농생물학과
7. 사회정의와 실천윤리
   박종대 | 서강대 철학과
8. 동구개혁의 영향
   김달중 | 연세대 정치외교학과
9. 한국청소년의 의식세계
   김문조 | 고려대 사회학과
10. 고강도 철근 콘크리트 구조의 실용화
    정헌수 | 중앙대 건축학과
11. 신기술의 연관형태 및 출현예측의 구조모형
    권철신 | 성균관대 산업공학과
12. 민간기업의 연구개발을 위한 조세정책
    권영훈 | 한양대 경제학부
13. 기술개발 활성화방안
    송승구 | 울산대 화학공학부
14. 부패의 현상과 진단
    이문조 | 영남대 정치외교학부
15. 연구투자의 지역적 편중화와 부산지역의 기초과학연구 활성화방안
    윤웅찬 | 부산대 화학과
16. GATT의 신구 덤핑방지협정과 그 대응방안
    전창원 | 동국대 무역학과
17. 한국사회의 도덕성 제고를 위한 진단과 처방
    황경식 | 서울대 철학과
18. 새로운 노사관계 방향
    이진규 외 | 고려대 경영학과
19. 21세기 동북아 정세예측과 한국의 전략적 대응방안
    최평길 외 | 연세대 행정학과
20. 소련의 한국에 대한 정책목표분석
    신승권 | 한양대 정치외교학과
21. 메모리 커패시터용 $Pb(Zr_xTi_{1-x})O_3$ 강유전체 박막의 제작과 특성
    장지근 외 | 단국대 전자공학과
22. 러시아 국제법학의 전통
    김용구 | 서울대 외교학과
23. 유럽연합의 현황과 전망
    김동현 외 | 성균관대 행정학과
24. 중국의 정치동원
    송영우 외 | 건국대 정치외교학과
25. 산업적 활용을 위한 이동로보트 시스템의 개발
    박민용 외 | 연세대 전자공학과
26. 중국조선족의 정치사회화과정과 동화적 국민통합의 방향
    전인영 외 | 이화여대 사회생활학과
27. 공적부조의 이론과 실제
    최일섭 외 | 서울대 사회복지학과
28. 대외통상환경의 변화와 법제개편
    서헌제 | 중앙대 법학과
29. 기업금융의 국제화
    최생림 | 한양대 경영학부
30. 자동차부품공업의 노사관계
    김호진 외 | 고려대 행정학과
31. 산업화 과정에서의 한국가족의 실태와 전망
    정창수 외 | 성균관대 사회학과
32. 공무원 가치관 실태와 정립방안
    배병룡 외 | 경상대 행정학과
33. 해외귀국청소년의 국내적응연구
    이장영 | 국민대 사회학과
34. 초고속정보통신망에서 LAN서비스 제공방안
    이재용 | 연세대 전자공학과
35. WTO체제의 정책적 대응
    김병진 외 | 경희대 행정학과

36 유럽의 통합정치
최수경 외 | 충남대 정치외교학과

37 유기질폐기물을 이용한 고단백사료원인 조류의 생산공정
최정우 외 | 서강대 화학공학과

38 초고속정보통신망의 수용성과 정책방향
박영상 외 | 한양대 신문방송학과

39 중국의 강남사회와 한중교섭
조영록 외 | 동국대 사학과

40 세계화시대의 사회 · 문화의식
신행철 외 | 제주대 사회학과

41 국내 외국인 노동자의 문제와 대책
성규탁 외 | 연세대 사회복지학과

42 노인인력 활용정책과 프로그램
김정후 외 | 강원대 법과대학

43 한일간 학술교류 현황과 활성화방안
정홍익 외 | 서울대 행정대학원

44 계량모형에 의한 한일 경제관계의 이해
김명직 외 | 한양대 경제학부

45 직장인의 음주행태와 삶의 질
진기남 외 | 연세대 보건행정학과

46 유통정보 시스템의 구조와 설계
정용길 | 충남대 경영학과

47 남북통일 이후 사회통합을 위한 교육의 역할
안기성 외 | 고려대 교육학과

48 대중음악에 심취한 청소년들의 심리적 특성
김인경 외 | 연세대 인간행동연구소

49 멀티미디어 시스템을 활용한 교육환경의 개선방안
김한일 | 제주대 컴퓨터교육학과

50 탈냉전기 한일관계의 쟁점
최상룡 | 고려대 정치외교학과

51 자치시대 새로운 '삶의 질' 지표의 모색
김형기 외 | 경북대 경제통상학부

52 유럽통합의 역내외 협력과 갈등
이호재 외 | 고려대 정치외교학과

53 21세기를 대비한 신노사관계
김재원 | 한양대 경제학부향

54 대학의 시간제학생 등록제
안규철 외 | 전남대 교육학과

55 21세기에 대비한 방송통신정책
한진만 외 | 강원대 신문방송학과

56 주민참여를 통한 혐오시설 관리운영방안
박균성 외 | 경희대 법학부

57 여성의 정치적 권리인식과 정치참여
전경옥 외 | 숙명여대 정치외교학과

58 한국인 위장질환과 식생활 · 환경요인 및 *H. pylori* 감염과의 관계
이양자 외 | 연세대 식품영양학과

59 학생과 시민의 자원봉사활동
윤정일 외 | 서울대 교육학과

60 동북아 환경문제와 지역환경협력의 모색
신연재 외 | 울산대 정치외교학과

61 노인 자원봉사활동을 통한 사회통합 프로그램 개발
김동배 | 연세대 사회복지학과

62 물류정보 시스템
김태현 | 연세대 경영학과

63 전자식 문서교환을 이용한 항공화물 운송체계
민재형 | 서강대 경영학과

64 청소년과 성
이근후 | 이화여대 의과대학

65 민족통합과 무궁화호 위성의 남북한 공동활용방안
방정배 | 성균관대 신문방송학과

66 채식주의가 20대 여성의 영양상태와 에스트로겐 대사에 미치는 영향
성미경 | 숙명여대 식품영양학과

67 가상정보공간을 통한 지역개발 활성화 전략
유재천 외 | 한림대 언론정보학부

68 조산아 관리현황 및 정책수립 방안
박상기 외 | 조선대 의과대학

69 남북한관의 의식조사와 통일교육 개선방안
김동규 외 | 고려대 북한학과

70 동양 전통 자연사상 탐구
장동순 | 충남대 환경공학과

71 초고속정보망의 시뮬레이터 구현
한기준 | 경북대 컴퓨터공학과

72 유통원가 시스템의 유효성
정다미 | 명지대 경영학과

73 국악과 문화관광의 만남
정익준 외 | 동아대 국제관광통상학부

74 기업의 지식경영 활용사례
김창은 | 명지대 산업공학과

75 선진국과 한국의 직업교육 · 훈련제도의 특성과 한계
정주연 | 고려대 경제학과

76 제주지역 성인 여성의 자원봉사활동
이상철 외 | 제주대 사회학과

77 M&A와 문화충돌 관리
박원우 | 서울대 경영학과

78 폐금속광산 인근 주민들의 중금속 오염실태
정종학 외 | 영남대 의학과

79 북한 농촌 · 농업실태와 인력자원개발 시스템을 통한 북한 농민의 구호방안
박성열 | 건국대 교육공학과

80 중소 소매점의 경쟁력과 소매성과
채명수 외 | 한국외대 무역학과

81 고령자를 위한 쾌적한 실내온도와 착의량의 설정
정운선 | 안동대 의류학과

82 지역문화 이벤트 PR
박종민 | 경희대 언론정보학부

83 인터넷 지역정보화의 실태와 전략
유평준 외 | 연세대 행정학과

84 여성 삶의 질 향상을 위한 사회교육 활성화 방안
김양희 | 중앙대 가족복지학과

85 벤처기업과 벤처금융
강대석 외 | 충남대 무역학과

86 구조조정기에 있어서 실업대책과 사회안전망 구축
박천익 | 대구대 경제학과

87 한국 유아의 조기교육
이명조 외 | 한국외대 교육대학원

88 남북한 경제공동체 형성전략
이상만 | 중앙대 경제학과

89 지방자치회계의 투명성과 주민의 알 권리
권찬태 외 | 경북대 경영학부

90 정치지도자의 정책리더십
이해영 | 경일대 행정학과

91 경제위기와 한국인의 복지의식
신광영 외 | 중앙대 사회학과

92 북한의 노동
김강식 | 한국항공대 경영학과

93 우리나라 중소기업의 정보기술 활용 현황과 경쟁력 강화를 위한 제안
정승호 | 부산외대 정보시스템학과

94 인간배아복제의 법적·윤리적 문제점과 그 해결방안
최병규 | 한경대 법학부

95 가치변화에 따른 투표행태
조찬래 외 | 충남대 정치외교학과

96 인터넷 경매에서의 계약체결과 소비자 보호
이기수 외 | 고려대 법과대학

97 세계화시대 남북한 통합의 방향과 과제
윤민재 | 서울대 사회발전연구소

98 글로벌 시대 지방정부의 문화마케팅 전략
박흥식 | 중앙대 행정학과

99 대졸여성실업의 실태분석 및 대학-노동 시장 간 효율적 연계방안
이은우 외 | 울산대 사회과학부

100 그린 투어리즘의 분석
이응진 | 대구대 관광학부

101 지방자치단체장의 부정부패
오일환 | 한양대 아태지역연구센터

102 산업화가 유교체제하 중국여성의 지위에 미친 영향
천성림 | 배재대 사회과학연구소

103 움직이는 말하기
유혜숙 외 | 나사렛대 교양학부

104 장애학생을 위한 특수교육공학의 활용
김용욱 | 대구대 중등특수교육과

105 지식기반사회의 평생교육 이해와 평생교육 프로그램 개발
박성열 | 건국대 교육공학과

106 N세대의 미술교육
김동철 | 대구교육대 미술교육학과

107 노후계획과 투자
권택호 | 여수대 국제통상학과

108 영화산업
양영철 | 경성대 연극영화학부

109 동유럽의 변혁과 언론의 역활
정대수 | 경남대 정치언론학부

110 환율, 임금, 물가가 국제경쟁력 및 수출입산업에 미치는 영향
하인봉 | 경북대 경제통상학부

111 일본기업의 기술혁신 전략
위정현 | 중앙대 상경학부

112 노후보장정책과 역저당연금제도
조덕호 외 | 대구대 행정학과

113 유비쿼터스 라이프와 미래 사회
김석수 | 한남대 멀티미디어공학과

114 죽음과 관련된 생명윤리적 문제들
구인회 | 가톨릭의과대 인문사회과학교실

115 경제적 세계화와 빈곤문제, 그리고 국가
김준현 | 한일장신대 인문사회과학부

116 한국의 세계불교유산
김종명 | 한국학중앙연구원 한국학대학원

117 복지레저서비스론
고태규 | 한림대 국제학부

118 자생적 철학체계로서 인간중심철학
선우현 | 청주교대 윤리교육과

119 전략적 통합과 한반도 평화체제
김승채 | 고려대 정책대학원

120 환경사법론
전경운 | 경희대 법학부

121 인터넷 자료를 통해 본 한국의 이혼 문화와 사회복지
성정현 외 | 협성대 사회복지학과

122 유럽연합의 사회정책에 관한 연구
문진영 | 서강대 신학대학원 사회복지학과

123 여성건강의 통합적 관점
김혜원 | 관동대 간호학과

124 복잡계 네트워크 과학
강병남 | 서울대 물리천문학부

125 경제적인 3세대 전원주택 개발
박근준 | 호서대 건축공학과

126 사회복지와 인적자원개발
이상일 | 인제대 국제경상학부